금강학술총서

금강대학교 불교문화연구소

12

교감번역 화엄경문답

의상(義相) 강의 · 지통(智通) 기(記)
김상현 교감번역

씨아이알

이 책은 2007년 한국정부(교육과학기술부)의 재원에 의하여
한국연구재단의 지원을 받아서 간행된 출판물입니다.
(NRF-2007-361-AM0046)

머 리 말

　신라 문무왕 16년(676)에 의상법사는 태백산에 부석사를 창건하고 화엄대교(華嚴大敎)를 강의하기 시작했다. 이 소문이 신라 사회에 퍼지면서 사람들 사이에 그의 명성이 자자했고, 많은 사람들이 그의 문하로 몰려들었다.

　군(軍)에 소속되어 있던 한 청년도 이 소문을 들었다. 군에 복역하는 여가 틈틈이 품을 팔아 홀어머니를 봉양하며 장가도 들지 못한 채 살고 있던 가난한 청년의 마음도 부석사로 향했다. 그러나 홀로 사는 어머니의 봉양은 외면할 수 없는 현실, 그러기에 그는 어머니에게 말했다.

　"효도를 마친 뒤에는 의상법사에게 의탁하여 머리를 깎고 불도(佛道)를 배우고 싶습니다."

　어머니는 말했다.

　"불법은 만나기 어렵고 인생은 너무도 빠르다. 효도를 다한 후라면 이미 늦지 않겠느냐? 내 생전에 네가 불도를 들었다고 전해주는 것만 같겠느냐? 머뭇거리지 말고 빨리 떠나도록 해라."

　"어머니 만년에 오직 제가 곁에 있을 뿐인데, 어떻게 어머니를 버려두고 출가할 수 있겠습니까?"

　"나 때문에 출가하지 못한다면, 나를 곧 지옥에 떨어지게 하는 것, 비록 풍성한 음식으로 나를 봉양한다고 한들 어찌 효도가 되겠느냐?

나는 문전걸식(門前乞食)하더라도 타고난 수명만은 누릴 수 있을 것이
다. 나에게 효도를 하려거든 네 말을 고집하지 말아라.”

아들은 깊은 생각에, 아니 깊은 고뇌에 빠졌다. 어머니는 단호했다.
쌀자루를 기울여 털었다. 모두 일곱 되, 그 쌀로 밥을 지었다. 그리고
말했다.

“네가 밥을 지어먹으면서 가면 더딜까 염려스럽다. 내 보는 앞에서
한 되 몫을 먹고 나머지는 모두 싸 가지고 빨리 떠나도록 하라. 속히
떠나가거라.”

아들은 흐느껴 울었다. 그리고 아들은 사양했다.

“어머님을 버리고 출가하는 것도 자식 된 도리로 차마 못할 짓인데,
하물며 며칠 동안의 어머니 미음 꺼리까지 모두 싸 가지고 떠난다면
천지가 저를 무엇이라고 하겠습니까?”

어머니는 한사코 아들의 출가를 권하고 아들은 사양했다. 이렇게 사
양하고 권하기를 세 번. 더 이상 어머니의 뜻을 어길 수 없던 아들은 마
침내 집을 나섰다. 홀어머니를 두고서. 사흘 만에 청년은 부석사 의상
문하에서 머리를 깎았다. 그가 곧 진정(眞定)이다. 진정은 의상의 십대
제자에 속했을 뿐 아니라, 4명의 뛰어난 제자 중의 한 명으로 꼽혔다.

3년 세월이 지나 진정은 어머니의 부음(訃音)을 접했다. 선정(禪定)
에 든 그는 조용히 7일을 앉아서 슬픔을 씻었다. 선정에서 나온 그는

스승에게 이 소식을 아뢰었고, 의상은 장한 어머니의 명복을 빌기 위해 『화엄경』을 강의하려고 했다. 의상은 제자들을 거느리고 소백산 추동(錐洞)으로 가서 초가를 새로 지었다. 추동은 지금 풍기의 송곳골인데, 비로사로 가는 초입의 좁은 골짜기에 있다. 의상은 이곳에 제자 3천 명을 모아 90일 동안 『화엄경』을 강의했는데, 이를 추동구십일회(錐洞九十日會)라고 부른다. 물론 3천 문도란 실제 숫자는 아닐 것이지만, 석 달 동안의 화엄법회는 분명 성대했다. 강의가 끝나던 날 어머니는 꿈에 나타나서 말했다.

"나는 이미 하늘에 환생했다."

의상의 또 다른 걸출한 제자 지통(智通)은 추동에서 진행된 90일 동안의 강의 내용을 2권으로 정리하여 『추동기(錐洞記)』라는 제목으로 유통시켰다. 혹은 『지통기(智通記)』라고도 했다. 이처럼 『추동기』는 진정 어머니의 명복을 빌기 위해 의상이 추동에서 행한 『화엄경』 강의를 제자 지통이 정리한 것이었다.

이 때문에 이 책은 문장이 잘 다듬어지지 않았고, 신라의 방언이 섞여 있기도 했다. 고려의 의천(義天)이 "당시 이 책을 엮은이가 문체에 익숙하지 못해서 문장이 촌스럽고, 방언이 섞여 있어서 장래에 군자가 마땅히 윤색을 가해야 할 것"이라고 했던 것도 이 때문이었다. 실제로 이장용(李藏用)은 이 책에 윤색을 가하여 『화엄추동기(華嚴錐洞記)』라는 제목으로 유통시키기도 했다.

이처럼 『추동기』는 고려 후기까지 전하고 있었지만 그 이후의 유통 기록은 없다. 다만 균여(均如)의 저서와 『법계도기총수록(法界圖記叢 髓錄)』에 『추동기』가 15회 정도 인용되어, 그 단편적인 일문(逸文)이 전할 뿐이었다.

일본에는 당나라 법장(法藏)이 지었다는 『화엄경문답(華嚴經問答)』 2권이 고대로부터 전해오지만, 이 책의 저자에 관한 여러 의문이 있었다. 역자는 『화엄경문답』이 바로 『지통기』라는 사실을 1996년에 밝힌 바 있다. 균여의 저서 등에 인용되어 전하는 『추동기』 일문 15회를 『화엄경문답』과 대조해 본 결과 모두 같았기 때문이다. 일본에서 전해온 『화엄경문답』은 법장의 저술이 아니라 의상이 강의하고 제자 지통이 정리했던 『추동기』 바로 그 책이었던 것이다. 이 사실은 2011년 금강대학교 불교문화연구소에서 주최한 국제학술회의 "화엄경문답을 둘러싼 제문제"를 통해서도 재확인할 수 있었다.

『화엄경문답』이 의상의 강의록이라는 사실을 확인한 것은 매우 반가운 일이다. 지엄(智儼)과 의상의 화엄사상을 밝히는 데 이 책은 귀중한 자료일 뿐만 아니라, 이 책이 법장의 저술이 아니라는 사실을 확인함으로서 법장 화엄사상의 정확한 이해에도 도움이 될 것이다.

이 책의 별편에는 『화엄경문답』을 『추동기』로 확정하는데 중요한 역할을 했던 논고들 그리고 『추동기』의 성립과 유통 내력을 밝힌 논고들을 모았다. 선뜻 원고의 게재를 수락해준 이시이 코세이(石井公成) 선생과 장진영 박사에게 감사를 전한다.

2013년　5월

김 상 현

차례

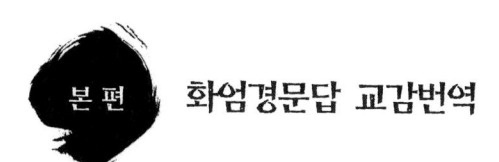

본 편 **화엄경문답 교감번역**

별편　『추동기』와 그 이본 『화엄경문답』,
　　　성립과 유통의 내력

일러두기

1. 저본은 大正新修大藏經 권45에 수록된『華嚴經問答』(上·下卷)이다.

2. 대조본은 大谷大 소장본(京都大 소장본과 같은 판본임)이며, 저본과 다른 부분은 각주에 표시하였다.

3. 卍續藏經 권103에 수록된『華嚴經問答』(上·下卷)은 大谷大 소장본을 저본으로 하였으므로 별도의 대조를 하지 않았다.

4. 기호 용례

   ① 事理＝中理事 : 저본에는 '事理'라고 되어 있지만 대조본에는 '中理事'라고 되어 있음

   ② 別＋(耶) : 저본에는 '別'이라고 되어 있지만 대조본에는 '別耶'라고 되어 있음

   ③ (問)＋三 : 저본에는 '三'이라고 되어 있지만 대조본에는 '問三'이라고 되어 있음

   ④ [全]－ : 저본에는 '全'이 있지만 대조본에는 없음

5. 번역은 많은 부분 大谷大 판본의 독법을 따랐다.

본 편

화엄경문답 교감번역

화엄경문답 상권
華嚴經問答　上卷

①

598b **問_** 三乘事理[1] 普法事理 云何別[2]

答_ 三乘中事者 心緣色礙等 理者 平等眞如 雖理事不同而相
即相融不相妨礙 亦不相妨而事義非理義也 普法中事理者
理即事事即理 理中事事中理 即中中恣 雖事理不參而冥無
二 隨言全盡 全盡而全不盡 如理事事理[3]亦爾 以心言一切
法而無非心 以色言一切法而無非色 餘一切人法敎義等差
598c 別法門皆爾 所以者何 緣起陀羅尼無障礙法 隨擧一法盡攝
一切 無礙自在故 一無一切無故 三乘即不爾 廢理但事言
一向不雜事 事中不自在故 一相敎門隨情安立不盡理故

문_ 삼승(三乘)의 사리(事理)와 보법(普法)의 사리는 어떻게 다릅니까?

---

1) 事理＝中理事
2) 別＋(耶)
3) 理＝事, 의미상 '事'를 취함

답_ 삼승에서 사(事)란 심연(心緣)과 색애(色礙) 등이며, 이(理)란 평등한 진여(眞如)이다. 비록 이와 사가 같지 않을지라도 상즉(相卽)하고 상융(相融)하여 서로 거리끼지 않는다. 또한 서로 거리끼지 않을지라도 사의 뜻이 이의 뜻은 아니다.

보법(普法)에서 사(事)와 이(理)란, 이가 곧 사이고 사가 곧 이이며, 이 중의 사이고 사 중의 이이기에, 즉(卽)과 중(中) 가운데 자재하는 것이다. 비록 사가 이와 뒤섞이지 않으나 깜깜한 듯 둘이 아니다. '전부 다했다[全盡]'는 말을 따르면, 전부 다한 것[全盡]이면서도 전혀 다하지 못한다[全不盡].

이와 사의 경우처럼, 사와 사도 역시 그러하다. 심(心)으로 말하면 일체의 법이 심 아님이 없고, 색(色)으로 말하면 일체의 법이 색 아님이 없다. 나머지 일체의 인(人)과 법(法), 교(敎)와 의(義) 등의 차별 법문도 다 그러하다. 왜냐하면 연기다라니(緣起陀羅尼)의 무장애법(無障礙法)은 하나의 법을 들면 일체를 거둬들여 걸림 없이 자재하기 때문이고, 하나가 없어지면 일체가 없어지기 때문이다.

삼승은 그렇지 아니하다. 이(理)를 없애면 단지 사(事)만 있을 뿐이어서 전혀 잡스럽지 않은 사라고 말한다. 사 중에서 자재하지 못하기 때문이며, 일상(一相)의 교문이 망정을 따라 안립되어 이(理)를 다하지 못하기 때문이다.

2

問_ 言盡不盡者 約一法者 云何爾

答_ 其一法若一法是者豈爾 而一乘中一法 即一切法是一法 一法是一
切法 一切法是一法故 一法言者即一切盡 一法即一切法 是故一法
言不可盡 雖不可盡而一言無殘 雖無殘而全不盡

문_ '다한다' '다하지 못한다'라고 말하는 것은 '일법(一法)'에 입장에서
볼 때 어찌하여 그러합니까?

답_ 그 일법(一法)이 만약 일법(一法) 그 자체라면 어찌 그러하겠는
가? 그러나 일승(一乘) 가운데의 일법(一法)은, 곧 일체법(一切法)
이 일법(一法)이며 일법이 일체법이다. 일체법이 일법이기 때문에
'일법'이라는 말에 일체가 다하는 것이고, 일법이 일체법이기 때문
에 '일법'이라는 말로 다할 수 없는 것이다. 비록 다할 수 없다 하
더라도 '일[一]'이라는 말에 남음이 없으며, 비록 남음이 없다 하
더라도 전혀 다하지 못한다.

③

問_ 此言盡不盡 但言以是耶 有所盡不盡法耶

答_ 亦得云但言以是 言以外何有法乎 亦得有盡不盡法 盡不盡之言即
　　當法故 法言能所不參 而冥無二相 隨意得爲也

문_ 이 '다한다[盡]'느니 '다하지 못한다[不盡]'느니 말하는 것은, 다만
　　말[言]이 그러한 것입니까? 아니면 '다한다[盡]'느니 '다하지 못한
　　다[不盡]'느니 하는 법(法)이 있는 것입니까?

답_ 또한 다만 말[言]이 그러하다고 할 수도 있다. 말 이외에 어떻게
　　법이 있겠는가? 또한 '다한다[盡]'느니 '다하지 못한다[不盡]'느니
　　하는 법이 있다고 할 수도 있다. '다한다[盡]느니 다하지 못한다
　　[不盡]느니' 하는 말은 곧 있는 그대로의 법(法)이기 때문이다. 법
　　(法)과 말[言]은 능소(能所)로서 서로 섞이지 않지만 깜깜한 듯 둘
　　이 아닌 모양으로 뜻[意]에 따라 얻어지는 것이다.

④

問_ 盡即不盡不盡即盡者 何義耶

答_ 隨緣生智之義 謂以盡生智即須之盡 以不盡生智即須不盡 所以其
　　法不在於盡不盡 即[1]不在於自故 隨須即恣 何物不成乎 其猶虛空

無自相 故一切中無妨 隨至即是 謂尺⁵⁾中至即是尺⁶⁾ 步中至即步
何物非虛空 是所以無障礙故 緣起之法亦爾 准可思也

문_ '다함[盡]이 곧 다하지 못함[不盡]'이고, '다하지 못함[不盡]이 곧
다함[盡]'이라는 것은 무슨 뜻입니까?

답_ 인연을 따라 지혜를 일으킨다는 뜻이다. 말하자면 다함[盡]으로써
지혜를 일으킬 수 있다면 곧 이것은 다함[盡]을 필요로 하는 것이
고, 다하지 못함[不盡]으로써 지혜를 일으킬 수 있다면, 곧 다하지
못함[不盡]을 필요로 하는 것이다. 그 법(法)이 다함[盡]이나 다하
지 못함[不盡]에 있지 않는 까닭은 곧 자체를 지니고 있지 않기 때
문이다. 필요에 따라 자재하면 무엇인들 이루지 못하겠는가? 그것
은 마치 허공(虛空)에 자상(自相)이 없는 것과 같다. 그러므로 일
체 가운데 거리낌이 없어서 이르는 곳마다 바로 그 곳이다. 말하
자면 척(尺) 안에서는 이르는 곳이 척이며, 보(步) 안에서는 이르
는 곳이 보(步)이다. 무엇인들 허공이 아니겠는가? 이것은 장애
(障礙)가 없기 때문이다. 연기(緣起)의 법도 또한 그러하니, 이에
준하여 생각하면 알 수 있을 것이다.

---

4) 即=既
5) 尺=釋
6) 尺=釋

問_ 普法中 何義事 何義理乎

答_ 且前方便約一色中 五尺[7]義事 此無礙義理等 若正觀中五尺[8]義理
無礙義事 亦得 此反亦得 約事中礙義是心 緣義是色亦得 此反亦
得 隨須緣恣言 所以正觀智於法得善巧方便 能見機益故

문_ 보법(普法)에서는 무엇이 사(事)를 뜻하고, 무엇이 이(理)를 뜻합
니까?

답_ 앞의 방편은 일색(一色)의 입장에서 본 것으로서, 그 가운데 오척
(五尺)은 사(事)를 뜻하고, 이것의 무애(無碍)함은 이(理)를 뜻하
는 것이다.

　　만약 (일승의 입장에서) 바르게 본다면[正觀], 오척이 이(理)를
뜻하고 무애가 사(事)를 뜻할 수도 있고, 이것과 반대일 수도 있
다. 사(事)의 입장에서 본다면, 애(礙)가 곧 심(心)을 뜻하고 연
(緣)이 곧 색(色)을 뜻한다고 할 수도 있고, 이것과 반대일 수도
있다. 필요한 연을 따라 마음대로 말한 것이니, 그 이유는 법을 바
르게 보는 지혜[正觀智]로 선교방편(善巧方便)을 얻어야 근기의
이익을 볼 수 있기 때문이다.

---

7) 五尺＝互釋
8) 五尺＝互釋

問_ 若緣義色時中 緣義心壞耶 緣心義不壞 緣義色是耶

答_ 壞亦得 不壞亦得 所以者何 緣心義不壞終不得緣色故壞 又心緣義 壞亦即無緣色義 故亦得不壞 壞全不壞 不壞全壞 非壞不非壞 不非壞非壞[9] 餘一切亦爾 准思也

문_ 만약 연(緣)이 색(色)을 뜻할 때라는 것은 연(緣)이 심(心)을 뜻하는 것은 파괴되는 것입니까? 연(緣)이 심(心)이라는 뜻이 파괴되지 않은 채, 연(緣)이 색(色)을 뜻한다는 것입니까?

답_ 파괴된다고 할 수도 있고, 파괴되지 않는다고 할 수도 있다. 왜냐하면 연(緣)이 심(心)이라는 뜻이 파괴되지 않고서는 결국 연(緣)이 색(色)일 수 없기 때문에 (연이 심이라는 뜻은) 파괴된다. 또 심(心)이 연(緣)이라는 뜻이 파괴되면, 곧 연(緣)이 색(色)이라는 뜻도 없는 것이므로 (연이 심이라는 뜻은) 파괴되지 않을 수 있다. 파괴되지만 전혀 파괴되지 않고, 파괴되지 않으나 전부가 파괴된다. 파괴됨이 아니나 파괴됨이 아닌 것이 없고, 파괴됨이 아닌 것이 없으나 파괴됨이 아니다. 나머지 일체도 역시 그러함은 이에 준하여 생각할 수 있을 것이다.

---

9) 不非壞不非壞非壞＝非不壞非非壞非非不壞

問_ 若壞者卽不壞義不成 若不壞者壞義不成 云何得言壞故不壞不壞
故壞耶

答_ 汝壞言[10]卽聞壞 不見不壞壞 亦言不壞卽聞不壞 不得聞壞不壞 故
自分別情無由息 入理無日 正聞人卽不爾 若聞壞時卽能解不壞壞
聞不壞時卽能解壞不壞 由解壞不壞故得不壞 而不捨壞 由解不壞
壞故得壞而無捨不壞 得壞而無捨不壞故非存壞 由得不壞而非捨
壞故不存不壞 非捨非存故能入中道 旣入中道無所不爲 能隨順於
無礙自在法 修諸行德 契會自原聖人發敎意趣 益其爾爲也 如色心
一雙法爾 餘一切法界法門亦爾 准思用心也 又夢喩可解(云云)[11]

문_ 만약 파괴된다면 곧 파괴되지 않는다는 뜻이 성립하지 않고, 만약
파괴되지 않는다면 파괴된다는 뜻이 성립되지 않는데, 어찌하여
파괴되기 때문에 파괴되지 않고, 파괴되지 않기 때문에 파괴된다
고 할 수 있습니까?

답_ 너는 '파괴'를 말하면 곧 '파괴'만을 듣고, '파괴되지 않음의 파괴됨
[不壞의 壞]'을 보지 못한다. 또한 '파괴되지 않는다'고 하면 곧 '파
괴되지 않는다'고만 들을 뿐, '파괴됨의 파괴되지 않음[壞의 不壞]'
을 듣지 못한다. 그래서 스스로 분별과 망정이 쉬지 않아서 도리

---

10) 言+(壞)
11) 이 부분은 앞 문답에 덧붙여진 내용인가? 『화엄경문답』에 '云云'하는 내용 생략 표시가 4차례 나오는데, 모두 '云
云' 다음에 새로운 문답이 시작되고 있기 때문임.

(道理)에 들어갈 날이 없는 것이다.

바르게 듣는 사람은 곧 그렇지 않다. 만약 '파괴된다'고 들을 때, 곧 '파괴되지 않음의 파괴됨'을 이해할 줄 알고, '파괴되지 않는다'고 들을 때, 곧 '파괴됨의 파괴되지 않음'을 이해할 줄 안다. '파괴됨의 파괴되지 않음[壞의 不壞]'을 이해하기에 파괴되지 않음을 얻었으나 파괴됨을 버리지 않고, '파괴되지 않음의 파괴됨[不壞의 壞]'을 이해하기에 파괴됨을 얻을지라도 파괴되지 않음을 버리지 않는다. 파괴됨을 얻었으나 파괴되지 않음을 버리지 않으므로 '파괴됨'이 보존되는 것도 아니며, 파괴되지 않음을 얻었으나 파괴됨을 버리지 않으므로 '파괴되지 않음'이 보존되는 것도 아니다. 버리는 것도 아니고 보존되는 것도 아니기에 능히 '중도'에 들어갈 수 있으며, 이미 중도에 들어가서는 하지 않음이 없다. 능히 무애자재(無礙自在)한 법에 수순(隨順)하여 여러 행덕(行德)을 닦는다면, 본래 성인(聖人)께서 가르치신 의취(意趣)에 계합(契合)한다. 이익 그것 역시 그러하다. 색과 심, 한 쌍의 법이 그러하듯이, 나머지 일체 법계(法界)의 법문(法門) 역시 그러하다. 이에 준하여 생각하고 마음 쓸 일이다. 또 꿈의 비유로 이해할 수 있을 것이다. (운운)

8

問[12]_ 又疏中釋文前約八敎互成 約三敎辨三次第意何耶

---

12) 저본과 대조본에 '問'이라는 글자가 없지만 의미상 삽입하였음.

答_ 大意者爲顯此經內一切教義等無不攝故 謂佛始第二七日道樹中臨
大人說大法時 一切虛空法界一切微塵處 一切微塵處一切十世九
世前後時中 一切五乘三乘一乘無量乘機中 頓應說一切法門 所臨
機衆生各各隨應聞解行證 如是一切教義等 十十法門頓同時顯現[13]
中 大機人如是法 門見聞解行證 一處一切處中 一時一切時中 一
根一切根 一行一切行 頓頓修行 乃至三界六道四生等因果法 皆無
所殘此經內在 爲顯此義故疏家先顯八教互成三教逆順次第法門也

599b

문_ 또 소(疏)(『搜玄記』) 중 경문을 해석하기 이전에, 팔교(八教)에 의
거하여 서로 성립함을 밝히고, 삼교(三敎)에 의거하여 셋의 차례
를 분별한 뜻은 무엇입니까?

답_ 대의(大意)는 이 경(『화엄경』) 안에 일체 교의(敎義) 등이 포섭되
지 않음이 없다는 것을 나타내는 데 있다. 말하자면 부처님께서
처음, 제이칠일(第二七日)에 도수(道樹) 즉 보리수 아래에서 대인
(大人)들에게 임하여 대법(大法)을 설할 때, 일체 허공법계(虛空
法界) 일체 미진처(微塵處)와 일체 미진처의 일체 십세구세(十世
九世) 전후시(前後時)에, 일체 오승(五乘)·삼승(三乘)·일승(一乘)
·무량승(無量乘)의 근기(根機)들에게, 단번에 응하여 일체 법문
(法門)을 설하였고, 거기에 있는 근기의 중생(衆生)들이 각각 응하
는 대로 듣고 이해하고 행하고 증득하였다. 이와 같이 일체 교의
(敎義) 등의 십십법문(十十法門)을 단번에 동시현현(同時顯現)하

---

13) [現]

는 가운데, 대근기를 가진 사람[大機人]들은 이와 같은 법문(法門)을 보고 듣고 행하고 증득하나니, 일처(一處)가 일체처(一切處)이고 일시(一時)가 일체시(一切時)인 가운데, 일근(一根)이 일체근(一切根)이고, 일행(一行)이 일체행(一切行)이다. 돈돈의 수행(頓頓修行)으로부터 삼계(三界)·육도(六道)·사생(四生) 등 인과법(因果法)에 이르기까지 모두 남김없이 이 경(經) 안에 들어 있다. 이러한 뜻을 나타내기 위해서 지엄스님(疏家)께서 먼저 팔교의 호성[八敎互成]과 삼교 역순의 차제법문[三敎逆順次第法門]을 드러낸 것이다.

9

問_ 如是三乘一乘敎等皆此經內在者 皆十佛說耶 三身佛說耶

答_ 亦得皆十佛說 十佛外無別三身故 三身者十佛用故 三乘即一乘故
此約一乘說 亦得隨敎宗 三乘敎三身說 一乘敎十佛說 見機不同故
一處一時如來善巧無所不應故 三¹⁴⁾途衆生所聞敎三途佛說 人天所
聞敎人天佛說 小乘所聞敎小乘佛說 三乘所聞敎三乘佛說 一乘所
聞敎一乘佛說 各各¹⁵⁾能化所化相當不乖違故 然如是能化所化 能
說所說 隨在不動自位 而全全¹⁶⁾攝無所殘 可思也

---

14) (問)+三
15) 各各=否答
16) [全]-

문_ 이와 같이 삼승과 일승의 가르침이 모두 이『화엄경』안에 있다면, 모두 십불(十佛)이 설하신 것입니까? 삼신불(三身佛)이 설하신 것입니까?

답_ 모두 십불이 설한 것이라고 할 수 있다. 십불 이외에 별도의 삼신불이 없기 때문이고, 삼신불은 십불의 작용이기 때문이며, 삼승이 곧 일승이기 때문이다. 이것은 일승에 의거하여 설한 것이다. 또한 가르침의 종지에 의거하여 설할 수도 있으니, 삼승의 가르침은 삼신불이 말한 것이고 일승의 가르침은 십불이 설한 것이라고 할 수도 있다. 중생의 근기를 보는 것이 같지 않기 때문이고, 어느 때 어느 곳에 있어도 부처님의 선교방편은 응하지 않는 바가 없기 때문이다.

삼도(三途), 즉 삼악도의 중생이 듣는 가르침은 삼도불(三途佛)이 설한 것이고, 인승(人乘)과 천승(天乘)의 중생이 듣는 가르침은 인천불(人天佛)이 설한 것이며, 소승(小乘)이 듣는 가르침은 소승불설(小乘佛說)이고, 삼승(三乘)이 듣는 가르침은 삼승불설(三乘佛說)이며, 일승(一乘)이 듣는 가르침은 일승불설(一乘佛說)이다. 각각 교화하는 부처님과 교화되는 중생이 서로 상응하여 어긋나지 않기 때문이다. 그러나 이와 같은 능화(能化)·소화(所化)와 능설(能說)·소설(所說)이, 있는 그대로 스스로의 계위(階位)에서 움직이지 않고도 전체를 포섭하여 남음이 없는 것이니, 생각해 보면 알 수 있다.

問_ 疏云 五種教體 五教云何今當[17]耶

答_ 初實音聲等當小乘薩婆多等宗教 第二可似[18]音聲等初從成實宗至
初教始 成實者破薩婆多因緣實法 以立假用教 而猶不明心似音等
顯現道理 故同小乘教 初教大乘中 因緣假有法識變似顯現不離識
而但生滅妄識中明 非真唯識 第三不可以似似[19]音等者 當初教終
空以去所至熟教始 謂初教終一切法皆空故 熟教始一切法皆虛妄
無可似故 第四唯識音等者 遠者有初教位等正熟教終以去 一切法
但一[20]如來藏真識作故 第五真如音聲者 熟教終以去極當圓教位
一切法皆如故[21]

문_ 소(疏)에서 '오종교체(五種敎體)'를 말하고 있는데, 오교(五敎)는
지금 여기(오종교체 중)에서 어떤 것에 해당합니까?

답_ 첫째는 실음성(實音聲) 등으로 소승(小乘) 살바다종(薩婆多宗) 등
의 가르침에 해당한다.

둘째는 사음성(似音聲) 등을 인정하는 것으로, 처음 성실종(成
實宗)으로부터 '초교(初敎)의 시작'까지이다. 성실종은 살바다종의
인연이 실법(實法)이라는 주장을 논파하고 가법(假法)을 세워 가

---

17) (相＋當)
18) 似＝以
19) [似－
20) 一＋(切)
21) 故＋(該妄徹真無不稱性故)

르침으로 한 것이지만, 오히려 심(心)에서 사음성(似音聲) 등이 현
현하는 도리를 밝히지 못했기 때문에 소승교와 같다. 초교대승(初
敎大乘)에서 인연은 가유(假有)의 법이라 식(識)이 전변(轉變)하여
유사하게 현현한 것으로 식(識)을 떠나지는 않으나 다만 생멸하는
망식(妄識)의 입장에서만 밝힌 것이기에 참된 유식은 아니다.

셋째는 사음성(似音聲) 등을 인정하지 않는 것으로 '초교(初敎)
의 종(終)'인 공(空)에서부터 '숙교(熟敎)의 시(始)'에 이르기까지
에 해당한다. 즉 '초교의 종'은 일체법이 모두 공하기 때문이고,
'숙교의 시'는 일체법이 모두 허망하여 사음성(似音聲)을 인정할
수 없기 때문이다.

넷째 유식음성(唯識音聲)으로 멀리는 초교의 위(位) 등에도 있
으나 정식으로는 '숙교의 종(終)' 이후이니, 일체법이 오직 하나의
여래장진식(如來藏眞識)이 지은 것이기 때문이다.

다섯째 진여음성(眞如音聲)으로 '숙교(熟敎)의 종(終)' 이후 구
극으로 '원교(圓敎)'의 지위에 해당하니, 모든 법이 진여(眞如)이
기 때문이다.

11

問_ 餘可爾 頓教中一切皆絶爲宗 云何唯識及音聲等乎

答_ 頓教三乘中極處故 終教中眞識以默爲極 現不無法故 又音等者凡
此界佛教以聲爲體故 所作佛事默言皆得爲音 不謂發音聲故爲音
聲 維摩以以²²⁾默現不二法門 豈非教 旣教亦得從方說爲音聲也 又

599c

三乘中以理即事事而無非理 旣理即言默說皆理 理無二故默亦音
聲 餘法亦爾 此義玄[23]可思也

문_ 나머지는 그렇다고 인정하더라도, 돈교(頓敎)에서는 일체가 모두
다 끊어짐을 종지로 하는데, 어떻게 '유식(唯識)'이나 '음성(音聲)'
등으로 말할 수 있습니까?

답_ 돈교(頓敎)는 삼승(三乘)의 궁극의 자리이기 때문이고, 종교(終敎)
의 진식(眞識)은 침묵[黙]을 궁극으로 하여 법이 없지 않음을 나타
내기 때문이다. 또 음성 등은 무릇 이 세계의 부처님의 가르침이
음성을 체(體)로 삼기 때문이다. 부처님이 하신 일은 침묵이든 언
설이든 모두 음성이 될 수 있으니, 음성을 발하기 때문에 음성이
되는 것을 말하는 것이 아니다. 유마(維摩)가 침묵으로써 불이법
문(不二法門)을 드러냈는데, 어찌 가르침이 아니겠는가? 이미 가
르침이 된다면 마침내는 교설하는 것이므로 음성이라 해도 좋을
것이다. 또 삼승에서는 이(理)로써 사(事)에 즉(即)하니, 사(事)라
면 이(理) 아님이 없다. 이미 이(理)가 곧 '언설'이라면, 침묵의 교
설도 모두 이(理)이다. 이(理)에 구별이 없기 때문에, 침묵도 역시
음성이며, 나머지 법도 그러하다. 이 뜻이 깊으니 잘 생각해 보면
알 수 있을 것이다.

---

22) [以]-
23) 玄=方

問_ 十佛相貌云何

答_ 一無著佛 經云 安住世間成正覺故 嚴師釋云 所有功德無住著故
解云 教義等乃至逆順一切世法門 皆佛功德無障無礙 離住著義以
爲無著佛 二願佛 經云 出生故 法師釋云 所有功德隨願皆成故 解
云 一切功德皆隨佛願 隨衆生願無所不成義爲願佛 三業報佛者
經云 信故 釋云 所有功德隨業應成故 解云[24] 一切功德法及[25]衆
生一切業中果應故 決定能生信 若違者不決定義故曰信故 四持佛
經云 隨順故 釋云 所有功德住持一切解行故 解云 一切功德皆一
切行者解行中契 若佛以[26]者卽佛隨順德 若衆生以[27]者 卽所起解
行佛非隨持 卽不得自解行故 如是任持義以爲持佛 故曰隨順故
五涅槃佛 經云 永度故 釋云 所有功德常寂靜故 解云 一切功德寂
滅義爲涅槃佛 六法界佛 經云 無處不至故 釋云 所有功德與法性
相應無盡故 解云 一切功德皆與[28]法性相應 卽一切法是十方三世
一切處中 無盡義以爲法界佛故 七心佛 經云 安住故 釋云 所有功
德種種相故 解云 此宗中心種種義釋 謂功德一切種種相各各自是
以不壞義以爲心佛 故曰安住故 八三昧佛 經云 無量無著故 釋云

---

24) [解云]－
25) (佛)＋及
26) 佛以＝以佛位
27) 以＝位
28) (卽)＋與

所有功德與定相應故 解云 一切功德與定相應故 無盡故無量 亦
寂靜無喧動無著 九性佛 經云 決定故 釋云 所有功德即法性故 解
云 一切功德即法性 餘緣不所動 故如其性 譬如印所印法故決定
故 十如意佛 經云 普覆故 釋云 所有功德隨意增微[29] 現前故 解云
一切功德隨意隨機 弱強[30] 深淺等事皆現前無所不爲 故曰普覆故
如是十[31] 皆別義不參一切功德 一一德[32] 每具十義無[33] 盡 經第六卷
明難品一切諸佛身唯是一法身 一心一智慧力無恐[34] 亦爾 自在功
德無所不知故爲佛 此十佛即諸法盡窮之原 十即表無盡 此十[35] 亦
相即相入無礙自在 重重無盡義可思也

문_ 십불(十佛)의 모습은 어떠합니까?

답_ 첫째는 무착불(無着佛)이다. 경에 이르기를 "세간(世間)에 안주(安
住)하여 정각(正覺)을 이루기 때문"이라 했다. 지엄(智儼) 스님은
해석하여 "모든 공덕(功德)에 머물고 집착함이 없기 때문"이라고
했다. 해석하면 교의(敎義) 등에서 역순(逆順)에 이르기까지 일체
의 세간법문(世間法門)이 모두 부처님의 공덕으로 걸림이 없고 막
힘이 없이 머물러 집착함을 떠났다는 뜻에서 '무착불'이라 한다.
　　둘째는 원불(願佛)이다. 경에서는 "출생(出生)하기 때문"이라

---

29) 微＝徹
30) 弱强＝法門
31) 十＋(佛)
32) (功)＋德
33) (無盡)＋無
34) 恐＝畏
35) 十＋(一中十十中——即十十即一)

고 하였다. 법사(法師)의 해석에 이르기를 "모든 공덕이 원(願)에 따라 모두 이루어지기 때문"이라고 하였다. 해석하면 일체의 공덕이 다 부처님의 원을 따라, 중생의 원을 따라 이루어지지 않음이 없다는 뜻에서 '원불'이라고 한다.

셋째는 업보불(業報佛)이다. 경에 이르기를 "믿음 때문"이라고 하였다. 해석에 이르기를, "모든 공덕이 업(業)을 따라 응하여 이루어지기 때문"이라고 하였다. 풀이하면 일체의 공덕법은 중생의 일체의 업에 따른 과보(果報)와 상응하기 때문에 결정(決定)하여 능히 믿음을 일으킬 수 있지만 만약 어긋난다면 결정되지 않았음을 뜻한다. 그러므로 "믿음 때문"이라고 한 것이다.

넷째는 지불(持佛)이다. 경에 이르기를 "수순(隨順)하기 때문"이라고 하였다. 해석에 이르기를 "모든 공덕이 일체의 해(解)와 행(行)을 주지(住持)하기 때문"이라고 하였다. 풀이하면 일체 공덕은 모두 일체 수행자의 해(解)와 행(行)에 계합(契合)한다. 만약 부처이면 곧 부처님의 수순하는 공덕이 되겠지만, 만약 중생이라면 곧 (중생이) 일으키는 해와 행은 부처님이 따라주어 지니도록 하지 않으면 곧 스스로 해와 행을 얻을 수 없기 때문이다. 이처럼 마음대로 지닌다[任持]는 뜻에서 '지불(持佛)'이라고 한다. 그러므로 "수순하기 때문"이라고 한 것이다.

다섯째는 열반불(涅槃佛)이다. 경에서는 "영원히 멸도(滅度)하기 때문"이라고 한다. 해석에 이르기를 "모든 공덕이 항상 적정하기 때문"이라고 하였다. 풀이하면 일체 공덕이 적멸(寂滅)하다는 뜻에서 '열반불'이라고 한다.

여섯째는 법계불(法界佛)이다. 경에서는 "이르지 않는 곳이 없기 때문"이라고 하였다. 해석에 이르기를 "모든 공덕이 법성(法性)과 상응(相應)함이 다함이 없기 때문"이라고 하였다. 풀이하면 일체 공덕이 모두 법성(法性)과 상응하여 곧 일체 법이 시방삼세(十方三世) 모든 곳에서 다함이 없다는 뜻에서 '법계불'이 되기 때문이다.

일곱째는 심불(心佛)이다. 경에서는 "안주(安住)하기 때문"이라고 하였다. 해석에 이르기를 "모든 공덕이 갖가지 모습이기 때문"이라고 했다. 풀이하면 이 (화엄경의) 종취 가운데 심(心)은 여러가지 뜻의 해석에서, '공덕의 일체 갖가지 모습이 각각 본래 이것(心)이다'라고 하였다. 파괴되지 않으므로 이로써 '심불'이라 한다. 그러므로 "안주하기 때문"이라고 한 것이다.

여덟째는 삼매불(三昧佛)이다. 경에서는 "한량이 없고, 집착함이 없기 때문"이라고 하였다. 해석에 이르기를 "소유 공덕이 정(定)과 더불어 상응(相應)하기 때문"이라고 하였다. 풀이하면 일체 공덕이 정(定)과 더불어 상응하기 때문에 다함이 없으므로 한량이 없는 것이고, 또 적정(寂靜)하여 요란하지 않으므로 집착함이 없는 것이다.

아홉째는 성불(性佛)이다. 경에서는 "결정(決定)되기 때문"이라고 하였다. 해석에 이르기를 "모든 공덕이 곧 법성(法性)이기 때문"이라고 하였다. 풀이하면 일체 공덕이 법성이다. 나머지 연(緣)에 움직이는 바가 없으므로 그 성(性)과 같다. 비유하면 마치 도장에 의해서 찍힌 법과 같기 때문이고, 결정되기 때문이다.

열째는 여의불(如意佛)이다. 경에서는 "두루 덮기 때문"이라고 했다. 해석에 이르기를 "모든 공덕이 뜻대로 늘거나 줄어서 눈앞에 나타나기 때문"이라 하였다. 풀이하면 일체 공덕이 뜻대로 근기에 따라 약해지기도 하고 강해지기도 하며, 깊어지기도 하고 얕아지기도 하는 등의 일이 모두 현전(現前)하지 않는 것이 없기 때문에 "두루 덮기 때문"이라고 하였다.

이와 같이 십불(十佛)은 모두 별개의 뜻이 있어 서로 간섭하지 않고, 일체 공덕의 하나하나 공덕마다 열 가지 뜻을 무진(無盡)하게 갖추었다. 경(經) 제 6권 「명난품(明難品)」에 "일체 여러 불신(佛身)은 오직 하나의 법신(一法身)일 뿐이며, 일심(一心)·일지혜(一智慧)·역무외(力無畏)함 또한 그러하다"라고 한다. 공덕이 자재(自在)하여 모르는 것이 없으므로 '부처'라 한다. 이 십불(十佛)은 곧 제법(諸法)의 궁극적인 근원[盡窮之原]이니, 십(十)은 곧 다함이 없음을 나타낸다. 이 십(十)은 상즉(相即)·상입(相入)하고 무애(無礙) 자재(自在)하여, 중중 무진(重重無盡)하다는 뜻이니, 생각해보면 알 수 있을 것이다.

13

問_ 此十佛說法其相云何

答_ 總言三種世間皆實有 三業³⁶⁾ 皆能作利益衆生事 名爲十佛說法

문_ 이 십불의 설법(十佛說法)은 그 모습이 어떠합니까?

---

36) 業=乘

답_ 삼종세간(三種世間) 모두에 실존하며, 삼업으로 모두 중생의 일을 이익되게 할 수 있음을 총체적으로 말하여 '십불의 설법(十佛說法)'이라고 한 것이다.

14

問_ 此十佛成佛 經云念念新新斷煩惱成佛 而不云住學地者 其義云何

答_ 若三乘敎中三身佛成者 因時中住學地修諸行 至果時中住無學地 無修學 一向果位 一乘中佛自他竝同成故 已成以[37]去非唯住果地 不修因行 或成佛與一切衆生前前已成 後後亦成 十世九世無不成 時 同一緣起因果故

문_ 이 십불의 성불은, 『화엄경』에 이르기를 "찰나 찰나에, 새롭고 새롭게 되어, 번뇌를 끊어 성불하지만 유학지(有學地)에 머물러 있다고 하지는 않는다."고 하였는데, 이것은 무슨 뜻입니까?

답_ 만약 삼승(三乘)의 가르침에서 삼신불(三身佛)을 성취한다는 것은 인위(因位) 때 유학지(有學地)에 머물러 모든 행을 닦는 것으로부터 과위(果位) 때 무학지(無學地)에 머물러 닦아서 배울 것이 없는 것까지 한결같이 과위(果位)이다. 일승(一乘)의 부처는 자타가 함께 성불하기 때문에, 이미 성불한 이후에는 과위(果位)의 지위에

---

37) 以＝佛

머물기만 하여 인위(因位)의 행을 닦지 않는 것이 아니다. 혹은 성불한 부처는 일체중생과 더불어 이전의 이전부터 이미 성불하였고 이후의 이후에도 역시 성불할 것이며, 십세(十世)와 구세(九世)의 어느 때라도 성불하지 않은 때가 없으니, 동일한 연기의 인과이기 때문이다.

15

問_ 三乘敎中亦有此義 何故但是十佛乎

答_ 三乘敎中但約一眞如法身一體無二義以說耳 未明別別相續事事門 中如是義 是故分齊不同也

문_ 삼승(三乘)의 가르침 중에도 역시 이러한 뜻이 있는데, 무엇 때문에 다만 이 십불(十佛)뿐이라고 합니까?

답_ 삼승교(三乘敎) 중에는 다만 하나의 진여법신(眞如法身)이 하나의 체성이요 둘이 아니라는 뜻에 의거해서 설했을 뿐이고, 따로 따로 상속하는 사사문(事事門) 중에서 이와 같은 뜻을 밝히지는 못했다. 이 때문에 분제(分齊)가 같지 않다.

600b 問_ 若佛與眾生同一緣起者 以[38]佛者全佛無眾生 以眾生者全眾生無佛

若爾云[39]何有能化所化之義乎

答_ 全佛不捨全眾生 全眾生時不捨全佛義 非全佛無眾生 非全眾生無

佛 雖冥無二而不相參 豈得無能化所化之義 雖非無能所而非有

能所

문_ 만약 부처와 중생이 동일하게 연기(緣起)하는 것이라면, 부처를
기준으로 할 때는 모두가 부처이니 중생이 없을 것이며, 중생을
기준으로 할 때는 모두가 중생이니 부처가 없을 것입니다. 만약
그렇다면 어떻게 교화한다거나[能化] 교화 받는다는[所化] 뜻이
있다고 하겠습니까?

답_ 온전히 부처일 땐 온전히 중생임을 버리지 않고, 온전히 중생일 땐
온전히 부처임을 버리지 않는다는 뜻이다. 모두가 부처가 아니면
중생이 없고, 모두가 중생이 아니면 부처가 없다. 비록 깜깜한 듯
합치하여 둘이 아니나 서로 섞이지 않으니, 어찌 능화(能化)·소화
(所化)의 뜻이 없다고 하겠는가? 비록 능(能)·소(所)가 없는 것도
아니지만, 능(能)·소(所)가 있는 것도 아니다.

---

38) (若)+以
39) 云=者

問_ 佛全覺人 衆生全惑 若佛與衆生一者俱惑是耳 何有能化佛 以⁴⁰⁾衆
生與佛一者俱全覺人是耳 何有所化手

答_ 有二義 全作衆生故無能化亦得 全佛是故無所化亦得 全全⁴¹⁾作二
故有能所亦得 無障無礙法不有於一故隨須皆得 其猶如虛空化虛
空 在於聖說也 莫爲緣起法中隨分別情所計見

문_ 부처는 완전히 깨달은 사람이고 중생은 완전히 미혹(迷惑)할 뿐입
니다. 만약 부처가 중생과 더불어 하나라면 모두가 다 미혹할 뿐
이니, 어떻게 능히 교화하는 부처가 있겠습니까? 만약 중생이 부
처와 더불어 하나라면 모두가 다 완전히 깨달은 사람뿐일 텐데,
어떻게 교화의 대상이 있겠습니까?

답_ 두 가지 뜻이 있다. 전부가 중생이 되기 때문에 능화(能化)가 없음
도 가능하고, 전부가 부처이므로 소화(所化)가 없음도 가능하며,
전체와 전체가(부처와 중생의) 두 가지가 되기 때문에, 능(能)·소
(所)가 있음도 또한 가능하다. 무장무애(無障無礙)한 법이 하나에
있지 않으므로, 필요에 따라 모두가 가능하다. 그것은 허공(虛空)
이 허공(虛空)을 교화함과 같다. 이것은 성인의 말씀에 있는 것이
니, 연기법(緣起法) 가운데는 분별하는 망정의 소견을 따르는 것
은 없다.

---

40) 以=若
41) 全=一

問_ 佛見惑衆生時中 惑見耶覺見耶 若惑見者惑不見惑 何能見惑 若覺
見者覺非惑 故即不及見 云何能見衆生乎

答_ 二俱得 二俱不得 所以者何 言二俱得者 若非惑不得見惑故 得以
惑見 以他非自知故 旣云自惑見故 見者即非惑 故亦得以覺見 是
故佛言我與汝不異汝自爲別此意 佛見衆生全吾身是 而自佛是[42]
汝不知 徒自受諸苦故 永劫起同體大悲不捨衆生故 同修同成同苦
同樂 暫時無捨離時也 是故經云大悲牛也 此以疏況親也

문_ 부처가 미혹(迷惑)한 중생을 볼 때, 미혹으로 보는 것입니까? 깨
달음으로 보는 것입니까? 만약 미혹의 상태로 보는 것이라면 미혹
으로는 미혹을 보지 못하니 어떻게 미혹을 볼 수 있을 것이며, 만
약 깨달음의 상태로 보는 것이라면 깨달음은 미혹이 아니므로 보
지 못하게 될 것입니다. 어떻게 중생을 볼 수 있겠습니까?

답_ 두 가지를 다 볼 수 있기도 하고, 두 가지를 다 볼 수 없기도 하다.
그 이유는 무엇인가? 두 가지를 다 볼 수 있다고 말하는 것은, 만
약 미혹이 아니면 미혹을 보지 못하기 때문에 미혹으로 본다고 할
수 있다. 남의 미혹이 아님을 알기 때문이며, 이미 자신의 미혹을
본다고 했기 때문에 보는 자는 곧 미혹의 상태가 아니다. 그러므로
또한 깨달음으로 본 다고 할 수 있다. 이 때문에 부처는 "나는 너

---

42) 是+(心)

희들과 더불어 다르지 않다."고 말씀하셨는데, 너희 스스로가 차별을 생각한다는 것이 이 뜻이다. 부처가 중생을 전적으로 자신의 몸과 같이 보고 있으나, 너희들이 스스로 부처임을 모르고 다만 스스로 여러 고통을 받고 있기 때문에 영겁(永劫) 동안 동체대비(同體大悲)를 일으켜 중생을 버리지 않는다. 그러므로 함께 닦고, 함께 이루며, 함께 괴로워하고, 함께 즐거워하여, 잠시도 버리거나 떠나 있을 때가 없다. 이 때문에 경(經)에 이르기를, '대비우(大悲牛)'라 하였다. 이는 먼 것으로써 가까운 것을 설명한 것이다.

19

問_ 一人修行一切人皆成佛[43] 其義云何

答_ 此約緣起之人說故 一人卽一切人 一切人卽一人故 修言亦爾 一修
　　一切修 一切修一修故同云[44]也

문_ 한 사람이 수행(修行)하면 모든 사람이 성불(成佛)한다고 하는데, 이는 무슨 뜻입니까?

답_ 이것은 연기법(緣起法)을 따르는 사람에 의하여 설한 것이기 때문이다. 한 사람이 곧 일체인(一切人)이며 일체인(一切人)이 곧 한 사람이기 때문이다. 수행(修行) 또한 역시 그렇게 말하니 하나의

---

43) [佛]-
44) (得)+云

수행이 일체(一切)의 수행이며 일체의 수행이 하나의 수행이기 때문에 '동시'라고 말한 것이다.

問_ 現一人修而餘不修 亦一人非餘人 何得爲爾也

答_ 汝所見但是遍計耳 不關⁴⁵⁾緣起之法不足言也

문_ 현재 한 사람이 수행해도 나머지 사람은 수행하지 않으며, 또한 한 사람이 나머지 사람도 아닌데, 어떻게 그렇게 된다고 할 수 있겠습니까?

답_ 그대의 소견은 다만 변계(遍計)일 뿐이다. 연기(緣起)의 법을 듣지 못했기 때문이니 족히 말할 것이 못된다.

問_ 一人作惡餘人生天者亦何爲耶

答_ 此約善惡相是之義說 謂此惡非彼善即失⁴⁶⁾ 旣彼善即是惡故 得由此惡生天 由⁴⁷⁾善生地獄之義 准可思也

---

45) 關＝聞 의미상 '聞'을 취함.
46) 失＝其
47) 由＝得

문_ 한 사람이 악(惡)을 저질렀는데 나머지 사람이 하늘에 태어나는 것은 또한 무엇 때문입니까?

답_ 이는 선과 악이 상시(相是)라는 설에 의한 것이다. 이를테면, 이 악이 저 선이 아니라고 한다면 곧 잘못이다. 이미 저 선이 곧 이 악(惡)이기 때문이다. 이 악으로 말미암아 하늘에 태어나게 되고, 선(善)으로 말미암아 지옥(地獄)에 간다는 뜻은 여기에 준해서 생각할 수 있는 것이다.

問_ 若爾惡即善是義生天 非善即惡是義生天耶

答_ 爾亦得然 爾義不難 而善即惡義故 惡以生天亦得

문_ 만약 그렇다면, 악(惡)이 곧 선(善)이란 뜻으로 하늘에 태어나는 것입니까? 선이 곧 악이 아니라는 뜻으로 생천(生天)하는 것입니까?

답_ 그러한 것도 또한 가능하다. 그러한 뜻은 어려운 것이 아니다. 선(善)은 곧 악(惡)의 뜻이므로 악(惡)으로 생천(生天)함도 또한 가능하다.

23

問_ 但善惡順生逆生耶 亦不生耶

答_ 亦得不生生隨順緣故[48] 皆得 爲無礙故 亦皆不得 以有著處故也

문_ 다만 선악(善惡)이 순생(順生)과 역생(逆生)입니까? 또는 불생(不生)입니까?

답_ 불생(不生)도 생(生)도 가능하다. 연(緣)에 따르기 때문이며 모두 가능한 것은 걸림이 없기 때문이며, 또한 모두 불가능한 것은 집착하는 곳이 있기 때문이다.

24

問_ 解行位至得一法時 一切分別識障滅[49]耶 餘法門未得故 餘障未除耶

答_ 得一法門時一切障滅亦得 未得餘法門故餘障未除亦得 所以者何 此一法門卽盡餘法門故 此一障卽餘障故 得一法時無餘門非得 斷一障時無不斷餘障故 又得一門未得餘門故 斷一障時未斷餘障故 無量劫中次第[50]新新斷惑障 新新得法門 而此卽一時一門 所以此一門非彼餘門卽無故 此一時無彼無量劫卽無故

---

48) [故]-
49) 滅=減 의미상 '滅'을 따른다.
50) 第=中

문_ 해행위(解行位)에 이르러 한 법(法)을 얻었을 때는 일체 분별식(分別識)의 장애가 소멸합니까. 나머지 법문(法門)을 얻지 못하였기 때문에 나머지 장애를 제거하지 못합니까?

답_ 한 법문(法門)을 얻을 때 일체 장애가 소멸하였다는 것도 가능하고, 나머지 법문을 얻지 못하였으므로 나머지 장애가 아직 제거되지 못하였다는 것도 가능하다. 무엇 때문인가? 이 한 법문은 곧 나머지 법문을 다 포함하기 때문이며, 이 한 장애는 곧 나머지 장애이기 때문이다. 한 법문을 얻을 때 나머지 법문을 얻지 않음이 없고, 한 장애를 끊을 때 나머지 장애를 끊지 않음이 없기 때문이다.

또 한 법문을 얻을 때 나머지 법문을 얻지 못하기 때문이며, 한 장애를 끊을 때 나머지 장애를 끊지 못하기 때문이다. 무량겁(無量劫) 중에 차례대로 새롭고 새롭게 미혹의 장애를 끊고, 새롭고 새롭게 법문을 얻는 것, 이는 곧 일시(一時)의 한 법문(法門)이다. 그 이유는 이 한 법문이 저 나머지 법문이 아니면 곧 없는 것이기 때문이며, 이 한 때[一時]는 저 무량겁이 없으면 곧 없는 것이기 때문이다.

25

問_ 得一法門時中 餘門無非盡者 餘門何須乎

答_ 無須何有餘門乎

문_ 한 법문을 얻을 때 나머지 법문을 다 포함하지 않음이 없다면 나머지 법문이 왜 필요합니까?

답_ 필요가 없다면 나머지 법문이 어떻게 있겠느냐?

26

問_ 若爾得一門時即盡 豈無盡法門乎

答_ 得一門故餘門爲盡 非得餘門故餘門盡 何得盡餘門也

문_ 만약 그렇다면, 한 법문을 얻을 때 곧 다하는데, 어찌하여 다함이 없는 법문[無盡法門]이라고 합니까?

답_ 한 법문을 얻기 때문에 나머지 법문을 다 하는 것으로, 나머지 법문을 얻었기 때문에 나머지 법문을 다한다고 한 것이 아니다. 어떻게 나머지 법문의 다함을 얻을 수 있겠는가?

27

問_ 餘門不得者即非得一⁵¹⁾門 一門即餘故

答_ 爾 不得一門以非餘不一門故 然得一門時餘⁵²⁾無殘 何得不得一門也

---
51) (止)+一
52) 餘+(門)

문_ 나머지 법문을 얻지 못하면 즉 한 법문조차 얻지 못한다는 것은 한 법문이 곧 나머지 법문이기 때문입니까?

답_ 그렇다. 한 법문을 얻지 못하면, 나머지 문에 대해서 같지 않은 문 이라고 하지 않는다. 그러나 한 법문을 얻으면, 나머지 법문도 남 김없이 얻는다. 어떻게 한 법문을 얻지 못하고서 나머지 법문을 얻 을 수 있겠는가.

28

601a **問_** 何義爲爾[53]乎

答_ 一多相是前後相是相入故 是故善財者無量劫中 仕無量知識得無 量法門 而不過第二七日一時 可思也

문_ 어떤 의미에서 그렇습니까?

답_ 일(一)과 (多)가 상시(相是)하며, 전(前)과 후(後)가 상시(相是)하 고 상입(相入)하기 때문이다. 이 때문에, 선재(善財)는 무량겁(無 量劫) 중에 한량없는 선지식(善知識)을 섬겨 헤아릴 수 없는 법문 을 얻었으나, 제이칠일(第二七日)의 한 때에 지나지 않는 것임을 가히 생각해 보면 알 수 있다.

---

53) 爲爾=爾爲

問_ 三乘敎中立諸位地令生信解者 不爲如衍[54]立要至自究竟果耶 有要
至自究竟果人耶

答_ 不定 汎三乘敎大意 爲欲生信解隨衆生意安立 受此敎人有多重 若
利根人始聞方便敎 卽知方便之意卽入一乘 又有聞敎不知方便之
意 如敎修行人 此中有多品類 隨根熟處入一乘位 最鈍根人如所聞
敎至自究竟果 方迴入一乘見聞位

문_ 삼승의 가르침에서 여러 위지(位地)를 세워 신해(信解)를 일으키
고자 한다면 세워진 위(位)와 같이 반드시 자구경과(自究竟果)에
도달하지 않겠습니까? 반드시 자구경과에 도달하는 사람이 있는
것입니까?

답_ 일정하지 않다. 대개 삼승교(三乘敎)의 대의는 신해를 일으켜서
중생의 뜻에 따라서 안립(安立)한 것으로 이 가르침을 받는 사람
은 여러 층이 있다. 만약 이근인(利根人)이라면 처음 방편(方便)
의 가르침을 듣고 곧 방편의 의미를 알아 곧 일승(一乘)에 들어간
다. 또 가르침을 듣고도 방편의 의미를 알지 못한 채 가르침과 같
이 수행하는 사람이 있다. 여기에는 많은 품류가 있는데, 근기가
성숙한 곳을 따라서 일승(一乘)의 지위에 들어간다. 가장 둔한 근
기인은 들은 가르침과 같이 자구경과(自究竟果)에 이르러서야 비
로소 일승의 견문위(見聞位)에 회입(廻入)한다.

---

54) 衍=所. 의미상 '所'를 취함

30

問_ 見聞位不定位者 其退相云何

答_ 聞大法而即不得如聞自在故 細有違敎 有墮三途人也

문_ 견문위(見聞位)에 들어가는 계위가 일정하지 않다면 그 물러나는 모습은 어떠합니까?

답_ 대법(大法)을 듣고도 곧 들음과 같이 자재(自在)함을 얻지 못하기 때문이다. 조금이라도 가르침에 어긋남이 있으면 삼도(三途)에 떨어지는 사람이 있는 것이다.

31

問_ 以何知是

答_ 如小相品云 以佛小相光照阿鼻地獄人等 彼光[55]即生兜率天 聞空聲即得十眼十耳等大功德 若無前大善根云何能得爾許大功德乎

문_ 무엇으로써 이를 알 수 있습니까?

답_ 예를 들어, 「소상품(小相品)」에서는 "부처님의 소상(小相)의 광명으로 아비지옥의 사람들을 비추는데, 그 빛으로 곧 도솔천에 태어

---

55) 光＝先

나 허공의 소리를 듣고서 곧 십안(十眼)과 십이(十耳) 등의 대공덕을 얻는다"라고 하였다. 만약 이전의 대선근(大善根)이 없었다면, 어떻게 그와 같은 대공덕을 받을 수 있겠느냐?

32

問_ 此等人可權 往⁵⁶⁾利衆生 豈取⁵⁷⁾爲退人乎

答_ 旣空聲中敎 汝所受地獄之苦無來去處 但汝惡業所感 何不爲退乎

문_ 이와 같은 사람들은 방편으로 지옥에 가서 중생을 이롭게 할 수 있는데, 어찌하여 퇴전한 사람의 행위를 취합니까?

답_ 이미 공중의 소리 중에, '네가 받은 바 지옥고(地獄苦)는 오고 가는 곳이 없다. 다만 그대의 악업(惡業)이 불러들일 뿐이다'라고 가르치셨다. 어찌 퇴전함이 아니겠는가?

33

問_ 若實惡業所受者 凡夫位自所造之業受地獄苦 由佛光大故令出得大功德 何有取⁵⁸⁾退大人等乎

答_ 若爾何人令不出苦 而其中有限苦者 必有深善根人等令⁵⁹⁾出苦也

---

56) 往=性
57) 取=敢
58) 取=敢

문_ 만약 실제로 악업(惡業)을 받은 자가 범부위(凡夫位)에서 스스로 지은 바 업(業)으로 지옥고(地獄苦)를 받는다면, 부처님의 광명이 큼으로 말미암아 (지옥고에서) 나와 대공덕(大功德)을 얻을 것이니, 어떻게 대승으로부터 퇴전하는 사람들이 있습니까?

답_ 만약 그렇다면 어떤 사람이 괴로움에서 나오지 못하겠느냐? 그 중 괴로움에 한도가 있는 자는, 반드시 깊이 선근(善根)을 쌓은 사람으로, 괴로움에서 나올 수 있다.

34

問_ 如是退人等住下位中 迴入一乘 有惑業人等耶 設三乘自究竟果位中 至成佛人等是耶

答_ 此義實難解 然教品玄差者自宗中雖至究竟 而爲不聞一乘敎 始聞同故 隨位判竝同有退不退也

601b

문_ 이와 같이 물러나는 사람 등이 아래의 위(位)에 머무는 중에 일승(一乘)으로 회입(迴入)할 때, 혹업(惑業)이 있는 사람 등이 그렇다는 것입니까? 시설한 삼승의 자구경과위(自究竟果位) 중 성불에 이른 사람 등도 그렇다는 것입니까?

답_ 이 뜻은 참으로 난해하다. 그러나 가르친 품류의 깊은 차이는 자종에서 비록 구경에 이르렀으나 일승의 가르침을 듣지 못함에 처음

---

59) 令=得 의미상 '得'을 취함

들는 것과 같기 때문이다. 위(位)에 따라서 판단한다면 양쪽 다 물러남[退]과 물러나지 않음[不退]이 있는 것이다.

問_ 彼上果人旣業煩惱盡 豈得有業煩惱爲主以大悲助往惡趣乎

答_ 自宗雖盡有一乘障不斷 豈不往乎

문_ 저 최상의 경지에 도달한 사람(上果人)은 이미 업(業)과 번뇌를 다 하였는데, 어찌 업과 번뇌가 주(主)가 되고, 대비(大悲)가 부차적이 되어 악취에 가게 된다는 것입니까.

답_ 자종(自宗)은 비록 다함이 있으나 일승의 장애는 끊지 못했으니 어찌 가지 않겠느냐?

問_ 此一乘障前自宗所斷之惑耶 更有別耶

答_ 義不定 所障不同故別亦得 又前斷爲⁶⁰⁾ 而此乘以⁶¹⁾者全不斷故 乃
　　至亦得 惑法無自 隨處故⁶²⁾

---

60) 斷爲＝爲斷
61) 此乘以＝以此乘
62) (是)+故

문_ 이 일승의 장애는 앞의 자종(自宗)에서는 끊어진 미혹(迷惑)입니까? 다시 별도의 것입니까?

답_ 뜻이 일정하지 않다. 장애(障礙)되는 바가 같지 아니하므로 별도의 것일 수도 있다. 또 전(前)의 자종(自宗)에서 (이미) 끊은 것이지만, 이 승(乘=일승) 입장에서 볼 때는 전혀 끊지 못하였기 때문에 (별도의 것이) 있다고도 할 수 있다. 미혹이라는 법은 자성(自性)이 없어서 상황에 따르기 때문이다.

37

問_ 前所得智此中障耶[63] 不耶

答_ 亦得障 亦得不障 何爲雖彼宗智而不知一乘無障礙法故爲障 復雖不知而順於一乘進故不障 可思

문_ 전(前)(일승에 회입하기 이전)에 얻은 지혜는 이 (일승) 중에 장애(障碍)가 됩니까? 되지 않습니까?

답_ 장애(障碍)가 될 수도 있고 장애가 되지 않을 수도 있다. 왜냐하면, 비록 그 종(宗)의 지혜이지만 일승(一乘)의 무장애법(無障礙法)을 알지 못하므로 장애가 되며, 또 비록 알지 못한다고 할지라도 일승(一乘)에 수순하여 정진하기 때문에 장애가 되지 않음을 생각해 보면 알 수 있는 것이다.

---

63) [耶]-

38

問_ 何知三乘極爲佛而還入一乘也

答_ 如法華經云 旣至三車處方又索車故 佛乃與一車故 彼三車處即三
乘果喩故 不可不爾也[64]

문_ 삼승(三乘)이 수행의 끝에 부처가 되었을지라도 다시 일승(一乘)
으로 들어간다는 것을 어떻게 알 수 있습니까?

답_ 예를 들어 『법화경(法華經)』에서 "이미 삼거처(三車處)에 이르러
방편으로 또 수레를 찾기 때문에 부처는 이에 한 수레를 주셨다"
고 하였기 때문이다. 그 삼거처(三車處)는 곧 삼승과(三乘果)를
비유하기 때문에 그렇지 않을 수가 없다.

39

問_ 三乘大乘教中 盛明三淨土 諸衆生令[65]爲不退處 三乘行者等必至
八地上者 定生他受用土 成佛者定在自受用土 豈至不退處而有退
墮惡趣乎

答_ 自宗如問然而望一乘普法法門不關[66] 何妨有退也 又彼教中云 三賢

---

64) 不爾也＝爾也不
65) 諸衆生令＝令諸衆生
66) 關＝聞

十聖住果報 唯佛一人居淨土 何八地上定生淨土乎 十地下位唯在
自異熟識所變果報土 然就增上緣故爲淨土耳 斷惑亦爾 彼經云 至
金剛三昧以無想信伏諸煩惱不斷 唯佛斷也

문_ 삼승대승의 가르침 중에 세 가지 정토를 매우 분명히 밝혀 중생들
로 하여금 물러나지 않게 하는 곳이 있습니다. 삼승의 수행자들이
기필코 8지(地) 이상에 이른다면 반드시 타수용토(他受用土)에 태
어나며, 성불한다면 반드시 자수용토(自受用土)에 있을 것입니다.
어찌 불퇴의 처소에 이르렀는데 악취(惡趣)로 물러나 떨어지는 일
이 있습니까?

답_ 자종(自宗)(의 입장)은 물음과 같다. 그러나 일승보법(一乘普法)
의 법문과는 상관없는 것이니, 물러남이 있다 하여 무슨 거리낌이
있겠느냐? 또 저 가르침(『인왕경』) 중에서 "삼현(三賢) 십성(十
聖)은 과보토(果報土)에 머물고, 오직 부처님 한 분만이 정토에
거주한다"고 하였는데, 어찌 팔지(八地) 이상에서는 반드시 정토
에 태어난다고 하겠느냐? 십지(十地) 이하의 지위는 오직 자신의
이숙식(異熟識)이 전변된 과보토(果報土)에 있을 뿐이다. 그러나
증상연(增上緣)을 기준하므로 정토라 할 따름이다. 번뇌를 끊는
것도 그와 마찬가지이다. 저 경에서 이르기를, "금강삼매(金剛三
昧)에 이르러 무상신(無想信)으로 모든 번뇌를 조복 받지만, 끊을
수는 없다. 오직 부처님만이 끊을 수 있다"고 했다.

40

問_ 若爾彼宗佛旣在淨土 亦斷惑 何不入一乘乎

答_ 彼敎中一乘隱於極處 故作如是說 若約敎分齊 約行分齊者 彼佛亦
有自報土 或復不永斷 以至三車處方便索故

601c

문_ 만약 그렇다면, 저 종(宗)의 부처는 이미 정토에 있고 또한 미혹을
끊었는데, 어찌하여 일승(一乘)에 들어오지 않습니까?

답_ 저 가르침에서 일승(一乘)은 극처(極處)에 숨어 있기 때문에 이와
같이 설하는 것이다. 만약 가르침[敎]에 따라 분제(分齊)하든가 행
(行)에 의해 분제(分齊)하면, 그 부처는 또한 자보토(自報土)에 있
다. 혹은 다시 (미혹을) 영원히 끊지는 못한 것이다. 왜냐하면 삼
거처(三車處)에 이르러 방편으로 (수레를) 찾기 때문이다.

41

問_ 若爾生淨土得無生忍者 約何無生忍乎

答_ 不定 若生變化淨土人聞一乘 根熟聞一乘法人得一乘中眞實無生
忍 若乃[67]在三乘分齊人得自宗定慧相應無生忍 以一乘望者相似
無生忍也 餘二三等土亦爾 又三乘敎所明淨土等者 此一乘敎中世

---

67) 乃+(至)

界海中攝 非十佛在十種淨土門攝 種種身等十種淨土但十佛在處
一切法之本原雖不別而非餘衆生分齊 竊欲現此義故 仁王經云 唯
佛一人居淨土也

문_ 만약 그렇다면, 정토에 태어나 무생인(無生忍)을 얻은 자는 무엇
에 의거하여 무생인을 얻습니까?

답_ 일정하지 않다. 만약 변화의 정토에 태어나는 사람이 일승(一乘)
을 듣는다면, 근기가 성숙하여 일승의 법을 듣는 사람으로 일승
가운데 진실 무생인을 얻는다. 만약 이에 삼승의 분제(分齊)에 있
는 사람은 자종의 정혜에 상응하는 무생인을 얻는다. 일승을 대비
시켜 보면 상사(相似)무생인을 얻는다. 나머지 두세 번째 정토(淨
土) 역시 그렇다. 또 삼승교(三乘敎)에서 밝힌 정토(淨土) 등은 이
일승교(一乘敎) 가운데 세계해(世界海) 중에 포섭된다. 십불(十
佛)은 10종(種)의 정토문(淨土門)에 속하는 것이 아니다. 종종(種
種)의 몸[身] 등 십종(十種)의 정토(淨土)는 다만 십불(十佛)이 있
는 곳이다. 일체법(一切法)의 본원(本原)이 비록 구별이 없으나
그 밖의 중생들의 분제(分齊)는 아니다. 이 뜻을 표현하고자 해서
『인왕경(仁王經)』에 이르기를, '오직 부처님 한 분만이 정토(淨土)
에 거주하고 계신다'라고 한 것이다.

問_ 若十種淨土但佛在不餘分齊者 與三乘教中自受用土有何差別乎

答_ 不似 何以故 三乘自受用土但成人所感 自識中因所生五塵等土最
勝故 不餘所及 今一乘淨土雖但在佛在[68]而非捨衆生業身等法 雖
不捨而不同分齊 雖不同而即是其[69]也 猶如夢所見等物惟覺心量
雖覺心量而不如夢計 雖不如夢計而不捨夢所見法 彼中道理應知
亦爾也

문_ 만약 십종의 정토(淨土)에 다만 부처님만 있고 그 밖에 중생이 없
다면, 삼승교(三乘敎) 가운데 자수용토(自受用土)와 어떠한 차별
이 있습니까?

답_ 비슷하지 않다. 왜냐하면 삼승(三乘)의 자수용토(自受用土)는 성
취한 사람만이 감득하는 곳으로, 자식(自識) 중의 인소생(因所生)인
오진(五塵) 등의 국토가 가장 수승(殊勝)하기 때문에 그 밖의 것이
미칠 바가 아니다. 지금 일승(一乘)의 정토(淨土)에 비록 부처님만
있다 하더라도 중생의 업신(業身) 등의 법(法)을 버리는 것이 아니
고, 비록 버리지 않더라도 (부처님과 중생의) 분제(分齊)가 같지 않
으며, 비록 분제(分齊)가 같지 않더라도 함께 함이다. 마치 꿈에 본
것과 같은 물건 등을 오직 각심(覺心)만이 헤아리고, 비록 각심(覺

---

68) 在佛在＝佛在
69) 其＝共

心)만이 헤아린다 하더라도 꿈에 계탁(計度)한 것과 같지 않으며,
비록 꿈에 계탁한 것과 같지 않더라도 꿈에 본 법을 버리지 않는
것과 같다. 그 가운데 도리(道理) 역시 그러함을 알아야 한다.

問_ 若爾與終敎中法性土何有別乎

答_ 彼亦不同 所以何者 彼敎所明但修人所證 寂照照寂 能所平等一實
如爲佛土 非隨衆生妄識所生等種種法即爲其 故[70]唯自定慧等智所
識[71]之分齊 在此一乘中即其事法不壞 全攝爲佛土故也

문_ 만약 그렇다면, 종교(終敎) 중의 법성토(法性土)와는 어떤 차이가
있습니까?

답_ 그것과도 역시 같지 않다. 왜냐하면, 저 교에서 밝힌 것은 다만 수
행하는 사람이 증득한 것인데, 고요하면서도 비추고 비추면서도
고요하여 능소가 평등한 하나의 진실한 진여(眞如)가 부처님의 정
토가 된 것이고, 중생의 망식(妄識)을 따라 갖가지 법들이 생겨나서
그렇게 된 것은 아니다. 따라서 오직 스스로 정혜(定慧) 등의 지혜
[智]로 아는 분제(分齊)이다. 그러나 이 일승에 있어서는 곧 그 사법
(事法)이 무너지지 않고 전부 포섭되어 불토(佛土)가 되기 때문이다.

---

70) 其故=故其
71) 識=證

44

問_ 經云 欲知至大有小相者 大因緣成 大即爲小相耶不耶

答_ 得大因緣成即有小相 此大全小 因緣成故

문_ 경(經)에 이르기를, '지극히 큰 것에는 소상(小相)이 있음을 알고
자 한다.'고 하였는데, 대(大)의 인연이 성취되면, 대(大)가 곧 소
상(小相)이 됩니까? 그렇지 않습니까?

답_ 대(大)의 인연이 성취됨을 얻으면 곧 소상(小相)이 있다. 이 대
(大)는 전적으로 소(小)이다. 인연으로 성취되기 때문이다.

45

602a **問_** 若爾因緣全別 云何即爲其乎

答_ 以因緣別故 無關而非他故 即爲其

문_ 만약 그렇다면, (대와 소의) 인연이 전혀 별개인데, 어떻게 즉(卽)
하여 그것이 된다고 하겠습니까?

답_ 인연이 별개이기 때문에 관련된다 해도 다른 것이 아님이 없기 때
문에 즉 그렇게 되는 것이다.

46

問_ 若所成即是者 能成因緣亦爾

答_ 亦得即是 隨須無妨故 即中中自在 能成因緣旣爾 所成之法亦爾
一切因緣法皆如是可知

문_ 만약 (인연으로) 이루어지는 바[所成]가 즉 이렇다면, 능히 인연을
이룸[能成]도 또한 그러합니까?

답_ 또한 그렇다고 할 수도 있다. 필요에 따르기에 방해가 없기 때문이
다. 즉중(即中) 가운데에서 자재하여, 능히 인연을 이룸[能成因緣]
이 이미 그러하면, 이루어지는 법[所成法] 또한 그러하다. 일체 인
연법이 모두 이와 같음을 알 수 있을 것이다.

47

問_ 如夢中所見法 唯心量是者 三敎[72]中唯識門中有何別乎.

答_ 少[73]不同 唯識門者雖所見法多 而唯一識作無外別法也 今所取者
此心隨睡眠因緣 作種種法時是諸法皆因緣之法 無住無我法 故無
自住 無不時[74]所 是之義 此義[75]隨因緣無住 不隨作心故不同也

---

72) (乘)+敎 의미상 '乘'을 넣음.
73) 少=小
74) [時]−

문_ 만약 꿈속에서 보는 법이 오직 마음으로 헤아리는 것일 뿐이라면, 삼승교(三乘敎) 중의 유식문(唯識門)과는 어떠한 구별이 있습니까?

답_ 약간 같지 않다. 유식문(唯識門)이란 것은 비록 보는 바의 법이 많지만 오직 하나의 인식 작용 이외에 별개의 법이 없다. 지금 취한 것은 이 마음이 수면(睡眠) 인연에 따라 종종(種種)의 법을 지을 때, 모든 법[諸法]이 모두 인연의 법이며 머무름이 없고 내가 없는 법이라는 것이다. 그러므로 스스로 머무름이 없고, 때와 장소가 이 뜻이 아님이 없다. 이 뜻은 인연에 따라 머무름이 없음이다. (인연에) 따라 마음을 짓지 않기 때문에 같지 않은 것이다.

48

問_ 此因緣無住卽是所喩之緣起法 云何爲能喩法乎

答_ 卽是因緣非別喩 然而迷人此夢因緣法 隨分可解故 取喩諸因緣法耳

문_ 이 인연이 머무름이 없음은 곧 소유(所喩)의 연기법(緣起法)인데, 무엇이 능유(能喩)의 법입니까?

답_ 곧 이 인연은 별개의 비유[別喩]가 아니다. 그러나 미혹한 사람은

---

75) [此義]-

이 꿈의 인연법을 (자신의) 분수에 따라 이해할 수 있으므로 여러 인연법을 비유한 것을 취했을 뿐이다.

49

問_ 一乘中三處回向之義何爲

答_ 謂回向衆生菩提實際三處中無所回向 是名爲回向

문_ 일승(一乘) 가운데 삼처회향(三處回向)의 뜻은 무엇을 말합니까?

답_ 중생·보리(菩提)·실제(實際)의 삼처(三處)에 회향하는 가운데 회향(回向)할 바가 없음을 이름하여 '회향(回向)'이라 하는 것이다.

50

問_ 旣三處中向 云何無所向乎

答_ 菩薩起行中即爲衆生故 又菩薩行無衆生不起故 衆生所與由此二義故 菩薩行古以衆生物非適今回向 解如是義 即無能所二中入名爲回向[76] 又菩提回向者 菩薩行從菩提生 爲成菩提故 古以是菩提具無更所回向處故 又菩薩行即如實法 爲顯如實古以實際具 無

---

76) [向]-

別所回向 如是三義故 一切菩薩行無不爾 解如是⁷⁷⁾名爲回向 此義
深趣緣起中道理 三乘回向者 有隨事別迴向之義 可知

문_ 이미 삼처(三處) 중에 회향(回向)한다고 하였는데, 어떻게 회향(回向)할 바가 없다고 합니까?

답_ 보살이 행(行)을 일으킴은 곧 중생을 위하기 때문이며, 또한 보살행(菩薩行)은 중생이 없으면 일어나지 않기 때문에 중생에게 주어지는 것이다. 이 두 가지 뜻으로 말미암기 때문에 보살행(菩薩行)은 예로부터 중생의 것이니 바로 지금 회향하는 것이 아니다.

이와 같은 뜻을 이해하여 곧 능소(能所)의 두 가지에 조차 들어감이 없는 것을 '회향(回向)'이라 이름 한다.

또 보리회향(菩提回向)이란 것은 보살행(菩薩行)이 보리(菩提)를 따라 생기며 보리(菩提)를 이루기 때문에 예로부터 이 보리(菩提)를 갖추어서 다시 회향(回向)할 곳이 없기 때문이다.

또 보살행(菩薩行)은 곧 여실(如實)한 법이니, 여실(如實)함을 나타내기 위하여 예로부터 실제(實際)를 갖춘 것으로써 따로 회향할 바가 없다.

이와 같이 세 가지 뜻이 있으므로, 일체 보살행은 그러하지 않음이 없다. 이와 같은 뜻을 해석하여 '회향'이라 한 것이다. 이 교의(敎義)는 깊이 연기(緣起) 가운데 나아가는 도리이다. (반면에) 삼승(三乘)의 회향(回向)은 일[事]의 구별에 따라 회향(回向)의 뜻이 있다. 알 수 있을 것이다.

---

77) 是+(義)

問_ 或有文云 菩薩發心 一切衆生已度以後成佛 或云 爲欲度衆生故修

602b　　行菩提 若未得菩提者不能度衆生故 菩薩言行相應 若如前者何故

　　　　衆生未盡 而菩薩已成佛 若如後文 先[78]成佛者云何與前相應行乎

答_ 此處實難解 然自所證之理智無障礙故隨機緣 敎何有相違 謂衆生

　　　即菩薩故 菩薩成時無不成衆生故 永度衆生方成佛亦得 以菩薩即

　　　衆生故 菩薩永無成佛時亦得 菩薩衆生不亂故 先自成方能度衆生

　　　自無德能度他者 無有是處故亦得 菩薩與衆生不相知故 菩薩非能

　　　度 衆生非所度亦得 如是四句遮過遣非顯德等中自在也

문_ 혹 어떤 경문에서는, '보살은 일체 중생을 제도한 이후에야 성불하
　　겠다고 발심하고, 혹은 어떤 곳에서는, '중생을 제도하기 위해서
　　보리(菩提)를 수행한다. 만약 보리(菩提)를 증득하지 못하면 중생
　　을 능히 제도하지 못하기 때문이다'라고 합니다. 보살은 언행(言
　　行)이 상응(相應)하는데, 만약 전자(前者)와 같다면, 무엇 때문에
　　중생은 아직 다하지 않았는데 보살이 이미 성불하였습니까? 만약
　　뒤의 글과 같다면, 먼저 성불한 이는 어떻게 앞의 것과 상응하는
　　것이라 하겠습니까?

답_ 이 부분은 참으로 난해하다. 그러나 스스로 증득한 이지(理智)는
　　장애(障礙)가 없다. 기연(機緣)을 따르는 가르침이 어떻게 서로 어

---

78) [先]-

굿남이 있겠느냐? 이를테면 다음과 같다.

중생이 곧 보살이므로 보살을 이루었을 때 중생을 이루지 않음이 없다. 그러므로 중생을 영원히 제도해야 마침내 성불도 얻을 수 있다. 보살로써 곧 중생이기 때문에, 보살은 영원히 성불할 때가 없다는 것도 또한 가능하다. 보살과 중생은 서로 섞이지 못하므로, 먼저 스스로 (보살을) 이룬 후에야 중생을 능히 제도할 수 있다. 스스로 덕(德)이 없이 능히 다른 사람을 제도한다는 것은 있을 수 없다는 것이 또한 가능하다. 보살은 중생과 더불어 서로 알지 못하기 때문에, 보살이 능히 제도하는 것도 아니고 중생이 제도를 받는 것이 아니라는 것도 또한 가능하다. 이와 같은 4구(句)는 과오를 막고, 옳지 못함을 버리며, 덕(德)을 드러내는 등 가운데 자재(自在)하다.

52

問_ 菩薩代受衆生苦時中 衆生惡業爲因 所生苦爲自爲果受耶 以衆生
　　業所生苦令捨 以自業所感苦受[79] 若如前者云何他作業自受 若如
　　後者但受自苦不代衆生

答_ 竝得 隨須處自在故 非如三乘教義 深可思也(云云)

문_ 보살이 중생의 괴로움을 대신 받을 때, 중생의 악업(惡業)이 인

---

79) 受+(苦)

(因)이 되고, 그로 인해 생기는 괴로움을 중생 자신의 과(果)로 삼아 [괴로움을] 받는 것입니까? 아니면 중생의 업으로써 생기는 바 괴로움을 버리게 하고, 자신의 업의 소감(所感)으로써의 괴로움을 받는 것입니까? 만약 전자와 같다면 어찌하여 남이 지은 업을 자기가 받는 것입니까? 만약 후자와 같다면 다만 자신의 괴로움을 받을 뿐 중생을 대신하는 것이 아닐 것입니다.

답_ 모두 다 가능하다. 필요에 따라 처(處)함이 자재하기 때문이다. 삼승(三乘)의 교의(敎義)와 같지 아니함을 깊이 생각해 보면 알 수 있을 것이다.

問_ 起信論以眞如熏無明 無明熏眞如 其相云何

答_ 不他故 不相知故 謂眞如平等義 無明迷自義 非眞如無無明 非無明無眞如 是故互熏也 此義卽顯事理明闇相卽相融義 入無分別理也

문_ 『기신론』은 진여가 무명을 훈습하고, 무명이 진여를 훈습한다고 합니다. 그 모습이 어떠합니까?

답_ 남이 아니기 때문이며, 서로 알지 못하기 때문이다. 이를테면 진여는 평등(平等)하다는 뜻이며, 무명은 스스로 미혹하다는 뜻이다. 진여가 아니면 무명이 없고, 무명이 아니면 진여가 없다. 이 때문에 서로 훈습하는 것이다. 이 뜻은 곧 사리(事理)의 명암(明闇)이

상즉상융(相卽相融)하여 분별이 없는 도리에 들어감을 밝힌 것이다.

54

問_ 五門論者等約自體緣起中 明圓明具德無礙自在義 與嚴師別敎一乘普法有何別乎

答_ 此義難別 然少[80]有方便 謂彼師等約相融離性自體門 明無凝[81]自在義 非卽約相事明如如無礙義故 在於同敎分齊 此師等卽約相[82]明無障礙義故 當別敎分齊耳

602c

문_ 오문론자(五門論者) 등은 자체연기(自體緣起)의 입장에서 원명구덕무애자재(圓明具德無礙自在)의 뜻을 밝히는데, 지엄(智儼) 스님의 별교일승보법(別敎一乘普法)과는 어떤 차이가 있습니까?

답_ 이 뜻은 구별하기가 어렵다. 그러나 약간의 방편이 있다. 곧 저 오문논자들은 상융이성자체문(相融離性自體門)의 입장에서 무애자재의 뜻을 밝힌 것이고, 상(相)의 입장에서 여여무애(如如無礙)의 뜻을 밝힌 것이 아니기 때문에 동교(同敎)의 분제(分齊)에 있다. 지엄 스님 등은 곧 상(相)의 입장에서 장애(障礙)가 없는 뜻을 밝혔기 때문에 마땅히 별교(別敎)의 분제에 해당한다.

---

80) 少=小
81) 凝=礙 '礙'를 취한다.
82) 相+(事)

問_ 如來藏自體中 明無礙自在即是熟敎等義 何故爲同敎分齊乎

答_ 此師等不別敎分齊故 一乘別敎義在[83]於藏相明也 此義但在於藏體
同一乘 是義故同敎分齊耳 若約聖敎臨機說分齊 別者其相炳別[84]
何得不別 謂涅槃等約如來[85]無二義門 臨根熟二乘等機說 說處時
亦別 華嚴敎者成道第二七日十世九世時中 約一中多多中一一即
多多即一等一切事理等法界法門 臨普賢等一向大機說 機敎旣別
其宗豈同乎 可准解也

　　疏云 九種阿含證十地爲宗者 一者行敎相對 謂一切言敎爲阿含
即能詮敎此敎 所詮一切行德等爲證 下[86]論云如[87]字藏義藏是也 二
者位地相對 謂地前一切行德依敎修故爲阿含 地上一切行德敎義
等但依證位修行故皆名爲證也 此下論地前異生衆爲阿含淨 地上
同生衆爲證淨等也 三者修成相對者 地上諸地聞思修等方便行及
地前加行 以所生自類報生識智別相可說爲阿含 眞無流證眞如智
等爲證 以不可說相故 此即下論聞思修等可說 地智離文不可說事
也 四者眞僞相對者 約眞證智從前後方便說 彼智現示等爲阿含 捨
方便當[88]眞證智不可說爲證 此下[89]論義大不可說說大可說 說大者

---

83) 在＝存
84) 別＝然
85) 來＋(藏)
86) (如)＋下
87) [如]－
88) [當]－
89) (當)＋下

因成就 謂慈悲願力也 因漸漸成就[90]大聞思修等也 教說修成熟大
謂觀修滿足等 言觀修者從前方便說 彼眞證智除障自照之義 滿足
修者從彼方便說 彼眞證恒沙德具足現也 義大者捨詮談自證智 唯
證智[91]乃知不可示說故 義大爲證也 五者相實相對者 證以前方便
際中顯現彼證相爲阿含 即此捨現相入契實證爲證 此下論如[92]增上
妙光明法門等 言增上妙法者證之 增前相故爲增上 離相細體故爲
妙法也 光明法門者 阿含以能照顯彼證法故也 六者體德相對者 約
離相眞證中如自體明顯名爲證 即此體隨順方便修能成諸德名爲阿
含 從彼教修行 行成德故 下論如[93]金體莊嚴所況等也 七者體用相
對者 彼前體德含爲證 依彼證隨機緣所起教智用爲阿含 如後得智
中起教用等也 此下論如[94]珠光等所況等也 八者自分勝進相對者
前體德用以自分所得名爲證 上地所未得中明解爲阿含 此[95]下論讚
金剛藏德中有證阿含二淨也 九者詮實相對者 無住大虛空爲證 於
虛空中所盡十地教義等諸法門 雖與虛空無異相 而非全無[96]爲阿含
也 此[97]下論虛空處鳥迹所況義等也

문_ 여래장(如來藏) 자체(自體) 가운데 무애자재(無礙自在)를 밝히니

---

90) 就＝熟
91) [智]－
92) 下論如＝如下論
93) 下論如＝如下論
94) 下論如＝如下論
95) 此＋(如)
96) 非全無＝全無數故
97) 此＋(如)

곧 숙교(熟敎) 등의 뜻인데, 어찌하여 동교(同敎)의 분제가 됩니까?

답_ 이 오문론자들의 설은 별교(別敎)의 분제가 아니기 때문이다. 일승별교(一乘別敎)의 뜻은 여래장의 상[藏相]에 있어서 밝힌 것이다. 그러나 이들의 뜻은 다만 여래장의 체[藏體]에 있어서만 일승과 같다. 이런 뜻에서 동교의 영역에 속한다.

만약 성교(聖敎)가 근기에 임하여 설하는 분제의 차이는 그 모습[相]이 확실한데, 어찌하여 구별되지 않겠느냐? 열반(涅槃) 등은, 요컨대 여래장(如來藏)에 두 가지 뜻의 문(門)이 없다는 입장에서 근기(根機)가 성숙한 이승(二乘) 등의 근기를 대상으로 하여 설한 것이므로 설한 장소와 때가 또한 다르다.

화엄교(華嚴敎)는 성도 제이칠일에 십세구세의 시간 가운데 설한 것이다. 즉, 일중다(一中多), 다중일(多中一), 일즉다(一卽多), 다즉일(多卽一) 등의 일체 사리(事理) 등의 법계법문을 보현보살(普賢菩薩) 등 오로지 대기(大機)를 상대로 설하였다. 따라서 이미 근기와 가르침이 다른데, 그 종(宗)이 어찌 같겠느냐? 이에 준해 이해할 수 있다.

소(疏)에는 구종 아함(九種阿含)이 십지(十地)를 증득(證得)함을 종(宗)으로 삼는 것에 대해 말하였다.

첫째, 행(行)과 교(敎)의 상대(相對)이니, 일체 언교(言敎)가 아함(阿含)이 됨을 이른다. 곧 능전(能詮)의 교(敎)는 이 교이며, 소전(所詮)의 일체 행덕(行德) 등은 증(證)이 된다. 하론(下論)에서 자장(字藏)이니 의장(義藏)이니 하는 것이 이것이다.

둘째, 위(位)와 지(地)의 상대(相對)이다. 지전(地前)의 일체 행덕(行德)은 교(敎)에 의하여 수행하기 때문에 아함(阿含)이 된다.

지상(地上)의 일체 행덕(行德)과 교의(敎義) 등은 다만 증위(證位)에 의거하여 수행하므로 모두가 이름이 증(證)이 된다. 이를 하론(下論)에서 지전(地前)의 이생중(異生衆)이 아함정(阿含淨)이 되고 지상(地上)의 동생중(同生衆)이 증정(證淨) 등이 된다고 했다.

셋째, 수(修)와 성(成)을 상대(相對)한 것이다. 지상(地上)의 여러 지(地)의 문사수(聞思修) 등 방편행(方便行) 및 지전(地前)의 가행(加行)은, 소생자류(所生自類)와 보생식지(報生識智)로써 별상(別相)을 설할 수 있기에 아함(阿含)이 되고, 진실로 흐름이 없음을 증득하는 진여지(眞如智) 등은 증(證)이 된다. 불가설(不可說)로써의 상(相)이기 때문이다. 이는 곧 하론(下論)에서 문사수(聞思修) 등은 설할 수 있다고 하고, 지지(地智)는 문자를 떠나서 설할 수 없다[不可說]고 한 일이다.

넷째, 진(眞)과 위(僞)를 상대(相對)한 것이다. 진증지(眞證智)에 의해 전후의 방편(方便)을 따라서 저 지(智)의 현시(現示)등을 설하는 것이 아함(阿含)이 되며, 방편(方便)을 버리고 진증지(眞證智)를 설할 수 없음이 증(證)이 된다. 이는 하론(下論)에서 의대불가설(義大不可說)이니 설대가설(說大可說)이니 하는 것이다. 설대(說大)라는 것은 인(因)의 성취(成就)이다. 자비 원력(慈悲願力)을 말한다. 인을 점점(漸漸) 성취함이 크다는 것은, 문사수(聞思修) 등이다. 교설(敎說)을 닦음이 성숙하여 크다는 관수(觀修)와 만족수(滿足修) 등을 말한다. 관수(觀修)라 말하는 것은 앞의 방편설(方便說)따라 저 진증지(眞證智)가 장애(障礙)를 제거하고 스스로 비춘다는 뜻이며, 만족하게 닦는다는 것(滿足修)은 그 방편설을 따라 그 진증(眞證)의 항사(恒沙)와 같은 덕이 구족하게 나타나는 것이다. 의대(義大)라는 것은 도리에 관한 교설을 버리고 지(智)를 자증(自證)하는 것이다. 오직 증지(證智)만이 불가시설(不可示說)을 알기 때문에 의대(義大)가 증(證)이 된다.

다섯째, 상(相)과 실(實)을 상대(相對)한 것이다. 이전 방편제(方便際) 중에 그 증상(證相)을 현현(顯現)함은 아함(阿含)이 되며, 이에 즉(卽)하여 현상(現相)을 버리고 실증(實證)을 깨달아 계합함은 증(證)이 되는 것을 말한다. 이는 하론(下論)의 증상묘광명법문(增上妙光明法門) 등과 같다. 증상묘법(增上妙法)이라 말하는 것은 증득(證得)함이 전상(前相)을 증장(增長)하기 때문에 증상(增上)이 되고, 상을 여의고 세체(細體)가 되므로 묘법(妙法)이된다. 광명법문(光明法門)이라는 것은, 아함(阿含)이 능조(能照)로써 그 증(證)을 나타내는 법이기 때문이다.

여섯째, 체(體)와 덕(德)을 상대(相對)한 것이다. 대략 상을 여의고 진증(眞證) 중에 자체(自體)를 밝게 나타냄과 같음을 이름하여 증(證)이라 하고, 이 체(體)에 즉(卽)하여 방편설에 따라서제덕(諸德)을 능히 성취함을 이름 하여 아함(阿含)이라 한다. 그교(敎)를 좇아 수행하여 행(行)이 덕(德)을 이루기 때문이다. 하론(下論)에 금체장엄(金體莊嚴)을 비유한 것 등과 같다.

일곱째, 체(體)와 용(用)을 상대(相對)한 것이다. 그 앞의 체덕(體德)을 포함한 것이 증(證)이 되고, 그 증(證)에 의해 기연(機緣)에 따라 일어난 바 교지(敎智)의 용(用)이 아함(阿含)이 된다. 후득지(後得智) 중에 교(敎)의 용(用)을 일으키는 것 등이다. 이는하론(下論)에 주광(珠光) 등을 비유한 것 등과 같다.

여덟째, 자분(自分)과 승진(勝進)을 상대(相對)한 것이다. 앞의 체의 덕용(德用)이 자분(自分)으로써 얻어지는 이름이 증(證)이 되고, 상지(上地)를 아직 얻지 못한 중에 해(解)를 밝히는 것이 아함(阿含)이 된다. 이는 하론(下論)에 금강장(金剛藏)의 덕(德)을 찬양하는 가운데 증정(證淨)과 아함정(阿含淨)의 두 정이다.

아홉째, 전(詮)과 실(實)을 상대(相對)한 것이다. 머무름이 없는 대허공(大虛空)이 증(證)이 된다. 허공중에 다한 바의 십지(十地) 교의(敎義) 등 여러 법문은, 비록 허공과 더불어 다른 모양[異相]이 없으나, 전무(全無)가 아니기 때문에 아함(阿含)이 된다. 이는 하론(下論)에서 허공처(虛空處)의 조적(鳥迹)에 관한 비유의 의미 등과 같다.

56

問_ 是但約十地耶 通地前耶

答_ 說十地即盡前位攝 以六相說十入故 可知也

문_ 이는 다만 십지(十地)에만 의한 것입니까? 지전(地前)과도 통하는 것입니까?

답_ 십지(十地)를 설함은 곧 전위(前位)를 남김없이 포섭하는 것이다. 육상(六相)으로써 십입(十入)을 설하기 때문에 알 수 있다.

問_ 乃不知其相 何乎

答_ 約十地者 加分中根本入本分中願善決定 說分中發菩提心即是 是
約實爲論 然而法門作不同 加分中十入合體相說 本分中開體相 六
決定爲十地體 即是體中有總別相等 說十地名爲相 說分中但約相
門⁹⁸⁾廣現行德相 不同如是 然即其相門中十十句等總別相等說者
爲欲顯示其諸行德即是緣起無障礙⁹⁹⁾普法行德 然即是相無非體 體
無非相 可知也

문_ 그 상을 모르겠습니다. 어떤 것입니까?

답_ 십지에 의거하면, 가분(加分)에서의 근본입(根本入), 본분(本分)
에서의 원선결정(願善決定), 설분(說分)에서의 발보리심이 곧 이
것이다. 이는 실(實)에 의거하여 논한 것이다. 그러나 법문이 만
들어지는 것은 같지 않다. 가분에서의 십입(十入)은 체와 상을 합
하여 설한 것이다. 본분에서는 체와 상을 열어서 육결정(六決定)
을 십지(十地)의 체로 한 것이다. 곧 이 체(體) 가운데도 총상과
별상 등이 있다. (그리고) 십지를 설하여 이름해서 상(相)이라 한
것이다. 설분에서는 다만 상문(相門)에 따라 행덕의 상(相)을 자
세히 나타낸 것이니, 같지 않음이 이와 같다. 그러나 곧 그 상문

---

98) [門]-
99) 礙=卽

(相門) 가운데 열 가지 십구(十句)의 총상과 별상 등을 설하는 것은 그 모든 행과 덕이 곧 이것이 연기무장애(緣起無障礙) 보법(普法)의 행덕임을 현시하고자 함이다. 그러므로 곧 이 상(相)은 체(體) 아님이 없고, 체가 상 아님이 없는 것임을 알 수 있다.

58

603b **問_** 何故十入合體相說乎

答_ 經云 一切菩薩不思議諸佛法門[100] 說令入智慧地故 諸佛法門[101]者 佛證智大虛空也 智慧地者 十地智 入者卽是十地智入於佛智虛空 若已入者卽是一味無別體明入 是故約一味[102]入說十入爲別以示現 若體門以[103]十入全體 若以相者十入全相 若總別者九入全總根本 入 根本入全九入故 非謂根本入體九入相也 是故體相合說也 本分中如是十入開體門爲六決定 前相門爲十地名也

문_ 무엇 때문에 십입(十入)은 체상(體相)을 합하여 설합니까?

답_ 『십지경』에서 "모든 보살로 하여금 부사의(不思議)한 제불(諸佛)의 법문을 설하여 지혜지(智慧地)에 들어가게 하기 때문이다"고 하였다. 제불법문(諸佛法門)이란 부처의 증지(證智)인 대허공(大

---

100) 門=明
101) 門=明
102) [味] −
103) 體門以=以體門

虛空)이다. 지혜지란 십지(十地)의 지(智)이다. 들어감[入]이란 곧 십지의 지(智)가 부처의 증지(證智)인 허공에 들어감이다. 만약 이미 들어갔다면 곧 일미(一味)이고 별체(別體)가 없음이 들어감 [入]임을 밝힌다. 그러므로 일미입(一味入)의 입장에 의거하여 십 입(十入)을 별상으로써 나타내 보인다. 만약 체문(體門)으로써 말 하면 십입 전부가 체이고 만약 상(相)으로써 말하면 십입 전부가 상이다. 만약 총(總)과 별(別)로써 말하면, 구입(九入) 전부가 총 상인 근본입(根本入)이고, 근본입이 전부가 (별상인) 구입이다. 그러므로 근본입이 체이고 구입은 상이라고 하는 것이 아니다. 이 때문에 체와 상을 합하여 설명한 것이다. 본분(本分) 가운데 이와 같이 십입(十入)은 체문(體門)을 열어 육결정(六決定)이 되고, 앞 의 상문(相門)에서는 십지(十地)의 이름이 되는 것이다.

59

問_ 何故十地名爲相乎

答_ 對十障施設十地行德分別可見之相說故爲相 彼證體中無障可對故 自在無礙 諸行德具足非情可見故非相也

문_ 무엇 때문에 십지(十地)의 이름이 상(相)이 됩니까?

답_ 십장(十障)에 대해 십지(十地)의 행덕 분별(行德分別)의 볼 수 있 는 상(相)을 시설하여 설하기 때문에 상(相)이 된다. 그 증(證)의

체(體) 가운데에는 상대할 수 있는 장애가 없으므로 자재무애(自在無礙)하다. 모든 행덕(行德)이 구족한 것은 망정(妄情)으로 볼 수 있는 것이 아니다. 그러므로 상(相)이 아니다.

60

問_ 依位示現 普法中地前解行等中已滿顯示 何用十地中復顯乎

答_ 雖所顯普法隨位無殘現 而隨位增勝門別非無 謂前擧隨分顯滿 約初發心一念等顯滿故 今十地中擧滿現隨分 謂擧佛證智虛空以說十盡故 法門不同[104]也

문_ 지위에 의거하여 시현(示現)함은, 보법(普法) 중 지전(地前)의 해행(解行) 등에 이미 충분히 나타내 보였는데, 무엇 때문에 십지(十地) 중에 다시 나타냅니까?

답_ 비록 드러내 보인 보법(普法)이 지위에 따라 남김없이 나타나지만, 지위에 따른 증승문(增勝門)이 따로 없는 것은 아니다. 앞에서는 분수(分)에 따라 충만함을 나타냄을 이름이니, 초발심(初發心)의 일념(一念) 등의 입장에서 충만하다는 것을 나타나기 때문이다. 지금 십지(十地) 중에 충만함을 든 것은 분수(分)에 따라 나타냄이다. 부처님의 증지(證智)인 허공(虛空)을 들어 십진(十盡)을 설하기 때문에 법문은 같지 않다.

---

104) 同=得

問_ 約所顯法雖隨位全現 而約行人進修得證者 解行時劣 證時勝之義
  爲有耶不耶

答_ 隨行位言此義不無 然而果證時前劣無異證勝法 以前劣自勝[105] 名
  爲證故 若證時至有前劣者 非爲劣勝故 又非劣位動 無劣無勝故 是
  故不動勝劣位 卽是無二 不移無二卽是二也 緣起無住法法爾故也

문_ 드러내 보인 법(法)의 입장에서 보면 비록 위(位)에 따라 전부 나타
  난다고는 하나, 수행하는 사람(人)이 나아가[進修] 증득하는 입장
  에서 보면, 해행(解行)의 시기에는 열등(劣等)하고 증득한 때에는
  수승(殊勝)한 도리[義]가 있다고 하겠습니까? 없다고 하겠습니까?

답_ 행위(行位)에 따라 말하면 이러한 도리가 없는 것이 아니다. 그러
  나 과(果)를 증득했을 때는, 전의 열위(劣位)가 증득 후의 수승한
  법과 다름이 없다. 전의 열위(劣位)가 본디 수승함을 이름하여 증
  (證)이라 하기 때문이다. 만약 증득할 때에 이르면 전의 열위(劣
  位)가 (더이상) 열위(劣位)도 승위도 아니기 때문이다. 또 열위가
  이동하는 것이 아니다. 열위가 없으면 승위도 없기 때문이다. 이
  때문에 승위(勝位)나 열위(劣位)는 부동(不動)이며 곧 무이(無二)
  이다. 무이(無二)를 움직이지 않으면서 곧 이것은 둘[二]이다. 연
  기(緣起)하여 무주법(無住法)이니, 법이 그렇기 때문이다.

---

105) [自勝]-

問_ 請分經云 解脫月菩薩讚諸衆以請中 此衆有阿含行五證淨四 證淨

603c 四中乃至第十地位[106] 得證不隨他教淨等 旣得證十地者何用亦說十

地請乎

答_ 有二義 又一義其所得十地約前解行門所得證十地以讚 今所請十地

約證門十地以請說 又一義旣請言中云爲十力淨心 論釋曰 已入證

者令得佛十力 未[107]證入者令入證 故明知已得十地人 欲爲成佛故

請也

문_ 청분(請分) 경문에 이르기를, '해탈월보살(解脫月菩薩)이 여러 대
중을 찬탄하여 청(請)하는 가운데 이 대중에는 다섯 가지 아함행
(阿含行)과 네 가지 증정(證淨)이 있다.'고 하였습니다. 네가지 증
정(證淨) 가운데, 제십지(第十地)의 지위에 이르러 증득(證得)하
여서는 타교(他敎)의 정(淨) 등을 따르지 않는데, 이미 십지(十地)
를 증득한 자가 무엇 때문에 십지(十地)를 또한 설할 것을 청합
니까?

답_ 두 가지 뜻이 있다. 한 가지 뜻은, 그 얻은 바 십지(十地)가 전(前)
의 해행문(解行門)에 의하여 증득한 바 십지(十地)이기 때문에 찬
탄하는 것이며, 지금 청하는 십지(十地)는 증문(證門)에 의한 십지

---

106) 位=德
107) 未=求

(十地)이기 때문에 설법을 청하는 것이다. 또 한 가지 뜻은, 청하는 말 가운데 십력정심(十力淨心)이라 운운하였는데, 논(論)에서 풀이하여 말하기를, '이미 증(證)에 들어간 자는 부처의 십력(十力)을 얻게 되고, 아직 증(證)에 들어가지 못한 자는 증(證)에 들어가게 한다.'고 하였다. 그러므로 이미 십지(十地)에 들어간 사람은 성불하고자 하기 때문에 청하는 것임을 분명히 알 수 있는 것이다.

63

問_ 若爾者但請說佛地 何故請說十地乎

答_ 十地卽佛智慧無十地以外佛地 然佛地卽爲果故 故不可說 十地因行故 可說示故 請說十地 不請說佛地也

문_ 만약 그렇다면, 다만 불지(佛地)를 설할 것을 청할 것이지, 무엇 때문에 십지(十地)를 설할 것을 청합니까?

답_ 십지(十地)는 곧 불지혜(佛智慧)이며, 십지(十地) 이외에 불지(佛地)는 없다. 그러나 불지(佛地)는 곧 과(果)가 되기 때문에 불가설(不可說)이며, 십지(十地)는 인행(因行)이기 때문에 설시(說示)할 수 있다. 그러므로 십지(十地)를 설할 것을 청하고, 불지(佛地)를 설할 것을 청하지 않는 것이다.

64

問_ 若爾旣得十地 已因卽滿 卽入佛果 何用請十地乎

答_ 欲爲現示十地無盡故 初地中十地 二地中十地 乃至第十地中十地 無盡 無盡十地雖得下地十地 而未得上地十地故請說 何有妨乎

문_ 만약 그렇다면, 이미 십지(十地)를 얻었으니 이미 인(因)이 만족하여 곧 불과(佛果)에 들어가는데 무엇 때문에 십지(十地)를 청합니까?

답_ 십지(十地)가 무진(無盡)함을 나타내 보이고자 하기 때문이다. 초지(初地) 가운데 십지(十地)가 있고, 이지(二地) 가운데 십지(十地)가 있으며, 나아가 제십지(第十地) 가운데 십지(十地)가 있어 무진(無盡)하다. 다함이 없는 십지(十地) 가운데 비록 하지(下地)의 십지(十地)를 얻었어도 아직 상지(上地)의 십지(十地)는 얻지 못하였으므로 설법을 청하는데, 무슨 장애가 있겠느냐?

65

問_ 若十地無盡者卽無十地滿時 卽無成佛時 何以爲成佛故請說十地乎

答_ 修如[108] 無盡十地已入無盡佛地 何有妨也

---

108) 修如＝如修

문_ 만약 십지(十地)가 다함이 없다면, 곧 십지(十地)가 채워질 때는 없고, 곧 성불(成佛)할 때도 없는 것인데, 무엇 때문에 성불을 위해서 십지(十地)를 설할 것을 청하는 것입니까?

답_ 다함이 없는 십지(十地)를 닦아 이미 다함이 없는 불지(佛地)에 들어갔는데, 무슨 방해가 있겠느냐?

問_ 十地論[109]通四果有何別耶

答_ 一者調柔果者 約行以[110]說 謂由自地離障故 自行之行離強健故 名爲調柔果 二者發趣果者 有初地時中 能解於十地所行諸[111]事 約聞思慧說也 三者攝報果者 由得初地等故 能得勝自在報 依此報能修自他利利之義 四者願智果者 由自地諸行熟故卽入證自體無住實相[112]成行用與體 無異之義也 是故諸地中願智果 雖增[113]勝而無別增 卽是雖去而不動 調柔等果雖不動而去之義

문_ 십지(十地)를 사과(四果)와 관련하여 논하면 어떤 구별이 있습니까?

---

109) [論]－
110) [以]－
111) 諸＝法
112) [相]－
113) 增＝地

답_ 첫째 조유과(調柔果)는 행(行)에 준하여 설하는 것이다. 자지(自地)가 장애(障碍)를 떠났기 때문임을 말하며, 자행(自行)으로서의 행(行)이 강건(强健)함을 떠났기 때문에 조유과(調柔果)라고 이름했다.

둘째 발취과(發趣果)란 초지(初地)에 있을 때에 십지(十地)에서 행할 여러 일들을 능히 이해하는 것이니 문사혜(聞思慧)에 의거하여 설(說)하는 것이다.

셋째 섭보과(攝報果)란 초지(初地) 등을 얻는 것으로 말미암기 때문에 뛰어난 자재(自在)의 보(報)를 능히 얻는다. 이 보(報)에 의거하여 능히 자리(自利)와 이타(利他)의 도리를 닦는다.

넷째 원지과(願智果)란 자기 지(地)에서 모든 행(行)이 원숙하기 때문에 곧 자체(自體)의 무주실상(無住實相)을 증입(證入)하여 수행의 용(用)이 체(體)와 다르지 않은 뜻을 성취한다.

이 때문에 여러 지위 가운데 원지과(願智果)는 비록 더욱 수승하다 할지라도 별도로 증가하는 것이 없다. 곧 (원지과는) 비록 가는 것이나 움직이지 않으며, 조유과 등 3과는 비록 움직이지 않으나 가는 것을 의미한다.

67

604a **問**_ 今所說之諸[114] 地 地每各各有所作之障所行之行所得之果等不同 即此依行位等示現普法無障礙之法 是故普法中行者 即依此法而爲

---

114) 諸=法

修行耶 爲此別耶

答_ 即依此法門¹¹⁵⁾以修行也

문_ 지금 설한 제지(諸地)는 지(地)마다 각각 짓는 바의 장애(障碍)와 행하는 바의 행(行)과 얻는 과(果) 등이 있어 서로 다릅니다. 곧 행위(行位) 등에 의지하여 보법(普法)의 무장애(無障礙)의 법을 시현하는데, 이 때문에 보법(普法) 중의 행자(行者)가 곧 이 법에 의지하여 수행하는 것입니까? 이와는 별개입니까?

답_ 곧 이 법문에 의지해서 수행하는 것이다.

問_ 若爾者 雖不同¹¹⁶⁾所依行位 而亦不壞其法門 即爲普法無障礙果行
   修行矣 一位一切位 一行一切行 一斷一切斷 一得一切得故 修德
   數斷惑數皆同¹¹⁷⁾齊 何故亦云普法中解行移返一切識分別 自此以
   去無分別心中修功德乎

答_ 實皆同齊 然而未得一法門時中 全迷不知自是本不迷 已得一分無
   生忍 以去 全知自不迷 又知普法始終一相 此知時中無後際迷不所
   斷 亦無不所修德故 更無復所修斷之法 而法門¹¹⁸⁾不得故亦不盡修

---

115) 門=得
116) 同=得
117) 同=得
118) 門=得

是故此以去所如是無分別心中 入法流 具諸功德 修修無盡而不動
初門[119] 不動初門[120]而念念斷[121]修增 修增修斷而不修斷 以本無不
修斷故 故第八地中云 證實性不成佛 以修功德成佛 然莫捨此忍門
也 忍門 謂自體本來空寂滅忍 不動此忍修諸功德 雖修功德而不動
寂滅忍 是故無邊增修而毫毫不增 如是方實增亦實不增 實不增故
立願智果 實增故說調柔等果 此四果雖十地中方說 而蓋十地即信
解行迴向矣 彼即此 此即彼乎[122] 可思也

문_ 만약 그렇다면, 비록 소의(所依)의 행위(行位)가 같지 아니하나,
또한 그 법문을 파괴하지 않으니, 곧 보법(普法) 무장애(無障礙)
의 과행(果行)을 수행하는 것이 됩니다. 일위(一位)는 일체위(一
切位)이고, 일행(一行)은 일체행(一切行)이며, 일단(一斷)은 일체
단(一切斷)이고, 일득(一得)은 일체득(一切得)인 까닭에, 수덕(修
德)의 수(數)와 단혹(斷惑)의 수(數)가 모두 같습니다. 무엇 때문
에 또한 보법(普法) 중 해행(解行)으로부터 움직여 일체식(一切
識)의 분별을 되돌려서, 이후에 분별없는 마음 가운데서 공덕(功
德)을 닦는다고 말합니까?

답_ 실은 모두가 같다. 그러나 아직 한 법문을 얻지 못할 때에는, 완전
히 미혹하여 스스로 본래 미혹하지 않음을 알지 못한다. 이미 일분
(一分)의 무생인(無生忍)을 얻은 이후에는 스스로 미혹하지 않음

---

119) 初門=移得
120) 初門=移得
121) 斷=新
122) [乎]-

을 완전히 아는 것이며, 또 보법(普法)의 시작과 끝이 하나의 모습임을 아는 것이다. 이것을 알 때에는 후제(後際)의 미혹이 끊어지지 않음이 없으며, 또한 닦지 않을 덕(德)이 없기 때문이다. 다시는 닦거나 끊을 법이 없고, 법문을 얻지 못하기 때문에 또한 닦음을 다하지 못한다. 이런 까닭으로 이후에는 이와 같은 무분별심(無分別心) 중에, 법류(法流)에 들어가서 여러 공덕(功德)을 구비한다. 닦고 닦아 다함이 없으나 초문(初門)에서 움직이지 않고, 초문에서 움직이지 않으나 염념(念念) 간에 끊고 닦음을 증장(增長)하며, 닦아서 증장하고 닦아서 끊는다고 하나, 닦아서 끊어지는 것이 없다. 본래 닦아서 끊어지는 것이 없음[不修斷]도 없기 때문이다. 그러므로 제팔지(第八地) 중에 이르기를, '실성(實性)을 증득하고도 성불하지 못하면 공덕을 닦아 성불한다. 그러므로 이 인문(忍門)을 버리지 말라.'고 하였다. 인문(忍門)은 자체(自體)가 본래 공(空)한 적멸인(寂滅忍)을 말함이니, 이 인(忍)을 움직이지 아니하고 여러 공덕을 닦으면, 비록 공덕을 닦으나 적멸인(寂滅忍)이 움직이지 않는다. 이 때문에 끝없이 닦음이 증장[增修]되나 터럭만큼도 증장(增長)함이 없다. 이와 같이 실제 증장되나 또한 실제로 증장되지 않는다. 실제 증장하지 않음으로 원지과(願智果)를 세우며, 실제 증장하므로 조유(調柔) 등의 과(果)를 설하였다. 이 사과(四果)를 비록 십지(十地) 가운데 비로소 설하나 대개 십지(十地)는 곧 신(信)·해(解)·행(行)·회향(回向)이다. 저것이 곧 이것이며, 이것은 곧 저것임은 생각해 보면 알 수 있을 것이다.

問_ 此言增不增之 相如何乎

答_ 經論中如[123] 所喻也 諸[124] 虛空中畫迹等事也 得一相無二故無增減
604b 之義 即是爲願智果行體 若能畫入言即其畫有增微之[125] 義 即是調
柔果等行用雖對體用而不有二法 雖無二法而非一法 一切諸行皆
如是知 可思也

문_ 이것을 증장함과 증장하지 않음으로 말하면 그 모습[相]은 어떠합
니까?

답_ 경론(經論) 중의 비유와 같다. 모든 허공(虛空) 중의 그림 흔적[畫
迹] 등의 일을 말한다. 일상(一相)에 둘이 없음을 얻었기 때문에
증감이 없다는 뜻으로 곧 원지과(願智果)의 행체(行體)가 되는 것
이다. 만약 능히 그림을 그려 넣는다고 말하면, 곧 그 그림에 증감
(增減)의 미미(微微)한 뜻이 있다. 곧 조유과(調柔果) 등의 행용
(行用)이 비록 체(體)를 상대(相對)로 한 용(用)이나, 둘이 있는 법
이 아니다. 비록 둘이 있는 법이 없다 해도 일법(一法)이 있는 것
이 아니다. 일체 제행(諸行)이 모두 이와 같음을 알 수 있으니 생
각해 보면 알 수 있는 것이다.

---

123) 經論中如＝如經論中
124) 諸＝謂
125) 微之＝減微微

問_ 約九世十世法 得攝諸法盡耶不耶

答_ 約此門盡不盡之義具足 以盡門盡以不盡門[126] 不盡 同體異體等
門[127] 可知得 且約一人相續以作九世等者 過[128]去中畜生 現在中
人 未來中作佛 如[129]是三世[130] 明難品云 一切衆生心普在三世中
又云 一念無量劫等中 過去中有三 謂一者過去過去 謂即自當
體[131]是畜生 二者過去現在 謂即其畜生 是現在人 三者過去未來
謂即其畜生 是未來佛 此爲過去三世也 約現在有三 謂一者現在
過去 謂即現在人 是過去畜生 二者現在現在 謂即是人自當時人
三者現在未來 謂即現在人是未來佛 此現在三世也 約未來世有三
謂一者未來未來 謂即其未來佛自當時佛 二者未來現在 謂即其佛
是現在人 三者未來過去 謂即其佛是過去畜生 此未來三世也 如
是九世法即是一念 故爲第十世 合總別爲十世 此即約即門而說也
經第三十四卷 普賢行品云 過去是未來 未來是過去 現在是去來
菩薩悉了知 又偈云 三世即一念說[132]也 中門准[133]可知也 若一相
續一切相續亦爾 如一法一切法亦爾 一切即一[134]故 人法相即故

---

126) 門＝得
127) 等門＝未得
128) (如)＋過
129) [如]－
130) 世＋(中)
131) 自當體＝因時
132) [說]－
133) (說)＋准
134) 切即一＝即一切

문_ 구세(九世)와 십세법(十世法)에 의하면 제법(諸法) 모두를 포섭하는 것입니까? 그렇지 못합니까?

답_ 이 문(門)에 의하면 진(盡)과 부진(不盡)의 뜻이 구족(具足)한다. 진문(盡門)으로 보면 진(盡)이고, 부진문(不盡門)으로 보면 부진(不盡)이니 동체문(同體門)과 이체문(異體門)으로 얻음을 알 수 있다. 또한 일인상속(一人相續)에 의해 구세(九世) 등을 짓는 것은 과거에는 축생(畜生)이었다가 현재에는 사람이고 미래에는 부처가 되는 것, 이것이 삼세(三世)이다. 「명난품(明難品)」에 이르기를, 일체 중생의 마음이 두루 삼세(三世) 중에 있다고 하고, 또 이르기를, 일념(一念)은 무량겁(無量劫) 등이라 하는 중에 있다고 하였다.

과거에는 셋이 있다. 첫째는 과거의 과거를 이름이니, 곧 스스로의 당체(當體)가 축생(畜生)이었음을 말한다. 둘째는 과거의 현재이니, 곧 그 축생(畜生)이 현재의 사람임을 말한다. 셋째는 과거의 미래이니, 곧 그 축생이 미래의 부처임을 말한다. 이것이 과거의 삼세(三世)이다.

현재에도 셋이 있다. 첫째는 현재의 과거이니, 곧 현재의 사람이 과거의 축생이었음을 말한다. 둘째는 현재의 현재이니, 곧 이 사람이 당시부터 사람임을 말한다. 셋째는 현재의 미래이니, 곧 현재의 사람이 미래의 부처임을 말한다. 이것이 현재의 삼세(三世)이다.

미래에도 셋이 있다. 첫째는 미래의 미래이니, 곧 미래의 부처가 당시부터 부처임을 말한다. 둘째는 미래의 현재이니, 곧 그 부처가 현재의 사람임을 말한다. 셋째는 미래의 과거이니, 곧 그 부처가 과거의 축생임을 말한다. 이것이 미래의 삼세(三世)이다. 이와 같이 구세법(九世法)은 곧 일념(一念)이기 때문에 제십세(第十世)가 되고, 총(總)과 별(別)을 합하여 십세(十世)가 되는 것이다. 이것은 곧 즉문(卽門)에 의해 설명한 것이다. 『경(經)』 제34권의 「보현행품(普賢行品)」에 이르기를, 과거가 미래이고, 미래가 과거이며, 현재가 과거와 미래임을 보살(菩薩)들은 모두 잘 안다고 하였고, 또 게송(偈頌)에서는 삼세(三世)가 곧 일념(一念)이라고 하였다. 중문(中門)에 준해서 알 수 있을 것이다. 일상속(一相續)과 마찬가지로 일체가 상속함이 또한 그러하며, 일법(一法)과 같이 일체법의 경우에도 그러하다. 일체가 곧 하나인 까닭이며 인(人)과 법(法)이 상즉(相卽)하기 때문이다.

問_ 現在吾身成未來世佛者 彼佛化¹³⁵⁾ 今吾身令修行耶不耶

答_ 化令修行也

문_ 현재의 내 몸이 미래세의 부처를 이룬다고 하는 것은 저 부처가 지금 내 몸을 교화하여 수행하게 하는 것입니까? 그렇지 않습니까?

답_ 교화하여 수행하게 하는 것이다.

---

135) [化]-

72

問_ 彼佛今日吾以修行得 云何能化今吾令修行乎

604c **答_** 彼佛不化者今吾身不得作佛故 彼佛化 方吾能修行成彼佛

문_ 그 (미래세의) 부처는 오늘의 내가 수행하여 얻을 것인데, 어찌하여 지금의 나를 교화하여 수행하게 한다고 합니까?

답_ 그 부처가 교화하지 않는다면 지금 나의 몸이 부처가 될 수 없기 때문이다. 그 부처가 교화하고 비로소 내가 수행하여 그 부처를 이룰 수 있게 한다.

73

問_ 此義何爲也

答_ 若約緣起道理者 非彼佛即無今吾 非今吾即無彼佛 故知爾也 如對今乃至盡過去際亦爾

문_ 이 뜻은 어찌하여 그러합니까?

답_ 만약 연기도리(緣起道理)의 입장에 의거하면 그 부처가 아니면 지금 내가 없고, 지금의 내가 아니면 그 부처도 없다. 그러므로 그렇게 알라. 지금에 대한 것처럼 나아가 모든 과거에도 또한 그러하였다.

問_ 未來佛即過去等者 爲成佛¹³⁶⁾時即昔成之義耶不耶

答_ 是也

문_ 미래불이 곧 과거 등이라고 한다면 성불할 때가 곧 예로부터 성불
하였다는 뜻입니까? 아닙니까?

답_ 그런 뜻이다.

問_ 若爾但自是 何用爲化

答_ 非他故化 若他者不得化 所以者何 自以外有故 非自所化也

문_ 만약 그렇다면 다만 스스로가 바로 그러한데, 어떻게 교화합니까?

답_ 남이 아니기 때문에 교화한다. 만약 남이라면 교화할 수 없다. 왜
나하면 자신의 밖에 있기 때문에 자신의 교화대상이 아닌 것이다.

---

136) [佛]-

問_ 自既佛何用爲化

答_ 是佛故化 若非是佛終日化不得成佛 本以成佛而不知自是 以化令知自是 以化令知自佛 是名化也 故實化無所化 實成無所成也

문_ 자신이 이미 부처인데, 어찌하여 교화를 합니까?

답_ 부처이기 때문에 교화한다. 만약 부처가 아니라면 종일토록 교화해도 성불하지 못할 것이다. 본래부터 성불했으나 스스로 이를 알지 못하는 것이다. 교화로써 스스로 이를 알게 하고 교화로써 자신이 부처임을 알게 하는 것, 이를 교화라 한다. 그러므로 참다운 교화에는 교화됨이 없고, 참다운 성취에는 성취됨이 없다.

問_ 若爾但自以[137] 乃化 都無化他之義耶

答_ 亦得化他 非他無自故 以自他緣成無分別故 是故佛能見自全他故 無[138]攝物也 化非化等四句 自他等四句 設[139]分別遣非顯德 隨應可知也

---

137) 自以＝以自力
138) (他)＋無
139) 設＝沒

문_ 만약 그렇다면, 다만 스스로를 교화함이니, 남을 교화한다는 뜻은 전혀 없습니까?

답_ 또한 남을 교화함도 가능하다. 남이 아니면 자신도 없기 때문이다. 자타(自他)가 인연으로 이루어짐에는 분별이 없기 때문이다. 이 때문에 부처는 능히 자신을 모두 남이라고 볼 수 있기 때문에 포섭할 물건이 없다. '교화다, 교화가 아니다'라는 등의 사구(四句)와 '자타(自他)' 등의 사구(四句)로 분별을 설정하여 비(非)를 제거하고, 덕(德)을 나타내는 것이니 적절히 응함을 알 수있을 것이다.

78

問_ 自未來佛還化自現在者 以何文知乎

答_ 瓔珞經中第八地菩薩云 自見己身當果 諸佛摩頂說法故 已其說灼然可知 又旣諸經經每云 三世佛拜故諸罪業滅 未來諸佛者何爲乎也

문_ 자신의 미래불이 도리어 자신의 현재를 교화한다는 것은 어떠한 경문으로써 알 수 있습니까?

답_ 『영락경(瓔珞經)』중에 제팔지보살(第八地菩薩)이 이르기를, '자기 몸의 당과(當果)로서의 제불(諸佛)이 마정설법(摩頂說法)함을 스스로 보기 때문이다'라고 하였다. 이미 그 설법이 분명함을 알 수 있다. 또 이미 여러 경(經)에서 경마다 이르기를, '삼세(三世)의 부처님께 경배하기 때문에 모든 죄업(罪業)이 소멸한다.'고 하였으

니, (자기를 교화하지 않으면) 미래의 모든 부처님께서 무엇을 하
시겠는가?

79

問_ 此他已成佛拜 何爲自未成佛乎

答_ 拜他佛之義非無 而遠緣¹⁴⁰⁾非近緣¹⁴¹⁾ 所以者何 汎諸佛爲衆生說佛
德 意爲欲令衆生自亦得彼果故令修行 是故衆生證自當來所得之
果德 爲欲得彼故不惜身命修行 非爲得他佛果故修行 是故正今吾
令發心修行 佛但吾當果 已成佛非他佛也 此義不疑怪也 又有他已
成佛 卽是自當果佛 所以者何 他成佛時卽得三世佛平等果故 又吾
當果佛卽是他今成佛 所以者何 吾得當佛時卽得三世佛平等法故
如是展轉更互平等 平等無差別果德皆化今吾令修行 其義亦非無
故也 或¹⁴²⁾今吾身全體如來藏佛等是也 今吾卽緣吾性佛 以卽是而
不知故悲怪發 至心修行欲返迷 是故其觀化吾佛卽是吾體佛非¹⁴³⁾
遠求他佛 此義其正觀行者大要也 又此吾性佛者 卽於一切法界有
情非¹⁴⁴⁾情中全全卽在 無非一物吾體佛故 若能拜自體¹⁴⁵⁾佛者無物
不所拜 此亦甚大要也 常可思惟之 若行者如是思得¹⁴⁶⁾者 一切時一

605a

140) 緣＝疎
141) 緣＝親
142) 或＝有
143) 非＝化
144) 非＝無
145) 體＝釋
146) [得]−

切處中 無一處一時[147] 起三毒煩惱之義 此即入一乘之觀方便 三世
佛無非此行修成佛者也

문_ 이것은 이미 성불한 다른 부처를 경배(敬拜)하는 것인데, 무엇 때
문에 자신의 아직 성불하지 못한 부처에게 경배합니까?

답_ 타불(他佛)에게 경배하는 뜻이 없지는 않지만 먼 인연이지 가까운
인연은 아니다. 왜냐하면 모든 부처님께서 중생을 위하여 불덕(佛
德)을 설하는 의미가 중생으로 하여금 스스로도 그 불과(佛果)를
얻을 수 있도록 수행케 하고자 하는 것이기 때문이다. 이 때문에
중생은 자신의 미래에 얻게 될 과덕(果德)을 증득하며, 그것을 얻
고자 하기 때문에 목숨을 아끼지 않고 수행을 하는 것이며, 타인
의 불과(佛果)를 얻기 위해 수행하는 것이 아니다. 이 때문에 바로
지금 나로 하여금 발심 수행케 하는 부처는 오직 나의 미래과이며,
이미 성불하였기 때문에 타불(他佛)이 아니다. 이 뜻을 이상하게
여길 것은 아니다.

　또 타인이 이미 성불하였다면 곧 이는 자신의 미래불이다. 왜
냐하면 타인이 성불할 때 곧 삼세불이 평등한 과를 얻기 때문이다.
또 나의 미래불이 곧 타인의 지금 이룬 부처이다. 왜냐하면 내가
미래의 부처를 이룰 때 삼세불의 평등한 법을 얻기 때문이다. 이
와 같이 전전하여 다시 서로 평등하다. 평등하고 차별이 없는 과
덕(果德)이 모두 지금의 나를 교화하여 수행케 하는 것이니, 그 뜻
이 또한 없지 않기 때문이다. 혹은 지금의 내 몸 전체가 여래장불

---

147) 時+(即於三毒煩惱而)

(如來藏佛)이라고 하는 것 등이 이것이다. 지금의 나는 곧 내 본성불(性佛)을 조건으로 하는 것이다. 즉 이러함에도 불구하고 알지 못하기 때문에 슬퍼하고 의심스럽게 여기는 것이다. (그러므로) 지극한 마음을 발하고 수행하고 미혹함을 돌이키게 하는 것이다. 그러므로 나를 교화하는 부처는 즉 내 몸의 부처[吾體佛]임을 관찰하고 다른 부처를 멀리서 구하지 말라. 이 뜻이 그 바르게 보고 닦아가는 대요이다.

또 이 내 본성의 부처[吾性佛]란 곧 일체 법계(法界)의 유정(有情)과 무정(無情) 중에 존재하는 모든 것에 즉재(卽在)하여, 한 물건이라도 오체불(吾體佛) 아님이 없기 때문이다. 만약 능히 자체불(自體佛)에 경배하는 자라면 경배할 바 아닌 사물은 없다. 이것이 또한 매우 중요한 요체이니, 항상 이를 생각해야 한다. 만약 수행자가 이와 같이 생각한다면 일체의 시간, 일체의 장소 중 한 장소, 한 때라도 삼독번뇌(三毒煩惱)를 일으킴이 없다는 뜻이다. 이는 곧 일승(一乘)의 관(觀)에 들어가는 방편이다. 삼세(三世)의 부처도 이러한 수행을 닦지 않고 성불하는 경우는 없다.

80

問_ 第六地中明不住道行勝文 十番十二因緣觀相云何

答_ 此觀甚難解 然少少[148] 開其門爲思所趣也 第一因緣有分次第觀者 釋名因緣有分者 卽十二因緣三有之因故爲因緣有分 言次第者 此

---

148) 少少＝小小

因緣法因緣漸次以義爲次第也 觀者能見通之義也 此觀以何爲所
治 即以人我執爲所治 謂外人計十二但我作 即此身見邪見爲體
即以三空所治 無實我計爲我故 此實即空故 以空門所治 又緣起
體非我生計[149]有我生 以妄生故即無生門所治 或以生及實法相更
無所願故 無願門通治彼二執也 若論觀體者 即顯因緣理次第生義
以實空 及以幷實性等三性爲順觀體 逆觀即成一緣起無性性觀 即
用緣起次第理爲此觀體也

第二依止一心觀者 釋名者依止即十二因緣 此爲能依止 以梨
耶一心爲所依 故名爲依止一心觀 觀如前釋也 若論所治者 治彼
外境自性執 所謂一切境別治 然但自性差別積聚等三通治 可知
若能治所依觀體以空以實等三空門爲順觀體 即以二種唯識爲順觀
體 謂一梨耶唯識 即以眞識爲體 二意識唯識 即以妄識爲體也 逆
觀同前 成一緣起無性性觀也 此觀合論但以十二因緣即一如來藏
眞識無別法 爲應云云

第三自業助成 論[150]名自因觀 謂即非他外道自性因等故 以自
四緣等理爲此觀體 同三性門爲順觀體 以三空門爲逆觀體

문_ 제육지(第六地) 중 부주도행(不住道行)의 승(勝)을 밝힌 경문인
　　　십번(十番) 십이인연관(十二因緣觀)의 상(相)은 어떠합니까?

답_ 이 관(觀)은 매우 난해하다. 그러나 조금씩 그 문(門)을 열어 나아

---

149) 生計＝性法
150) 論＝謂

가는 길을 생각하기 위함이다.

첫 번째는, 인연유분차제관(因緣有分次第觀)이다. 제목을 해석하면 '인연유분(因緣有分)'이란 곧 십이인연(十二因緣)이 삼유(三有)의 인(因)인 까닭에 인연유분(因緣有分)이라 한다. '차제(次第)'라고 말하는 것은 이 인연법(因緣法)의 인연점차(漸次)의 뜻으로 '차제'를 삼기 때문이다. '관(觀)'이란 것은 능히 보아서 통한다는 뜻이다.

이 관(觀)은 무엇을 다스릴 대상으로 삼는가? 곧 인아집(人我執)을 다스릴 대상으로 삼는다. 외인(外人)이 십이인연(十二因緣)을 계탁(計度)함은 다만 내가 지은 것이라고 말한다. 곧 이것은 신견(身見)과 사견(邪見)을 체(體)로 삼는데, 곧 삼공(三空)으로써 다스려야 한다. 실재가 없는 나를 계탁하여 나로 삼기 때문이다. 이는 실(實)이 곧 공(空)이기 때문에, 공문(空門)으로써 다스릴 대상이다.

또 연기(緣起)의 체(體)는 아생(我生)이 아니지만, 내가 만들어서 존재하다고 계탁함으로써 멋대로 생기는 것이다. 그런 까닭에 곧 무생문(無生門)으로 다스릴 대상이다. 혹은 생(生) 및 실법(實法)의 상(相)은 다시는 원하는 바가 없기 때문에 무원문(無願門)은 그 두 가지 집착을 공통적으로 치료한다. 만약 관(觀)의 체(體)를 논한다면, 곧 인연(因緣) 도리의 차례로 생기(生起)하는 뜻이 실공(實空)임을 드러내며, 그리고 실성(實性) 등 삼성(三性)으로써 순관(順觀)의 체(體)를 삼는다. 역관(逆觀)은 곧 일연기(一緣起)의 무성성(無性性)이 성립함을 관(觀)하는 것이니, 연기(緣起) 차제의 도리로써 이 관(觀)의 체(體)로 삼는다.

두 번째는 의지일심관(依止一心觀)이다. 제목을 해석하면 '의지(依止)'란 곧 12인연인데, 이것을 의지하는 주체[能依止]로 삼고 리야일심(梨耶一心)을 의지하는 대상[所依]으로 삼기 때문에 의지일심관이라 이름 한다. 관(觀)은 앞의 해석과 같다. 만약 다스리는 대상을 논한다면, 그 외경(外境)에 자성(自性)이 있다는 집착을 다스림이니, 이른바 일체의 경(境)을 별치(別治)하는 것이다. 그러나 다만 자성(自性), 차별(差別), 적취(積聚) 등 셋은 통치(通治)함을 알 수 있다. 만약 능치(能治)라면, 소의(所依)의 관체(觀體)는 공(空)으로써 하고, 실(實) 등으로써 하며, 삼공문(三空門)을 순관(順觀)의 체(體)로 삼는다. 곧 2가지 유식으로 順觀의 체로 삼는데, 하나는 리야유식(梨耶唯識)이니 진식(眞識)을 그 체로 한다. 두 번째는 의식유식(意識唯識)이니 망식(妄識)을 그 체로 한다. 역관(逆觀)은 앞의 내용과 같이 일연기(一緣起)의 무성성(無性性)이 성립함을 관(觀)하는 것이다. 이 관을 종합적으로 논하면 다만 12인연이 곧 일여래장(一如來藏)이고 진식(眞識) 외에 다른 법이 아니라는 것이다.

세 번째는, 자업조성(自業助成)이다. 논(論)에서는 자인관(自因觀)이라 하였다. 곧 다른 외도(外道)의 자성인(自性因) 등이 아니기 때문에 스스로의 사연(四緣) 등의 도리를 이 관(觀)의 체(體)로 삼는다. 삼성문(三性門)과 같아지는 것을 순관(順觀)의 체(體)로 삼고, 삼공문(三空門)을 역관(逆觀)의 체(體)로 삼는다.

問_ 其相云何

答_ 遣外執以施設 所執實即空 分別性從緣似有爲依他性 依他性所詫
之一¹⁵¹⁾實爲眞實性 如是爲隨情安立三性十二因緣法 見如此理事
名爲順觀也 若以三空門見意所計 實空本來空 非適今空名爲空門
旣實空非今方空 故此空計似我相非適今似 古非似之似 如是觀爲
無相門 此無相是無生無相 非無實相無相也 又此似旣非今方似故
此似所依實性即非有所願證法故 如是觀名爲無願門 此名爲逆觀也

　第四不相捨離觀者 無別時生果義 治因滅果生執 因果同時互
生理爲此觀體 謂無明緣¹⁵²⁾行者 同時互因果非前後義也 論云 子時
無明果時無明者 以二種義緣事現示 謂一因義 二果義 以因義取時
爲子時無明 以果義取時爲果時無明 以無明令¹⁵³⁾行生不¹⁵⁴⁾斷名爲
子時 即爾時以所生行果者爲果時無明 非別二時 偈曰 衆緣所生法
是即不即因 亦復不異因 非斷亦非常 此偈顯因果各非斷常義 謂行
是無明果 故即不是無明因 以是果故不異無明因 因反此可知 非斷
常者 行因是果非斷 此果無力非常 即此時中無明是因故非斷 是果
因故非常 如是同時因果顯中道也

　第五三道攝觀者 三道者煩惱業生爲三道 道通生義 謂三道互

---

151) [一]－
152) [緣]－
153) 令＝全
154) [不]－

生如束竹¹⁵⁵⁾ 此觀所治即廢事執理執 如言若因緣生一切法一時生
名爲理通因執 廢事別因計如一自性等 一切因執等同分此所治 若
因緣事理相應齊生 而事理別故皆不一時生 以煩惱業等善不善等
不同故 六道差別故也 三性爲順觀體等同上觀也

第六三際觀者 三時因果理事爲此觀體 所治無因執 無因生果
即常見 又無未來老死等執即斷見 即三際因果以爲所對治 三性等
觀同上

第七三苦觀者 十二因緣皆苦 苦治淨樂倒 即戒取等見也 能治
觀者 約實十二因緣通三苦¹⁵⁶⁾ 隨增說無明乃至六入爲行苦 漸增相
顯故 觸受二爲苦苦 以對苦具起故 愛等爲壞苦 能壞現身相故

第八因緣生觀者 此即顯因緣有力能故果法得生義 爲此觀體
治但因生果執 順逆觀同上可知 此觀等無自生義故空 雖有此義而
俗有義增空義微也

第九因緣生滅轉觀者 此觀以三空門爲順觀體 成一生轉無別觀
爲逆觀 所治者因緣有力能生果¹⁵⁷⁾執等 即法我我所執 能治觀者生
滅轉轉順轉 謂行果生時¹⁵⁸⁾中因緣二法非能生 有力故 即其果自體空
故不自在 不自¹⁵⁹⁾在故隨因緣 隨因緣生故即不生 此名¹⁶⁰⁾爲轉此
轉果空義增 成平等俗果故 即以三空所見三無性爲順觀體 旣不當
生不生故 其心無所見處 即成無分別故 逆觀成一生轉無分別觀也

---

155) 竹＋(即其三道是攝三德故)
156) 苦＋(本性苦故)
157) 果＋(報)
158) [時]－
159) 在不自＝力在不
160) 名＝若

第十隨順無所有盡觀者 此觀有無一相不相妨礙 如陽炎水濕乾
竝顯順觀隨順有觀即以三空門 逆觀隨順無所有盡[161]觀 無所有即空
理 所隨順盡即能順俗盡 於空更無攝法 全即是空理故爲盡 此即因
緣法盡於自如也 即俗事離分別之際 自此去所[162]即是移衆庶盡癡
顚倒 即此甚深法 隨擧一盡攝一切 無盡自在緣起法 正十數所顯普
法緣起道理也 十番十二因緣觀略示如是 廣說如論中三番說(云云)

문_ 그 모습은 어떠합니까?

답_ 외집(外執)을 버리고자 집착의 실체를 임시로 만들었으므로 즉 공
이지만, 그 분별성(分別性)이 조건을 따라 유사하게 있는 것이 의
타기성이다. 의타성(依他性)에 의해 드러나는 일실(一實)은 진실
성(眞實性)이 된다. 이와 같이 망정에 따라 안립(安立)하여 삼성
(三性)과 십이인연법(十二因緣法)이 된다. 이와 같이 이(理)와 사
(事)를 보는 것을 이름하여 순관(順觀)이라 한다.

만약 삼공문(三空門)으로 의(意)가 계탁(計度)하는 대상을 본
다면, 실공(實空)은 본래의 공(空)이며, 지금에 와서 공(空)이 아
님을 이름 하여 공문(空門)이라 한다. 이미 실공(實空)은 지금에서
야 비로소 공(空)이 아니기 때문에, 이 공(空)이 사아상(似我相)이
라고 계탁함이 바로 지금 흡사함이 아니고, 옛날부터 흡사함도 아
닌 것이다. 이와 같은 관(觀)이 무상문(無相門)이 된다. 이 무상
(無相)은 무생(無生)의 무상(無相)이며 실상(實相)으로서의 무상

---

161) 盡＝盉
162) 去所＝所去

(無相)은 없다. 또 이 흡사함은 이미 지금 비로소의 흡사함이 아니기 때문에, 이 흡사함의 소의(所依)가 되는 실성(實性)은 즉 원하는 바가 있어 증득하는 법(證法)이 아니다. 이와 같은 관(觀)을 이름 하여 무원문(無願門)이라 하고, 역관(逆觀)이 된다.

넷째는, 불상사리관(不相捨離觀)이다. 별시생과(別時生果)가 없다는 뜻이니, 인(因)이 멸하여 과(果)가 생긴다는 집착을 다스린다. 인과(因果)가 동시에 호생(互生)하는 도리를 이 관(觀)의 체(體)로 삼는다. 무명(無明)이 행을 연한다는 것은 동시에 서로 인과가 되는 것이므로 전후의 의미가 아니다.

논(論)에서 '자시 무명(子時無明)'이니 '과시 무명(果時無明)'이니 한 것은, 2가지 뜻으로 사(事)에 연한다는 것을 현시(現示)함이다. 첫째는 인의(因義)이고, 둘째는 과의(果義). 인의(因義)로 때를 취하면 자시 무명(子時無明)이 되고, 과의(果義)로 때를 취하면 과시 무명(果時無明)이 된다. 무명(無明)이 행(行)을 일으켜 끊어지지 않게 하는 것은 이름 하여 자시(子時)라고 한다. 곧 그 때 생(生)하는 바의 행업(行業)과 과보(果報)를 과시(果時)로 삼음이니, 무명(無明)에 별개의 두 때가 있는 것은 아니다.

게송(偈頌)에 '중연소생법(衆緣所生法)은, 곧 인도 아니고 인과 다르지도 않으며, 단(斷)도 아니고 상(常)도 아니다.' 라고 하였다. 이 게송(偈頌)은 인과(因果)가 각각 단상(斷常)의 뜻이 아님을 나타낸다. 행(行)이 무명의 과(果)이며, 그러므로 곧 무명의 인(因)이 아니다. 과(果)인 까닭에 무명의 인(因)과 다르지 않으니, 인은 반대의 경우도 알 수 있다. 단상(斷常)이 아니라는 것은, 행(行)의 인(因)이 과(果)이니 단(斷)이 아니며 이 과(果)가 힘이 없으니[無力]이니 상(常)이 아님이다. 곧 이 때에 무명(無明)이 인(因)인 까닭에 단(斷)이 아니며, 이 과(果)는 인(因)인 까닭에 상(常)이 아니다. 이와 같이 동시 인과(同時因果)여서 중도(中道)를 나타낸다.

다섯째, 삼도섭관(三道攝觀)이니, 삼도(三道)라 함은 번뇌와 업(業)과 생(生)이 삼도이니, 도(道)는 생(生)의 의미와 통한다. 삼도(三道)의 호생(互生)이 속죽(束竹)과 같다. 이 관(觀)이 다스리는 대상은 곧 현상[事]을 버리고 이치[理]를 주장하는 집착[廢事執理執]'이다. 마치 인연이 생하면 일체법이 일시에 생한다고 한 것은 '이치가 모든 것의 원인이라는 집착'[理通因執]이라고 한 것과 같다. '현상을 버리고 별도의 원인을 생각하는 것'[廢事別因計]은 마치 하나의 자성 등이 모든 것의 원인이라는 집착하는 것 등과 마찬가지이니 이를 대치하는 것이다. 만약 인연이 현상과 이치에 서로 응하여 나란히 생한다 하더라도 현상과 이치가 (서로) 다르기 때문에 모두 일시에 생하는 것은 아니다.

번뇌와 업(業) 등의 선(善)·불선(不善) 등이 같지 않기 때문이며, 육도(六道)가 차별이 있기 때문이다. 삼성(三性)이 순관(順觀)의 체(體)로 되는 것 등은 위의 관(觀)과 같다.

여섯째, 삼제관(三際觀)이니, 삼시(三時)의 인과와 이사(理事)를 이 관(觀)의 체(體)로 삼는다. 다스릴 대상은 원인이 없다는 집착이다. 인(因)이 없이 과(果)를 생(生)함은 곧 상견(常見)이다. 또 미래에 노(老)·사(死) 등이 없다는 집착은 곧 단견(斷見)이다. 곧 삼제(三際)의 인과(因果)는 대치(對治)할 대상이다. 삼성(三性) 등의 관(觀)은 위와 같다.

일곱째, 삼고관(三苦觀)이다. 십이인연(十二因緣)은 모두 고(苦)이다. 고(苦)는 정(淨)과 락(樂)의 전도, 즉 계취견(戒取見) 등의 견을 다스린다. 능히 관(觀)을 다스린다는 것은, 십이인연의 입장에서는 삼고(三苦)에 공통된다. 수증설(隨增說)은 무명(無明) 내지 육입(六入)을 행고(行苦)로 삼는데, 점증상(漸增相)이 나타나기 때문이다. 촉(觸)·수(受) 두 가지는 고고(苦苦)로 삼는데, 苦와 함께 일어나는 것을 대(對)하기 때문이다. 애(愛) 등은 괴고(壞苦)가 되는데, 현신(現身)의 상(相)을 능히 파괴하기 때문이다.

여덟째, 인연생관(因緣生觀)이다. 이는 곧 인연은 능력이 있기 때문에 과법(果法)으로 생(生)을 얻는 다는 뜻을 드러낸다. 이 관(觀)의 체(體)로 다만 인(因)이 과(果)를 생(生)한다는 집착[因生果執]을 다스리기 때문이다. 순·역관(順逆觀)은 위와 같음을 알 수 있다. 이 관(觀) 등은 무자생(無自生)의 뜻이므로 공(空)이다. 비록 이러한 뜻이 있으나, 세속이 갖는 뜻은 증장하고 공(空)의 뜻은 미미하다.

아홉째, 인연생멸전관(因緣生滅轉觀)이다. 이 관은 삼공문(三空門)을 순관(順觀)의 체(體)로 삼고, 일생전무분별관(一生轉無分別觀)을 성취함을 역관(逆觀)을 삼는다. 다스릴 대상은 인연은 유력(因緣有力)으로 능히 과(果)를 생(生)한다는 집착[能生果執] 등이니, 곧 법아(法我)와 아소집(我所)에 대한 집착이다. 능히 다스릴 관은 생멸전전(生滅轉轉)하여 순전(順轉)함이다. 행과(行果)가 생길 때의 인연 이법(二法)은 능생(能生)이 아니다. 유력(有力)이기 때문이다. 곧 그 과(果)는 자체가 공(空)하기 때문에 부자재(不自在)하며, 부자재하기 때문에 인연(因緣)에 따라 생긴다. 인연

(因緣)에 따라 생기기 때문에 곧 불생(不生)이다. 이것을 이름하여 전(轉)이라 한다. 이 전(轉)으로 과(果)가 공(空)하다는 뜻을 증장하니, 평등한 세속의 과(俗果)를 이루기 때문이다. 곧 삼공(三空) 소견(所見)의 삼무성(三無性)을 순관(順觀)의 체(體)로 삼는다. 이미 생(生) 또는 불생(不生)에 해당되지 않기 때문에 그 마음은 소견처(所見處)가 없다. 곧 무분별(無分別)을 이루기 때문에, 역관(逆觀)은 일생전무분별관(一生轉無分別觀)을 성취한다.

열째, 수순무소유진관(隨順無所有盡觀)이다. 이 관(觀)은 유무(有無)가 한 모습이며 서로 방애(妨礙)되지 않아서, 마치 햇볕에 습기가 마르는 것과 같다. 아울러 순관(順觀)은 유관(有觀)에 수순하니 곧 삼공문(三空門)으로써 하고, 역관(逆觀)은 수순무소유진관(隨順無所有盡觀)임을 드러낸다. 무소유(無所有)는 곧 공(空)의 도리이다. 수순(隨順)하는 것이 다함은 곧 능히 세속(俗)에 따름을 다하는 것이다. 공(空)에 다시 포섭할 법(法)이 없기 때문이다. 전적으로 곧 공(空)의 도리이기 때문에 다함[盡]이 된다. 이는 곧 인연법(因緣法)이 자여(自如)함에 다함이다. 곧 세속의 일[俗事]이 분별을 떠나는 궁극이다. 이로부터는 즉 일반서민(衆庶)으로 하여금 어리석음의 전도(顚倒)를 다 없어지게 한다. 곧 이는 매우 깊은 법으로 하나를 들면 일체를 남김없이 포섭[盡攝]하는 무진자재연기법(無盡自在緣起法)이며, 바로 십(十)의 수로 나타내는 바의 보법(普法)이며, 연기(緣起)의 도리이다. 십번(十番) 십이인연관(十二因緣觀)을 약시(略示)하면 이와 같다. 광설(廣說)은 논(論) 가운데 '삼번설(三番說)'과 같다.

問_ 三乘緣起一乘緣起有何別耶

答_ 三乘緣起者 緣集有 緣散即無 一乘緣起即不爾 緣合不有 緣散不
無故

문_ 삼승(三乘)의 연기와 일승(一乘)의 연기는 어떤 차이가 있습니까?

답_ 삼승의 연기는 연(緣)이 모이면 있고 연이 흩어지면 곧 없다. 일승
의 연기는 그렇지 않다. 연이 모여도 있지 않고 연이 흩어져도 없
지 않기 때문이다.

화엄경문답 하권
華嚴經問答 下卷

83

606b **問**_ 十地中配當五乘義爲何義耶

答_ 寄三乘敎爲欲生信解故 所說位地中 十地證實法性之處故 約此爲 顯普法無盡十地中具足 一切五乘三乘等法 無不在於此 故作如 是說

문_ 십지(十地) 중에 오승(五乘)의 뜻을 배당한 것은 무슨 뜻입니까?

답_ 삼승(三乘)의 가르침에 의하여 믿음과 이해[信解]를 일으키기 위 함이고, 설해진 (열 단계의) 지위(地位) 중 10지는 실제 법성(法 性)을 증득하는 곳이기 때문이다. 이에 의하여 보법(普法)의 다함 없음이 십지(十地) 중에 모두 갖추어져 있음을 드러내게 된다. 오 승이나 삼승의 모든 도리가 모두 이 십지에 있지 않음이 없기 때 문에 이와 같이 설하는 것이다.

84

問_ 其准相云何

答_ 初地准人乘 二地准欲界天 三地[163]准上二界天 此三地中爲世間行
配 所以者何 初地等中行檀地 同輪王修施似故 二地戒三地定等同
諸天似故 相同世間故相配之 四地道品五地四諦等相 同聲聞所行
似故 此二地相同聲聞 第六地十二因緣觀同緣覺所行因緣相似故
相同相[164]緣覺 第七地中所行願行等十方便 不與二乘相似故 爲三
乘大乘唯[165] 第八地以上三地中無功用心 隨法流水淳熟根 行成故
配一乘位 若約此門者一切人天世間因果皆有初三地 一切二乘所
修之因果行法 皆在[166]四五六三地 一切三乘大乘所修之因果行法
皆在[167]第七地 一切一乘所修之因果行法 皆在[168]八地以上三地 若
以此門者 不相參當自位也

문_ 그 해당하는 모습은 어떤 것입니까?

답_ 초지(初地)는 인승(人乘)에 해당하고, 이지(二地)는 욕계천(欲界
天)에 해당하며, 삼지(三地)는 색계천(色界天) 및 무색계천(無色
界天)에 해당한다. 이들 3지는 세간의 수행에 배정된다. 왜냐하면

---

163) 地+(以)
164) [相 −
165) 唯=准
166) 在=有
167) 在=有
168) 在=有

초지 등은 보시[檀]를 행하는 지(地)로 전륜성왕이 보시를 닦는 것과 비슷하기 때문이며, 제2지의 계율 및 제3지의 선정 수행 등은 모든 천상의 경지와 비슷하기 때문이다. 이들의 모습은 세간과 같기 때문에 세간에 배정한 것이다. 사지(四地)의 37조도품(助道品)이나 오지(五地)의 사제(四諦) 등의 모습은 성문(聲聞)이 행하는 것과 비슷하기 때문에 이 두 가지 모습은 성문과 같다. 제육지(第六地)의 12인연관(因緣觀)은 연각(緣覺)이 행하는 인연의 모습과 비슷하기 때문에 모습이 연각과 같다. 제칠지(第七地)에서 행하는 원행(願行) 등의 10방편은 이승(二乘)의 모습과 같지 않기 때문에 삼승(三乘)인 대승(大乘)일 뿐이다. 제팔지(第八地) 이상의 삼지(三地)에서는 힘을 들이는 마음(功用心)이 없이 법에 따라 물을 타고 흐르듯이 근기(根機)를 순숙(淳熟)시켜 행(行)이 이루어지기 때문에 일승(一乘)의 지위에 배당한다. 이러한 체계에 의거한다면 인간과 천상 및 세간의 모든 인과는 처음의 1·2·3의 3지에 있고, 이승(二乘)이 닦는 모든 인과행법(因果行法)은 4·5·6의 3지에 있으며, 삼승인 대승이 닦는 모든 인과행법은 7지에 있고, 일승이 닦는 모든 인과행법은 8지 이상의 8·9·10의 3지에 있다. 이 체계에 의하면 서로 섞이지 않고 자기 지위에 배당된다.

85

問_ 初地菩薩行法甚深廣大 已證二無我理 具自利利他諸德 謂四果等
事如經所明 何得爲與人相似 乃至六地因緣理亦爾 其不相關 云何

得¹⁶⁹⁾ 與緣覺相似乎

605c**答**_ 實爾 不相似 然而旣此十地中一切法皆攝盡矣 人所行施法及天所
　　行禪定等何地中有乎 卽有初地¹⁷⁰⁾ 初地檀地故 人所行施此有 乃
　　至三地禪行地故 天所行定卽此有 乃至第六地亦爾 緣覺所修明¹⁷¹⁾
　　十二因緣法何地有乎 卽有第六地 第六地修因緣觀地故

문_ 초지보살의 행법은 깊고 깊으며 광대하여 이미 두 가지 무아(無我)
의 이치를 증득하였고 자리와 이타의 모든 덕을 구족하였으니, 사
과(四果) 등의 일이 경전에서 밝혀진 바와 같습니다. 그런데 어찌
하여 인승(人乘)과 서로 비슷합니까? 그리고 제6지의 인연 이치도
그러하여 서로 관여하지 않는데 어찌하여 연각과 서로 비슷합니
까?

답_ 진실로 그러하다. 서로 비슷하지 않다. 그러나 이미 10지 가운데
모든 법을 다 남김없이 포섭한다. 인승(人乘)이 행하는 보시법과
천승(天乘)이 행하는 선정 등은 어떤 지(地)에 있느냐? 곧 초지에
있다. 초지는 보시의 지이기 때문에 인승이 행한 보시가 여기에
있다. 나아가 제3지가 선정(禪定)을 행하는 지이기 때문에 천승이
행한 선정이 곧 여기에 있다. 나아가 제6지도 역시 그러하다. 연각
이 닦아 밝힌 12인연법은 어떤 지에 있겠느냐? 곧 제6지에 있다.
제6지는 인연관을 닦는 지이기 때문이다.

---

169) 得=行
170) 地+(檀)
171) [明]-

問_ 若其人所行法有其地者 斯即其初地人 乃至六地緣覺 何故相同人
及相同緣覺乎

答_ 若約有其法者即可是 然十地是菩薩修行方起[172] 准十地菩薩行說耳
若菩薩所修法約能化所化者 初地菩薩能修施行 故能化人令修施
乃至六地菩薩修因緣行 故能化緣覺人令修因緣法 如是隨自修得
行能[173]化他令修故 所化人等隨能化人地攝故 亦得言相同也

문_ 만약 그 사람이 행하는 법에 그 지위가 있다면 이것은 곧 그 초지
의 인승이고 제6지의 연각인데, 어찌하여 인승과 서로 같고 연각
과 서로 같습니까?

답_ 만약 그 법의 관점에서 논하면 그럴 수 있다. 그러나 10지는 보살
수행이 비로소 일어나는 곳이므로 10지보살의 수행에 준하여 설했
을 뿐이다. 만약 보살의 수행법이 교화하는 이[能化]와 교화되는
이[所化]의 입장에서 보면, 초지보살이 보시를 행할 수 있기에 인
승으로 하여금 보시를 행하도록 교화할 수 있고, 나아가 제6지 보
살이 인연의 행을 닦을 수 있기에 연각으로 하여금 인연법을 닦도
록 교화할 수 있는 것이다. 이와 같이 스스로의 닦음에 따라 행을
얻을 수 있고 타인으로 하여금 닦도록 교화할 수 있으므로, 교화

---

172) 起=地
173) [能]−

되는 이들이 교화하는 이의 지(地)에 따라 포섭될 수 있기 때문에
또한 그 모습이 동일하다고 할 수 있다.

87

問_ 若爾佛所化之衆生卽在佛地

答_ 亦得爾也 是故以佛者一切法皆無非佛也 餘義可思

문_ 만약 그렇다면 부처가 교화하는 중생도 곧 불지(佛地)에 있습니까?

답_ 역시 그렇다고 할 수 있다. 왜냐하면 부처에게 일체법이 모두 부처 아님이 없기 때문이다. 나머지 뜻은 생각해 보면 알 수 있을 것이다.

88

問_ 三乘中菩薩十地漸漸至佛地方究竟 一乘中初發心見聞至普賢方究竟 云何得言三乘因果皆在第七地 一乘因果唯在八地以¹⁷⁴⁾上也

答_ 實爾 然而其門不同 斯但約十地准五乘之義故 作如是說

---

174) [以] –

문_ 삼승 가운데 보살 십지(十地)는 점차 불지(佛地)에 이르러서야 구
경에 도달하고, 일승 가운데에서는 초발심의 견문으로부터 보현보
살에 이르러서야 구경에 도달한다. 그런데 어찌하여 삼승(三乘)의
인과(因果)는 모두 제칠지(第七地)에 있고, 일승(一乘)의 인과(因
果)는 오직 팔지(八地) 이상에만 있다고 말합니까?

답_ 실로 그렇다. 그렇지만 그 문이 다르다. 이것은 다만 십지(十地)를
의거하는 것인데 오승(五乘)에 준하는 의미가 있기 때문에 이와
같이 설하는 것이다.

89

問_ 約十地配五乘者　爲欲現示一切法皆在自證體者　何故但五乘乃配
非三途等配當乎

答_ 約實皆在十地 然而且擧有行處以配耳

문_ 십지(十地)가 오승(五乘)에 배대되는 것이 일체법이 모두 자증체
(自證體)에 있음을 드러내 보이고자 한 것인데, 무엇 때문에 다만
오승만 이에 배대하고, 삼도(三途) 등은 배대하지 않았습니까?

답_ 실로 모두 십지에 있다. 그렇지만 우선 행처(行處)를 거론하여 배
대시킨 것일 뿐인 것이다.

90

問_ 若爾者何地有乎

607a 答_ 文顯無 約義實者初地乃至十地中皆同有也 若別下初地中有亦得

문_ 만약 그렇다면 어떤 지(地)에 있습니까?

답_ 경문에 드러나는 것은 없지만, 의미의 실제(義實)에서 보면 초지
로부터 십지 가운데 모두 있다. 별도로 아래의 초지 가운데에 있
다고도 할 수 있다.

91

問_ 若爾者人天等何故但有初三地乎

答_ 約實皆諸地中有 何處中非有乎 然而隨菩薩所行之行現處配當耳

문_ 만약 그렇다면 인천 등은 무엇 때문에 다만 처음의 삼지에만 있습
니까?

답_ 실제의 입장에서 모든 지(地)에 있다면 어떤 지위인들 있지 않겠
는가. 그렇지만 보살이 가서 모습을 드러낸 곳을 따라 배대할 뿐
이다.

問_ 前說隨能化所化相當攝者 當下[175]初地菩薩化人非餘人化[176]　乃至
　　八地以上菩薩但化一乘衆生 不得化三乘人天

答_ 此隨相配位行 故作如是說 豈其但爾乎 約實隨所得法門 隨未所得
　　人皆能化度也

문_ 앞에서 능화(能化)와 소화(所化)를 따라 포섭한다고 설한 것은 초
　　지(初地) 보살이 사람을 교화하는 것이고 나머지 사람을 교화하는
　　것이 아닙니까? 그리고 팔지(八地) 이상의 보살은 일승의 중생을
　　교화할 뿐 삼승의 인천을 교화하지는 않습니까?

답_ 이것은 모습을 따라 지위의 행을 배대한 것이기 때문에 이와 같이
　　설한 것이니, 어찌 다만 그렇겠는가? 실제의 입장에서는 얻은 법
　　문에 따라 아직 얻지 못한 사람을 따라 모두 능히 교화할 수 있는
　　것이다.

問_ 第七地文云 第七地至方過二乘人 解脫月菩薩初地已過二乘 何故
　　此方過也[177] 金剛藏答曰 初地過緣大法故過 非自智行 實行此方過

譬如王太子始生王家時即過大臣¹⁷⁸⁾　以種姓尊貴故　然而諸事非皆
過 覺¹⁷⁹⁾方過 問¹⁸⁰⁾此等義約何等義說乎

答_　此有深意　謂旣言緣大法故勝過非自智行　是即約十信初心即是初
地之義說　非約實行位列初地說

문_ 제7지의 문장에서 "제7지에 이르면 비로소 2승인을 넘어선다."고
하였고, "해탈월 보살은 초지에서 이미 2승을 넘어선다."고 하였
으니, 어떻게 이에 이르러 비로소 넘어서는 것입니까? 금강장보살
은 답하기를 "초지의 넘어섬은 대법(大法)을 연(緣)하기 때문에
'넘어선다'고 한 것이지, 스스로의 지행(智行)이 아니다. 실행(實
行)이 이(제7지)에서 비로소 넘어섰다는 것은 비유하자면 왕태자
가 비로소 왕가에 태어나자마자 종성의 존귀함에서 대신(大臣)을
넘어서는 것과 같다."고 하였으니, 이들 문장의 뜻이 어떤 뜻에서
설한 것입니까?

답_ 이는 깊은 의미가 있다. 이를테면 이미 대법(大法)을 연(緣)한다
고 했기 때문에 수승하여 넘어선 것이지 스스로의 지행(智行) 때
문이 아니다. 이는 곧 10신(信)에 있어서 초심이 곧 초지라는 뜻에
서 설한 것이지 실행의 위(位)의 배열에 있어서 초지를 설한 것은
아니다.

---

177) 也=耶
178) 臣=等
179) 覺=學
180) [問]−

94

問_ 云何十信初心即初地乎

答_ 旣約初地證中 立十入以六相示 即可知 初地即信初發心 但生信解
門中信[181]解行回向十地佛地立[182] 若聞此教修行人行頭竝修行 謂修
信時無解何信 復無行何信 無回向何所向信 亦無證體何所信 故得
行頭竝旣行並者信[183]滿即解滿 是故位位每滿位成佛現示 若約此
門者 第七地至方行實[184]過二乘地[185]者 即是十信十解十行十回向
十地中 第七地至之義 此約功用無功用位際說 非實行之極處 若極
處者 約列位至佛果方極 約證位初地中極 約得法門解初極 約行滿
信終極 約普法實行位位每極 法門每極如善財 所行[186]初文珠中聞
解證 乃至普賢位逕無量劫 値微塵數知識 得塵[187]數法門 而非過第
二七日一時 如是義可思也

문_ 어찌하여 십신(十信)의 초심(初心)이 초지(初地)입니까?

답_ 이미 초지의 증(證)에서 십입(十入)을 세워 육상으로 보인 데서 알
수 있을 것이다. 초지가 곧 신(信)의 초발심이니, 다만 신해(信解)

---

181) (立)+信
182) [立]-
183) 旣行並者信=者位
184) 行實=實行
185) [地]-
186) 行=以
187) (微)+塵

를 일으키는 문에서 신(信)·해(解)·행(行)·회향(回向)·십지(十地)·불지(佛地)가 서는 것이다. 가령 이 가르침을 들으면 수행하는 사람은 행동 그 자체가 모두 수행이다. 말하자면, 신(信)을 닦을 때 해(解)가 없다면 어찌 신(信)이겠으며, 또 행이 없다면 어찌 신(信)이겠는가. 회향이 없다면 어찌 신(信)으로 향하겠으며, 또한 증득하는 실체가 없다면 어찌 신(信)의 대상이 되겠는가. 그러므로 수행을 시작한 자가 동등하게 됨을(竝) 얻게 되는 것이다. 이미 수행에 있어 동등함을 얻으면, 신(信)의 가득 참이 곧 해(解)의 가득 참이다. 이렇게 매 지위마다 가득차서 지위가 완성되면 부처가 드러나 보이는 것이다. 만약 이 문에 의거한다면, 제칠지(第七地)에서 비로소 수행이 실제로 이승지(二乘地)의 중생을 넘어서는 것이다. 곧 십신·십해·십행·십회향을 지나 십지 가운데 제칠지의 지극한 뜻이다. 그러나 이는 공용과 무공용의 위(位)에 의거한 설이지 실행(實行)의 극처는 아니다. 만약 극처라면, 열위(列位)의 입장에서는 불과(佛果)에 이르러서야 비로소 궁극이고, 증위(證位)의 입장에서는 초지 가운데 궁극이 있으며, 법문(法門)을 얻는 입장에서는 해(解)의 처음이 궁극이고, 행(行)의 입장에서는 신(信)을 만족한 끝이 궁극이다. 만약 보법(普法)의 입장에서 보면 실행하는 매 위(位)마다 궁극이고 매 법문마다 궁극이니, 마치 선재가 처음 행할 때 문수보살로부터 듣고서 해증(解證)하고 나아가 보현의 위(位)에 이르기까지 무량겁을 지나고 미진수의 선지식을 만나고 미진수의 법문을 얻었으나 제2의 7일의 한 순간에 지나지 않은 것과 같다. 이와 같은 뜻은 생각해 보면 알 수 있을 것이다.

問_ 此十地等處如是不解 說[188] 意何爲

答_ 三乘依位行者 欲爲熟根欲入一乘普法故 作如是說

문_ 이 십지 등의 처는 이와 같지만, 이해가 안되었습니다. 설한 뜻은
　　무엇때문입니까?

답_ 삼승의 지위에 의거한 수행자에 대해 근기를 성숙시켜 일승의 보
　　법에 들어가고자 하기 때문에 이와 같이 설한다.

問_ 見聞等三位普法正位耶不耶

答_ 不也 但從三乘位作如是說耳 若普法正位即無位[189] 無不位[190] 一切
　　六道三界一切法界法門皆無不普法位 又一位一切位 一切位一位
　　如位法門一切行敎義等法門皆爾 可思

문_ 견문(見聞) 등 3위(位)는 보법(普法)의 바른 위(位)입니까? 아닙
　　니까?

---

188) 說＝脫
189) 位＝住
190) 位＝住

답_ 아니다. 단지 3승위(乘位)를 따라서 이와 같이 설할 뿐이다. 만약 보법의 바른 위라면 지위가 없으며 지위 아님도 없다. 일체의 육도(六道)와 삼계(三界), 일체의 법계법문(法界法門)이 모두 보법(普法)의 위 아님이 없다. 또한 일위(一位)가 일체위(一切位)이고, 일체위가 곧 일위이다. 위(位)의 법문과 같이 일체의 행(行)과 교의(敎義) 등의 법문도 다 그러하니 생각해 보면 알 수 있을 것이다.

97

問_ 若爾者普法中以何爲始乎

答_ 得一法門以爲始 此始即與終無差別始也

문_ 만약 그렇다면, 보법(普法) 중에서는 무엇을 시작으로 삼습니까?

답_ 하나의 법문(法門)을 얻는 것을 시작으로 삼는다. 이 시작은 곧 끝과는 차별이 없는 시작이다.

98

問_ 受位分中所明授職之義 爲三乘行者實行耶 爲一乘行者實行受位相耶不

答_ 非即三乘行者實行 亦非一乘行者實行 是但依三乘位相 以現示一
乘無盡十地頂受位之義 斯即同教相攝也

문_ 수위분(受位分) 가운데 수직(授職)의 의미를 밝힌 것은 삼승 수행
자를 위해서 실행하는 것입니까? 일승 수행자를 위한 실행으로써
위(位)를 받는 모습입니까?

답_ 삼승 수행자를 위해서 실행하는 것도 아니고 또한 일승 수행자를
위해 실행하는 것도 아니다. 이는 다만 삼승(三乘)의 위상(位相)
에 의거하여 일승(一乘)의 무진십지(無盡十地)의 정수위(頂受位)
의 뜻을 나타내 보인 것이다. 이는 곧 동교(同敎)에 포섭된다.

99

問_ 旣云依三乘位地者 豈非所依之三乘行相乎

答_ 旣云依三乘位現示一乘義 故即非三乘自宗行相 所以知[191] 三乘受
職唯是阿含受 不具敎義理事受故 此處所現者具足敎義理事[192]等
法門故

문_ 이미 삼승의 지위에 의거한다고 하였으니, 어찌 의지하는 대상이
삼승행상(三乘行相)이 아니겠습니까?

---

191) 知+(者)
192) 理事＝事理

답_ 이미 삼승의 지위에 의거하여 일승의 뜻을 드러낸다고 하였으므로 삼승 자종의 행상이 아니다. 왜냐하면 삼승의 수직(受職)이 곧 아함의 수(受)이어서 교의(敎義)와 이사(理事)를 구족하지 않았음을 알기 때문이다. 이 곳에 나타난 것은 교의(敎義)와 이사(理事) 등의 법문을 구족하고 있기 때문이다.

問_ 若爾可一乘正受職 何故亦非一乘實行乎

答_ 一乘實行十佛前 普賢菩薩位言無不位 行言無不行 虛空法界一切法門中如法成矣 何但此處如所[193]現之分齊耳 是故下文以菩薩神力對佛神力校量中 大地塊土四天下少[194]土等 其爲表十地無盡際故作如是校量 即知非一乘實行此如所示 然而無[195]際處不可示說故 依此分齊以現示彼[196] 無盡十地頂之相耳

607c

문_ 만약 그렇다면 일승의 정수식(正受職)은 가능할 것입니다. 무엇 때문에 일승의 실행(實行)이 아닙니까?

답_ 일승의 실행은, 십불 전의 보현보살이 위(位)로 말하면 처하지 않은 위가 없고 행(行)으로 말하면 행하지 않은 행이 없어서 허공법

---

193) [所]—
194) 少=沙
195) (其)+無
196) 彼=故

계 일체의 법문 가운데에서 여법(如法)하게 이룬 것이다. 어찌 다만 이 곳에서 드러나는 분제(分齊)뿐이겠는가. 그러므로 아래 글에서 보살의 신력으로 불신력을 상대하여 비교하는 가운데 대지 괴토(塊土)와 사천하 소토(少土) 등은 십지의 무진제(無盡際)를 드러내기 위해서 이와 같이 비교한 것이다. 곧 일승의 실행은 이처럼 보이는 것이 아님을 알 수 있을 것이다. 그렇지만 무제처(無際處)에서 드러내 설할 수 없기 때문에 이 분제에 의해 저 무진 십지의 정수직의 모습을 드러내는 것일 뿐이다.

101

問_ 無盡十地滿相云何

答_ 如下普賢知識中所現十方世界一切微塵 微塵每有諸佛大會 其中諸佛皆將諸大衆說法 其諸佛前每普賢菩薩在受各諸佛所放光明等事 一微塵一微塵每如是等事 是無盡十地滿足相廣大如法界量 如虛空界 十世九世中無不所至 今此處中爲欲現彼相故 依離垢三昧現大蓮華 具眷屬華等十處中 放光明等事現示 若以此現之相校量[197]彼相 如十方世界大地一塊土等不可[198]校量 以非分法校量顯緣[199]勝也 又即此校量之事可知非三乘敎所明等覺妙覺之相 所以知者 三乘敎所明等覺[200]與妙覺俱所照所斷等一切事皆同一等 但

---

197) [量]－
198) 可=所
199) [緣]－

明昧²⁰¹⁾ 自在別耳 豈如是以大地土等爲校量乎 敎別如是 可思也

문_ 무진 십지가 가득 찬 모습은 어떠합니까?

답_ 아래 보현보살의 지식(知識) 가운데 드러난 시방세계 일체 티끌과
같이 티끌마다 제불(諸佛)의 대회(大會)가 있다. 그 대회에서 제불
이 모든 대중에게 법을 설하고, 그 제불 앞에서 보현보살이 매번
각각의 제불이 발산하는 광명을 받아들인다. 그 하나하나의 티끌
마다 이와 같은 일이 있으니, 무진십지(無盡十地)가 가득 찬 모습
이 광대함은 법계의 양과 같다. 마치 허공계가 십세 구세 가운데
이르지 않는 바가 없는 것과 같다. 지금 이 곳에 저 모습을 드러내
고자 하므로 이구삼매(離垢三昧)에 의거하여 큰 연꽃을 드러내고,
권속의 꽃을 구족한 십처에서 광명을 발산하는 일을 드러내는 것
이다. 만약 이 현상을 저 모습과 비교한다면 마치 시방세계 대지
의 한 괴토(塊土) 등처럼 비교할 수 없다. 이것은 나누어지지 않는
법으로 비교함으로써 연(緣)의 뛰어남을 드러내는 것이다. 또한 이
렇게 비교하는 일을 통해 삼승의 가르침이 밝힌 등각과 묘각의 모
습이 아님을 알 수 있다. 그렇게 알 수 있는 것은 삼승교에서 밝힌
등각과 묘각은 다같이 비추고 끊는 등의 일체사가 동일하기 때문
이다. 다만 밝고 어두움의 자재함이 다를 뿐이다. 어찌 이러한 대
지토(大地土) 등을 비교할 수 있겠는가. 가르침의 다름이 이와 같
음을 생각해 보면 알 수 있을 것이다.

---

200) 覺+(妙覺之相所以知者三乘敎所明等覺)
201) 昧+(自在不)

問_ 五地中明不住行勝文中 十種四諦其義云何

答_ 此十種四諦者即是五地菩薩 知一[202]法界一切法界[203]盡 然不得隨
所知之法別現故 總擧四諦染淨因果性相 以現示菩薩所知法故 論
云 所知法中[204]智清淨勝也 其義云何 謂初四聖諦即實法分別 謂
即四諦實法 無作四諦約終敎義 即如來性中清[205]淨因果性實之法
是 若一乘中無障礙緣起 法性中四諦諦理 實義爲四聖諦 即無盡四
諦 如是無盡四諦 而總依滿數顯[206]現十諦 爲欲現無量故 此中十
諦者 一者世諦 謂即四諦之法 一切差[207]別義爲世諦也 二者第一
義諦者 即以四諦空理爲第一義 三者相諦者 前二諦以有無爲二諦
計人即爲二法故[208] 即以非有無之中道自相爲相諦 四者差別諦者
以非有無中道爲相諦 計人但爲一法故 即以有無差別法不壞爲中
道 非謂捨有無二法方爲中道故 不壞有無之差別諦 五者說成諦者
以有無差別法爲差別諦 又計人不知此有無法緣集義故 以陰入界
等諸因緣假施設 有非實有以爲說諦 六者事諦 謂通迷四諦成苦事
以爲事諦 七者生諦 謂通迷四諦作集以爲生諦 八者無生諦 謂通解
四諦入寂滅以爲無生諦 以苦集本不生故 九者入道諦者 通解四諦

608a

---

202) [一]－
203) [界]－
204) [中]－
205) 清＝染
206) [顯]－
207) 差＝義
208) [故]－

趣入滅諦之行以爲入道諦 此四諦非有 四諦卽是事諦也 第十菩薩
地及如來地諦者 卽前四諦緣起實相大乘因果 是義以爲第十諦 此
十諦現菩薩自所知法 而自以現難 故依所化緣以顯示 此中前九爲
小乘可化衆生 後一爲大乘可化衆生 此言小乘者 非但愚法小乘
設[209]大乘中隨敎行者等爲小乘 謂地前敎修行等 已論云 爲根未熟
衆生故說世諦 謂如愚法小乘及十信以前衆生等 不解諦理故 隨計
情以爲說事法等 爲欲熟其[210]根欲故也 爲化已根熟衆生說第一義
諦 以得聞諸法空理故爲解深[211]法衆生故說相諦 謂聞前俗眞有空
諦 又有不解者 眞俗爲別法耶 爲一法耶 卽迷有卽無無卽有有無無
二之深理 故說非有無中道自相之四諦 令入中道深理也 爲謬解衆
生故說差別諦 謂聞前說非有無中道自相之諦 卽計實道爲一法 故
爲說有無差別示深理 令人[212]無遍[213]有無中 謂無卽是有 有卽無[214]
卽無故非無 無卽有故非有 有[215]故卽是無 非無故卽是有 不壞非
有無 而不壞有無法 故常有無 而有無不別 不別而非一 是故能入
無邊有無以爲差別諦 此差別卽無別之別也 爲化離念[216]衆生故說
說成諦理 又有衆生 不知諸法因緣集成之義者 爲說陰界處等諸因
緣互資集之義等 爲正見衆生故 次四諦說[217]入四諦之[218]因果之理

---

209) 設＝彼
210) 其＝具
211) 深＝染
212) 人＝入
213) 遍＝邊
214) 無＋(有) 의미상 '有'가 있어야 한다.
215) (非)＋有 의미상 '非'가 있어야 한다.
216) (正)＋念
217) 四諦說＝說四諦
218) [之]－

故 爲大乘可化衆生故說後一諦 卽是令入緣起無分別因果理事成
大乘因果 因果卽菩薩及佛也 如是理法差別隨所化衆生說十諦也
如是十種四諦一乘三乘小乘共行也 廣如論說也 十忍者十地中 内
會理用爲忍 何等爲十 一隨順音聲忍 二順忍 三無生忍 此三法說
忍 四如幻忍 五如炎忍 六如夢忍 七如響忍 八如電忍 九如化忍
十如空忍 後七喩說忍 此十中約位者 隨順音聲者初三地 順忍四五
六地 無生忍七八地 後七忍九地以上 約三智者 音²¹⁹⁾聲順二忍加
行智 無生忍正體智 後七後得智 此十忍約行實地地皆有也

문_ 오지(五地)에서 부주행의 뛰어남(不住行勝)을 밝힌 글 가운데 열
가지 사제(四諦)의 뜻은 어떠합니까?

답_ 이 열 가지 사제(四諦)는 오지(五地)보살이 일법계(一法界) 일체
법계(一切法界)를 다 알지만, 소지법(所知法)을 따라 별도로 드러
나지 않기 때문에 전체적으로 사제(四諦)·염정(染淨)·인과(因果)
·성상(性相)을 들어 보살이 아는 법을 드러낸 것이다. 그러므로
『논』에서 '소지법 가운데 지청정승(智淸淨勝)'이라고 말하였다. 그
뜻은 무엇인가? 말하자면, 처음의 사성제(四聖諦)가 곧 실법의 분
별(實法分別)임을 말한다. 즉, 사제의 실법(四諦實法)을 말하는
것이다. 무작의 사제(無作四諦)는 종교(終敎)의 뜻에 의거한다면
여래성 가운데 청정인과로서의 성실(性實)의 법이 된다. 만약 일
승에 의한다면 무장애연기의 법성 가운데 사제의 이치가 실의(實
義)임을 사성제로 삼으니 즉, 무진의 사제(無盡四諦)이다. 이처럼

무진의 사제는 전체적으로 만수(滿數)에 의거하여 십제를 나타내니 무량을 드러내고자 한 것이다.

이 가운데 십제는 다음과 같다. 첫째 세제(世諦)이니, 사제법의 일체 차별의 뜻이 세제이다. 둘째 제일의제(第一義諦)이니, 사제가 공한 이치가 제일의이다. 셋째 상제(相諦)이다. 앞의 이제는 유(有)와 무(無)로써 이제가 되었는데 사람들은 두 법이 존재한다고 계탁하기 때문에 곧 유와 무가 아닌 중도의 자상이 상제가 된다. 넷째 차별제(差別諦)이다. 유와 무가 아닌 중도로써 상제를 삼으면, 사람들이 다만 하나의 법이라고 계탁하기 때문에 곧 유와 무의 차별법이 무너지지 않는 것으로써 중도를 삼는다. 유와 무의 두 법을 버림으로써 중도를 삼은 것은 아니기 때문에 유와 무를 무너뜨리지 않은 차별제이다. 다섯째 설성제(說成諦)이다. 유와 무의 차별법으로 차별제를 삼으면 또 계탁하는 사람들은 이 유와 무의 법이 인연하여 모이는 뜻을 알지 못하기 때문에, 음입계(陰入界) 등의 여러 인연을 임시로 시설하여 있지만, 실유(實有) 아님을 설제(說諦)를 삼는다. 여섯째 사제(事諦)이니, 사제에 완전히 미혹하여 괴로운 일을 이루는 것을 사제라고 한다. 일곱째 생제(生諦)이니, 사제에 완전히 미혹하여 괴로움의 원인이 모여 있는 것을 생제라고 한다. 여덟째 무생제(無生諦)이니, 사제를 완전히 이해하여 적멸에 들어가는 것을 무생제라고 한다. 왜냐하면 고집(苦集)은 본래 생겨나지 않기 때문이다. 아홉째 입도제(入道諦)이니, 사제를 완전히 이해하여 입멸제의 행에 나아간 것을 입도제라고 한다. 이 사제(四諦)는 실제로 있는 것이 아니라 사제(四諦)가 곧 사제(事諦)이다. 제10의 보살지와 여래지의 제(諦)는 곧 앞의 사제 연기의 실상인 대승의 인과이니 이 뜻이 열 번째의 제(諦)이다.

이 열 가지 제(諦)는 보살 자신의 소지법(所知法)을 드러낸 것이지만 스스로 드러내기 어렵기 때문에 교화하는 인연에 의거하여 드러낸 것이다. 이 가운데 앞의 아홉은 소승이 중생을 교화하는 것이고, 뒤의 하나는 대승이 중생을 교화하는 것이다. 여기서 소승이란, 우법소승(愚法小乘)뿐만 아니라 대승 가운데 가르침을 따라 행하는 자들도 소승으로 삼았으니, 지(地) 전의 가르침에 의한 수행 등을 말한다. 이미 논서에서 '근기가 아직 성숙되지 않은 중생을 위해 세제를 설한다'고 하였는데, 법에 우법소승과 십신 이전의 중생 등과 같이 제의 이치를 이해하지 못하기 때문에 망정(妄情)에 좌우되는 것을 따라 사법(事法) 등을 설하였으니, 그 근기의 의욕을 성숙시키고자 한 것이다. 이미 근기가 성숙된 중생을 교화하기 위해 제일의제를 설함으로써 제법의 공리(空理)를 듣기 때문에 깊은 법을 이해한 중생을 위해 상제(相諦)를 설하니, 앞의 속진(俗眞) 유공(有空)의 제(諦)를 듣는 것을 말한다. 또 이해하지 못한 자가 진속이 별도의 법인가, 하나의 같은 법인가 하고 묻는다면, 곧 유에 미혹하면 무이고 무에 미혹하면 유이어서 유와 무는 무이(無二)한 깊은 이치이므로 유무가 아닌 중도 자상의 사제를 설하여 중도의 깊은 이치에 들어가도록 한다.

잘못 이해하는 중생을 위해서 차별제를 설하니, 앞에서 설한 유무가 아닌 중도 자상의 제(諦)를 듣고 실도(實道)가 같은 법(一法)이라고 계탁하므로 유무 차별을 설하여 깊은 이치를 드러내어 끝없는 유무 가운데에 들어가게 하는 것을 말한다. 말하자면, 무가 곧 유이고 유가 곧 무이니, 유가 무에 즉하므로 무가 아니고,

무가 유에 즉하므로 유가 아니다. 유가 아니므로 곧 무이고, 무가 아니므로 곧 유이다. 유무 아님도 깨뜨리지 않고 유무의 법도 깨뜨리지 않기 때문에 항상 유무이어서 유무가 구별되지 않는다. 구별되지 않지만 하나가 아니다. 그러므로 능히 끝없는 유무에 들어가 차별제가 된다. 이 차별이 곧 차별 없는 차별이다.

망념을 떠난 중생을 교화하기 위해 설성제(說成諦)의 이치를 설한다. 또 제법의 인연이 모여 이루어져 있는 뜻을 알지 못하는 중생에게 음계처(陰界處) 등의 여러 인연이 서로 자량이 되어 모이는 뜻 등을 설한다. 정견(正見)의 중생을 위해 다음으로 사제를 설하여 사제 인과의 이치에 들어가게 한다. 대승으로 교화할 수 있는 중생을 위해 마지막 하나의 제(諦)를 설하여 곧바로 연기 무분별 인과의 이(理)와 사(事)에 들어가서 대승의 인과를 성취하게 한다. 인과는 곧 보살과 부처이다. 이처럼 이법의 차별은 교화 대상인 중생을 따라 십제를 설한다. 이러한 열 가지 사제는 일승·삼승·소승이 모두 행하는 것이다. 자세한 것은 논에서 설한 것과 같다.

십인(十忍)은 십지 가운데 즉 도리에 맞는 작용을 인(忍)이라고 하는데 무엇이 열 가지인가. 첫째 수순음성인(隨順音聲忍), 둘째 순인(順忍), 셋째 무생인(無生忍)이니, 이 세 가지는 법설인(法說忍)이다. 넷째 여환인(如幻忍), 다섯째 여염인(如炎忍), 여섯째 여몽인(如夢忍), 일곱째 여향인(如響忍), 여덟째 여전인(如電忍), 아홉째 여화인(如化忍), 열째 여공인(如空忍)이니, 뒤의 일곱은 유설인(喩說忍)이다. 이 열 가지 가운데 위(位)에 의거하면 수순음성인은 처음 3지(地)이고 순인은 4지, 5지, 6지이며, 무생인은 7지와 8지이고, 뒤의 일곱 인(忍)은 9지 이상이다. 삼지(三智)에 의거하면 음성과 순의 두 인(忍)은 가행지(加行智)이고, 무생인은 정체지(正體智)이며, 뒤의 일곱은 후득지(後得智)이다. 이 십인은 행의 실제에 의거하면 지위(地位)마다 모두 있다.

103

問_ 此十忍行相云何

答_ 聞甚深法而無驚怖 心至信[220] 爲隨順音聲忍 能順眞實無生理生[221]

608c
生決定印可 而未已時爲順忍 已證會無不所及時爲無生忍 後七忍
轉遣疑心立 謂疑云 一切無生者何現見是有乎 爲答此疑故如幻
幻法都無生 實法不可得而現耳有[222] 如是諸法可知 又疑云 幻法不
得生耳識 世法云何知乎 爲答此疑云如炎 炎都無水而能生渴愛心
諸法亦爾 又疑云 炎法不得受用物 世法能受用物 云何無乎 爲答
此疑如夢 夢法都無 而夢中皆能受用 世時亦爾 實無而妄想夢故
爲受用耳 又疑云 夢法覺都無 世法不爾 覺時得有 云何無乎 爲答
此疑故如響 響法都無得物 而猶現可聞 世法亦爾 都不得而因緣
現有 又疑云 響法都無前人無[223] 益 世法不爾 人實得益 云何如響
乎 爲答此疑故如電光 電光不得物 而能照物令人得益 世法亦爾
無得而能益 又疑云 電有照用 即[224] 是實法耶 爲答此疑故如化 化

---

220) 心至信＝至心信隨
221) 理生＝生理
222) 耳有＝有耳
223) [無]－
224) 即＋(心)

法有用 而非實 世法亦爾 豈有實乎 又疑云 一切法無作者 誰能作
是也 爲答此疑故如虛空 能化一切色法 而其空體不可得 一切法
亦爾 實體空不可得 而無所不爲如虛空耳[225] 菩薩知是得無生忍等
故其身如幻 乃至如空 非有非無 常住中[226]道實相 以無緣慈悲故
不捨生死 不住寂滅 恒修佛法利益衆生也 是即說十地菩薩爲心之
德用也

문_ 이 십인(十忍)의 행상(行相)은 어떠합니까?

답_ 깊고 깊은 법을 듣고 두려움이 없으며 마음이 지극히 믿는 것을 수
순음성인(隨順音聲忍)이라 하고, 능히 진실 무생의 생하는 이치를
따라 결정의 인가를 일으키되 아직 때가 되지 않음을 순인(順忍)
이라 하며, 이미 증득하여 때에 미치지 않음이 없는 것을 무생인이
라고 한다. 후의 일곱 인(忍)은 전전하여 의심을 버림으로써 세운
것이다. 즉 "일체의 무생이 어떻게 드러나서 있는 것인가?"라고 의
심하는 자에게 이 의심을 버리도록 하기 위해 답하기를 '허깨비와
같다'고 말한다. 허깨비 법은 모두 무생이다. 실법은 얻을 수 없고
현재만 있을뿐이다. 이와 같이 모든 법을 알아야 한다. 또 "허깨비
법은 듣고 인식하는 것을 생겨나게 할 수 없으니 세법을 어떻게 아
는가?"라고 의심하는 자에게 이 의심에 답하기 위해 '아지랑이와
같다'고 말한다. 아지랑이는 모두 물이 없어서 갈애심(渴愛心)을
내니, 모든 법도 그렇다. 또 "아지랑이는 수용할 수 없는 물건이지

---

225) 耳＝耶
226) (在)＋中

만 세법은 수용할 수 있는 물건인데 무엇 때문에 없다고 하는가?”라고 의심하는 자에게 이 의심에 답하기 위해 ‘꿈과 같다’고 말한다. 꿈의 법은 모두 없는 것이지만 꿈 가운데서는 모두 수용할 수 있으니 세상의 시간도 그래서 실제로는 없지만 망상으로 꿈꾸기 때문에 수용하는 것일 뿐이다. 또 “꿈의 법은 깨어나면 모두 없지만 세상의 법은 그렇지 않아서 깨어났을 때도 있으니 어떻게 없다고 하는가?”라고 의심하는 자에게 이 의심에 답하기 위해 ‘메아리와 같다’고 말한다. 메아리의 법은 얻을 수 없는 물건이지만 나타나는 것을 들을 수는 있다. 세상의 법도 그래서 모두 얻지 못하지만 인연으로 드러나 있는 것이다. 또 “메아리 법은 모두 앞의 사람에게 이익이 없지만 세상의 법은 그렇지 않으니 사람이 실로 이익을 얻는데 어떻게 메아리와 같다고 하는가?”라고 의심하는 자에게 ‘번갯불과 같다’고 말한다. 번갯불은 물체로 얻을 수 없지만 능히 물체를 비추어 사람에게 이익을 얻게 한다. 세상의 법도 그래서 얻음이 없지만 이익된다. 또 “번개의 비춤이 있다면 이것은 실법(實法)인가?”라고 의심하는 자에게 이 의심에 답하기 위해 ‘변화와 같다’고 말한다. 변화의 법은 쓰임이 있지만 실제는 아니다. 세상의 법도 그러하니 어찌 실제가 있겠는가. 또 “일체법이 작위함이 없다면 누가 이것을 작위하는가?”라고 의심하는 자에게 이 의심에 답하기 위해 ‘허공과 같다’고 말한다. 허공은 일체 색법으로 변화하지만 공한 체는 얻을 수 없고, 일체법도 그러하여 실체가 공하므로 얻을 수 없지만 작위하지 않음이 없는 것이 허공과 같은 것이다. 보살은 이것을 알아 무생인(無生忍) 등을 얻기 때문에 그 몸이 허깨비와 같고 내지 허공과 같다. 유(有)도 아니고 무(無)도 아니

며 중도의 실상에 상주하여 무연자비(無緣慈悲)로 생사를 버리지
않고 적멸에 머무르지 않으며 항상 불법을 닦아 중생을 이익 되게
한다. 이것이 십지 보살을 위한 마음의 덕용(德用)이라고 설하는
것이다.

104

問_ 三乘緣起一乘緣起有何別耶

答_ 三乘緣起者 緣集有 緣散卽無 一乘緣起卽不爾 緣合不有 緣散不無

문_ 삼승의 연기와 일승의 연기는 어떤 차이가 있습니까?

답_ 삼승의 연기는 연(緣)이 모이면 있고 연이 흩어지면 곧 없다. 일승
의 연기는 그렇지 않다. 연이 모여도 있지 않고 연이 흩어져도 없
지 않기 때문이다.

105

問_ 一乘緣起法 若緣集不有 緣散不無者 何用爲緣合及散乎

答_ 雖法無增減而隨順處以說 故非無益空言 不知緣合之人中 卽言爲
緣集有言[227] 不知緣散之人中 卽言爲緣[228] 散 散門以[229] 生解人中 卽

---

227) [言]- '言'은 衍者

[230]言散 而非方散 以昔無非散時故 於合門以[231]生解人中[232] 即言合 而非方合 以昔無非合時故

문_ 일승연기의 법이 만약 연(緣)이 모여도 있지 않고 연이 흩어져도 없지 않은 것이라면, 무엇 때문에 '연이 모인다'든가 '연이 흩어진다'고 하는 것입니까?

답_ (일승연기는) 비록 법은 증감(增減)이 없는 것이지만 상황에 따라서 말한다. 그러므로 무익한 헛된 말이 아니다. 연(緣)이 모이는 것을 모르는 사람들에게는 곧 '연이 모이면 있다'고 말하고, 연의 흩어짐을 모르는 사람들에게는 곧 '연이 흩어진다'고 말한다. 흩어진다는 말에 의해 이해를 일으키는 사람들에게는 곧 '흩어진다'고 말하지만, 그 때 비로소 흩어지는 것은 아니다. 예로부터 흩어지지 않은 때가 없었기 때문이다. 또 모인다는 말에 의해 이해를 일으키는 사람들에게는 곧 '모인다'고 말하지만, 그 때 비로소 모이는 것은 아니다. 예로부터 모이지 않은 때가 없었기 때문이다.

106

問_ 若爾法古[233]定爲無合散耶

---

228) [緣]－
229) [以]－
230) [即]－
231) [以]－
232) [中]－
233) 古=昔

答_ 不爾 若定無合散者 何亦言方爲合散乎

문_ 그렇다면 법은 예로부터 단정적으로 모임과 흩어짐이 없는 것입니까?

답_ 그렇지 않다. 만약 단정적으로 모임과 흩어짐이 없는 것이라면 어찌 또한 '비로소 모이고 흩어진다'고 말하겠느냐?

107

問_ 若爾法亦可緣合有緣散無耶

答_ 亦得隨緣有無 雖言有無而旣言隨緣 故即可知 非有定有非無定[234] 無 故即知非非定有無 以非有無故 隨緣時非增減 以非非定有無故 隨緣時即非有無 如是諸義能隨緣言無不當 亦無所當 無所當故即 無自處 無自處故無是非處 一乘緣起之法非計情所及 雖非計[235]情 所及而不遠求 返情即是也

문_ 그렇다면 법은 또한 '연(緣)이 모이면 있고 연이 흩어지면 없다'고도 할 수 있는 것입니까?

답_ 연에 따라 있다거나 없다고도 할 수 있다. 그러나 비록 있다거나

---

234) 有定有非無定＝定有無非定有
235) [計]－

없다고 말할지라도 이미 연에 따라 말하는 것이다. 따라서 있다는 것도 있는 것이라고 정해진 것이 아니고, 없다는 것도 없는 것이라고 정해진 것이 아님을 곧 알 수 있다. 그러므로 곧 있음과 없음이 정해지지 않은 것도 아니라는 것을 알아라. 있음도 없음도 아니기에 연을 따를 때 증가하는 것도 감소하는 것도 아니다. 있음과 없음이 정해지지 않은 것도 아니기에 연을 따를 때 곧 있는 것도 없는 것도 아니다. 이와 같은 여러 뜻은 연을 따라서 말하자면, 해당하지 않음도 없으며 또한 해당됨도 없다. 해당됨이 없기 때문에 곧 자기의 입장이라 할 것도 없다. 자기 입장이라 할 것이 없으므로 옳다거나 그르다고 할 것도 없다. 이러한 일승연기의 법은 정식(情識)으로 헤아려서 이를 수 있는 것이 아니다. 그러나 비록 정식으로 헤아려 이해할 수 있는 것이 아니지만, 그렇다고 멀리서 구하지는 말아라. 정식을 돌이키면 바로 이것이다.

108

問_ 言返情者 不知其方便 云何

答_ 雖方便無量 而其要言之 隨所見處即不著[236] 心爲是 隨所聞之法不取如聞 即能解其所由 又即解法實性也

문_ 정식을 돌이킨다고(返情) 말씀하셨는데, 그 방편을 모르겠습니다.

---

236) 著＝善

어떻게 하는 것입니까?

답_ 비록 방편이 한량없지만 그 요점을 말하겠다. 보이는 것을 따라 가면서 집착하지 않는 마음이 바로 이것이다. 들리는 것을 따라서 들리는 대로 취착(取着)하지 않으면 곧 그 말미암은 바를 이해할 수 있고, 또 법의 참다운 본성을 이해할 수 있다.

109

問_ 雖有此言而不知所以

答_ 汎聖教之言趣[237] 皆有於機緣之所由 謂教是藥 能治衆生病故 若以生而治卽以生 若以不生治者卽以不生 若法空是生不生者 以生爲是 以不生爲非 以非生爲是 以生卽非是也 其法非有於不生生故 卽能以生不生治病無障

문_ 비록 이렇게 말씀하시지만 그 이유를 알지 못하겠습니다.

답_ 무릇 성스러운 가르침의 말의 취지는 모두 기연(機緣)으로 말미암아 있는 것이다. 말하자면 가르침의 취지는 약이어서 능히 중생의 병을 다스리기 때문이다. 만약 '생(生)'으로써 병이 다스려지면 '생(生)'으로써 하고, 만약 '불생(不生)'으로써 병이 다스려지면 곧 '불생(不生)'으로써 하는 것과 같다. 존재가 공(空)하여서 '생(生)'이기도 하고 '불생(不生)'이기도 함과 같아서, '생(生)'을 옳다고 하면

---

237) 趣=起

'不生(불생)'으로써 그르다고 하며, '비생(非生)'을 옳다고 하면, '생(生)'으로써 '옳지 않다'고 한다. 법이 '불생'과 '생'이라는 언어에 의해 존재하는 것이 아니기 때문에 즉 '생' '불생'이라는 언어로 병을 다스리는데 장애가 되지 않는다.

110

問_ 其法爲有不當生不生法耶不

答_ 不也 若有不當生不生法者 云何能以生不生治病乎 非有不當生不
　　生法故 乃能以生不生治病也

문_ 그렇다면 법은 '생'과 '불생'법에 해당하지 않는다는 것입니다.

답_ 그렇지는 않다. 만약 '생' 혹은 '불생'법에 해당함이 없다면, '생' 혹은 '불생'으로써 병을 다스릴 수 있겠느냐? '생'이나 '불생'이니 하는 법과 관계없이 존재하는 것이 아니기 때문에 이에 능히 '생'이나 '불생'으로써 병을 다스릴 수 있는 것이다.

111

^{609b} 問_ 不知其所治之處 爲即衆生不解不生病耶 不知此病離處耶

答_ 當不解之病不得治 以已是病故 又非²³⁸⁾已離解處 以已無病故 但此

不解心令生解之處 以名爲治病所由 以此治病所由故聖敎藥起 是
故但言 敎有於機緣所由不有於法

문_ 병이 다스려지는 곳을 모르겠습니다. 중생이 병이 일어나지 않는
다는 것을 이해하지 못하는 것입니까? 이 병이 떠나는 곳을 알지
못하는 것입니까?

답_ 병을 이해하지 못하면 다스릴 수가 없다. 이미 병이기 때문이다.
이미 병을 이해하는 것으로부터 떠났다면, (역시 다스릴 수 없다.)
이미 병이 없기 때문이다. 단지 이 이해하지 못하는 마음으로 하
여금 이해를 내게 하는 곳을 '병의 원인을 다스린다'고 이름 한다.
이렇게 병의 원인을 다스리기 때문에 성스러운 가르침의 약이 있
게 되니, 이런 까닭에 오로지 '가르침은 상황에 따라 있는 것이지
법에 있는 것은 아니다'고 말하는 것이다.

112

問_ 其法爲所[239]者何乎

答_ 此卽諸法實性 無住本道 無住本故卽無可約法 無可約法故卽無分
別相 無分別相故卽非心所行處 但證者境界非未證者知 是名爲法
實相 一切法而無不爾 此處十佛普賢境界

---

238) 非＝以
239) 其法爲所＝爲其法

문_ 그 법의 처소는 어디입니까?

답_ 이것은 곧 모든 법(法)의 참다운 본성으로서 머무름이 없는 근본 도리이다. 머무름이 없는 본래의 도리이기 때문에 곧 가히 의존함이 없는 법이며, 가히 의존함이 없는 법이기 때문에 곧 분별상(分別相)이 없고, 분별상이 없기 때문에 곧 마음의 운행할 바가 아니다. 이것은 오직 증득한 자의 경계이고 아직 증득하지 못한 자가 알 바는 아니다. 이것을 법의 실상(實相)이라고 한다. 모든 법이 그러하지 않음이 없으니, 이 처소가 십불(十佛)과 보현(普賢)의 경계이다.

問_ 旣普賢境界者 普賢即臨機門無於機[240] 所殘[241] 現 若爾亦可諸法實[242] 相即餘人境界也[243]

答_ 亦得 普賢如自所得法 無於機緣[244] 殘現故 經云 正義中置隨義語[245] 正說中置隨語義 謂其義也

문_ 이미 보현(普賢)의 경계라면, 보현은 곧 기연(機緣)을 대함에 있어

---

240) 無於機＝於機無
241) 殘＋(而)
242) 實＝寂
243) 也＝耶
244) 無於機緣＝於機緣無
245) 語＝言

서 남김없이 나타냅니다. 만일 그렇다면 제법의 실상은 곧 다른 사
람들의 경계일 것입니다.

답_ 또한 그럴 수 있다. 보현은 자신이 증득한 법과 같이 기연(機緣)에
대응하여 남김없이 나타내기 때문이다. 경에서 "정의(正義) 가운
데는 뜻을 따르는 말을 두고, 정설(正說) 가운데는 말을 따르는 뜻
을 둔다"고 한 것이 그 뜻을 말하는 것이다.

114

問_ 不知其義云何

答_ 言正義者爲一乘義 正說者三乘義 三乘義中隨情安立故 其義但在
言中耳 以言攝義故 義即有於言 一乘中語即是義語故 無語而不義
語 義即是語義故無義而不語義[246] 語即義故義而無言不及 義義即
語故語而無[247] 不及 義語語義無礙自在 圓融無礙故 故其緣起無住
令在顯說 終日說非有說 非有有[248] 故與不說無分別說 說既爾 能
聞者亦爾 一聞即一切聞 可知思[249] 也

문_ 그 뜻이 무엇인지 모르겠습니다.

답_ 정의(正義)라고 하는 것은 일승(一乘)의 뜻이고, 정설(正說)은 삼

---

246) [義即是語義故無義而不語義] −
247) 無+(義)
248) 有=說 의미상 '說'을 취함
249) 知思=思知

승(三乘)의 뜻이다. 삼승의 뜻에서는 정식(情識)에 따라 안립(安立)하기 때문에 그 뜻이 단지 말 가운데 있을 뿐이다. 말로써 뜻을 포섭하기 때문에 뜻이 곧 말에 있다. 일승에서는 말이 곧 '뜻의 언어(義語)'이기 때문에 모든 언어가 '뜻의 언어(義語)'이고, 뜻이 곧 '언어의 뜻(語義)'이기 때문에 모든 뜻이 '언어의 뜻(語義)'이다. 언어가 곧 뜻이기 때문에 뜻치고 언어가 이르지 못하는 것이 없고, 뜻이 곧 언어이기 때문에 언어치고 뜻이 이르지 못하는 것이 없다. 뜻과 언어, 언어와 뜻이 무애자재(無碍自在)하고 원융무애(圓融無碍)하기 때문이다. 이 때문에 그 연기(緣起)는 머무름이 없어서 말로 드러내게 하는 것이니 종일토록 말하여도 말한 것이 없다. 말한 것이 없으므로 '말하지 않은 것'과 다름이 없는 말이다. 말이 이미 이러하니, 능히 듣는 것도 또한 이러하다. 하나를 듣는 것이 곧 일체를 듣는 것이니, 생각해 보면 알 수 있을 것이다.

115

問_ 可於相當[250] 如是聞者 一聞一切聞 一切聞一聞 若三乘法但有語 故
即無所詮之義耶

609c　**答_** 非無所詮義[251] 然而其義但有言分齊 一相法門謂[252]有者但有中盡
非不有　不有者即不有中盡非有義　如是一相法門也　雖有無二諦

---

250) 相當＝當相
251) (之)＋義
252) 謂＝語

相即相融 而非即其事法相圓融自在故 故語義能詮所詮分齊不不[253]
參也 一乘正義中即不如是 隨擧一法盡攝一切故 即中中自在故
可思也

문_ 이와 같이 들을 수 있는 사람이면, 하나를 듣는 것이 곧 일체를 듣는 것이고 일체를 듣는 것이 곧 하나를 듣는 것입니다. 그런데 만약 삼승의 법이 단지 언어만 있는 것이라면, 곧 나타내는 뜻이 없는 것입니까?

답_ 나타내는 뜻이 없는 것은 아니다. 그러나 그 나타내는 뜻은 단지 언어의 영역에만 한정되어 있다. 일상법문(一相法門)이 말하는 '있음[有]'이란 것은 단지 있음 가운데 끝나니 '있지 않음[不有]'은 아니며, '있지 않음[不有]'이란 것은 곧 있지 않음 가운데 끝나니 '있음'의 뜻은 아니다. 이와 같은 일상법문(一相法門)은 비록 유와 무의 이제(二諦)가 상즉상융(相卽相融)하지만 그 사법(事法)에 즉(卽)하여 서로 원융자재(圓融自在)하지는 않기 때문이다. 따라서 언어와 의미가 되는 나타내는 것(能詮) 과 나타내지는 것(所詮)의 영역은 서로 참여하지 못한다. 그런데 일승(一乘)의 정의(正義)에서는 이와 같지 않다. 일법(一法)을 거론함에 따라 일체 법을 남김 없이 포섭하기 때문이며, 즉(卽)과 중(中)의 관계 속에 자재롭기 때문이니, 생각해 보면 알 수 있을 것이다.

---

253) [不]-

116

問_ 若爾一乘法但語說盡 何故言緣起之際不可說但證者乃知乎

答_ 是汝見耳 但汝見法語中盡故起如是問耳 其法無留處 豈但有語聞
    聞處令有於聞 不得聞之處中令有於不聞耳 語中無殘 法無盡故令
    證者知耳

문_ 만약 그렇다면 일승의 법은 오로지 언어를 끝까지 설하는 것인데,
    무엇 때문에 '연기의 궁극은 말로 할 수 없고 오직 증득한 자라야
    알 수 있다'고 합니까?

답_ 이것은 그대가 그렇게 보는 것일 뿐이다. 단지 그대의 견해는 법은
    말 가운데서 다한다고 보기 때문에 이와 같은 문제를 제기하는 것
    일 뿐이다. 그 법은 머무르는 곳이 없는데, 어찌 다만 말하는 것만
    을 듣는 것이 있겠는가. 듣는 곳에서는 듣는 것만 있게 하고, 들을
    수 없는 곳에서는 듣지 않는 것만 있게 할 뿐이다. 언어 가운데 남
    는 것이 없으며 법은 다함이 없으니, 그러므로 증득한 자라야 안다
    고 하는 것이다.

117

問_ 此經以名號品至小相光明品明緣修因果 自普賢性起二品明性起因
    果 不知云何爲緣修因果 云何爲性起因果耶

答_ 從聞熏習等三慧方便緣 以修行所生顯之義名爲緣修因果 即此緣
修因果法順自不住實性故 雖隨緣生顯而從本不生 不生故生即不
生 不生相不可得之義等名爲性起因果 譬如無我報心 以睡眠因緣
故成虎之義爲緣修因果 即其虎無我報心作故 雖作虎而無其心之
量過之義 名爲性起因果也

문_ 이 『화엄경』에서는 명호품(名號品)부터 소상광명품(小相光明品)
까지 연수인과(緣修因果)를 밝히고 있고, 보현보살행품과 성기품
부터는 성기인과(性起因果)를 밝히고 있는데, 무엇이 연수인과이
고 무엇이 성기인과인지 모르겠습니다.

답_ 문훈습(聞熏習) 등 삼혜(三慧) 방편의 연(緣)을 따라 수행하여 나
타나는 것을 연수인과(緣修因果)라 부른다. 이 연수인과의 법은
스스로 부주실성(不住實性)에 수순하기 때문이다. 비록 연(緣)을
따라 나타나는 것이긴 해도 본래부터 생겨나지 않는 것이니, 생겨
나지 않는 것이기 때문에 '생겨남이 곧 생겨나지 않음이다'이다.
이 생겨나지 않는 모습(不生相)은 가히 얻을 수 없다는 뜻을 성기
인과라 부른다. 비유하건대, 무아보심(無我報心)이 수면을 인연으
로 하여 호랑이를 만들었다는 뜻을 연수인과라 한다. 바로 그 호
랑이는 무아보심이 만든 것이기 때문에, 비록 호랑이를 만들었으
나 그 마음이 헤아린 것에 불과하다는 뜻이다. 이것을 성기인과라
한다.

118

問_ 若爾者其虎卽無眠緣卽無 從本以來不自有 云何性起爲²⁵⁴⁾修生因
果別耶²⁵⁵⁾

答_ 實爾 其無緣修卽無性起 無性起卽不成緣修 然卽其緣修是離相順
體故爲性起 性起卽是隨緣故爲緣修 雖無二體二義不相是也

문_ 그렇다면 그 호랑이는 수면이라는 연(緣)이 없다면 없는 것이어서
본래부터 있는 것이 아닌데, 어찌하여 성기인과와 수생인과(修生
因果)가 다르다고 하는 것입니까?

답_ 실로 그러하다. 연수(緣修)가 없으면 곧 성기(性起)가 없고, 성기
가 없다면 곧 연수도 성립하지 않는다. 그러므로 곧 연수가 상(相)
을 떠나 체(體)를 따르기 때문에 성기가 되고, 성기가 곧 연(緣)을
따르기 때문에 연수가 된다. 비록 별개의 두 체(體)는 아니지만 두
뜻은 각기 성립한다.

119

問_ 其緣修德卽離性相 故與體無差別 與性起離相有何別耶

---

254) 爲=與
255) 耶=乎

答_ 雖二俱離性相 而緣修離緣²⁵⁶⁾不成 性起離緣不損 故有別也

문_ 그 연수(緣修)의 덕(德)은 곧 성상(性相)을 떠난 것이기 때문에 체(體)와는 차별이 없는데 성기(性起)가 상(相)을 떠난 것과는 어떤 차이가 있습니까?

답_ 비록 둘이 모두 성상(性相)을 떠난 것이지만, 연수는 연(緣)을 떠나면 성립할 수 없고 성기는 연을 떠나도 줄어들지 않는다. 따라서 차이가 있다.

問_ 若性起離緣不損者 非待緣修可成耶

答_ 言不損者 緣集時中不增 自無我量故緣散時亦不損 自無我性故云 不損 非謂無緣自體有也

문_ 만약 성기는 연(緣)을 떠나도 줄어들지 않는다면, 연수를 의지하지 않고도 (성기가) 성립할 수 있습니까?

답_ 줄어들지 않는다고 말하는 것은, 연(緣)이 모일 때라도 증가하지 않으니 스스로 '아(我)라는 헤아림'이 없기 때문이요, 연이 흩어질 때라도 역시 줄지 않으니 본래 아성(我性)이 없기 때문이다. 이런

---

256) 緣=性

까닭에 '줄어들지 않는다'고 한 것이지 연이 없이 자체(自體)가 있음을 말하는 것은 아니다.

121

問_ 若爾者即非緣修無性起 非性起無緣修 非性起²⁵⁷⁾無緣修故修生由無不本有 非緣修無本有故本有非修生無由 旣其力齊 何故其有本末義

答_ 如是緣起無分別法中 其能隨順解者隨先擧爲本 無礙之²⁵⁸⁾何有定²⁵⁹⁾本末之義乎 可思解也

문_ 만약 그렇다면, 연수(緣修)가 아니면 성기(性起)는 없고, 성기가 아니면 연수가 없습니다. 성기가 아니면 연수는 없으므로 수생(修生)은 본유(本有)로부터 말미암지 않음이 없습니다. 연수가 아니면 본유가 없기 때문에 본유는 수생이 아니면 원인이 없음과 마찬가지입니다. 이미 그 힘(力)이 균등한데 어찌하여 본말(本末)의 뜻이 있는 것입니까?

답_ 이와 같은 연기무분별(緣起無分別)의 법 가운데 능히 수순(隨順)하여 해석하자면 먼저 거론한 것이 근본이 된다. 무애인데 어찌하여 정해진 본말의 뜻이 있겠느냐? 생각해 보면 이해할 수 있을 것이다.

---

257) [非性起]−
258) 之+(法)
259) 定=建

問_ 本有修生等四句中 有修生本有本有修生二句 其即緣起法故 非本有無修生 非修生無本有 此二句因緣法可解 唯本有但修生此二句 何爲因緣法乎 若非由修生而有本有者 與習種以前有本有之義有 何別乎

答_ 聖者能見機益故四句此善說 若有機緣眾生以性種爲前 習種爲後 利益 即說本有前有修生後有[260) 若有眾生以修生爲前 本有爲後利 益 即說性種爲後 習種爲前 但隨機處中說耳 勿見法定本[261)有前 後 以其法無前後故 即善當於先後耳 是故諸聖敎之說前後不定 然 而如言取者 定本有前有法故 失因緣旨違聖意故 與彼人不同[262)

문_ 본유(本有)와 수생(修生) 등의 4구 중에서 수생본유(修生本有)와 본유수생(本有修生)의 2구가 있습니다. 그것은 곧 연기법이기 때문에 본유가 아니면 수생은 없고, 수생이 아니면 본유가 없으니, 이 2구의 인연법은 이해가 가능합니다. 오직 본유와 단지 수생의 이 2구만을 어찌하여 인연법으로 합니까? 만약 수생으로 말미암은 것이 아닐지라도 본유가 있는 것이라면 습종성(習種性) 이전에 본유가 있었다는 뜻과는 어떻게 구별합니까?

답_ 성자(聖者)는 능히 근기의 이익을 볼 수 있기 때문에 4구를 여기

---

260) [有]-
261) [本]-
262) 同+(耳餘一切法門皆爾影顯彰敎所由又解法實性也)

에서 선설(善說)한 것이다. 만약 기연중생(機緣衆生)이 있어 성종
성(性種性)을 이전으로 하고, 습종성(習種性)을 이후로 해서 이익
된다면 본유는 이전에 있고 수생은 이후에 있다고 설한다. 만약
어떤 중생이 있어 수생을 이전으로 하고 본유를 이후로 해서 이익
된다면 곧 성종성을 이후로 습종성을 이전으로 한다. 다만 근기의
처지에 따라 설할 따름이다. 법이 본래 전후가 있다고 고정하여
보지 말라. 그 법에 전후가 없기 때문에 즉 선후에 잘 해당시킬
뿐이다. 이 때문에 모든 성교(聖敎)의 말씀은 전후가 정해져 있지
않다. 그러나 말과 같이 취하는 사람은 본유 앞에 법이 있다고 고
정적으로 보기 때문에 인연의 취지를 잃고 성인의 뜻을 어기는 것
이다. 그러므로 저 사람과 더불어 같지 않다.

123

問_ 潛用資成門中 經云 如來性起光明益邪見衆生 如日光益生盲衆生
不知 其邪見衆生大違理 云何得益乎 爲益[263]當時 爲後時耶

答_ 二時得益

문_ 잠용자성문(潛用資成門) 가운데서 경에서는 "여래의 성기광명(性
起光明)이 사견(邪見)을 가진 중생을 이익 되게 하는 것이 마치
햇빛이 중생을 이익 되게 하나 눈 먼 중생은 그것을 모르는 것과

---

263) 益=約

도 같다"고 말합니다. 그 사견을 가진 중생은 진리를 크게 어기고 있는데 어떻게 이익을 얻습니까? 그 당시에 이익을 얻는 것입니까? 후에 이익을 얻는 것입니까?

답_ 두 때에 모두 이익을 얻는다.

問_ 其後時益可知 當時益何也

610b 答_ 雖其邪見之性違理衆生 即其蒙性起慈故得受身心果報 其果報非性起慈 即無果報故 是即深慈一切衆生所不可知之慈也

문_ 후에 이익을 얻는다는 것은 이해할 수 있습니다만, 당시에 이익을 얻는다는 것은 어떤 것입니까?

답_ 비록 사견(邪見)의 성질로 도리를 위배한 중생이라도 곧 그 성기(性起)의 자애(慈愛)를 입기 때문에 몸과 마음의 과보를 얻게 된다. 그 과보는 성기의 자애가 아니면 곧 과보가 없기 때문이다. 이것은 바로 깊은 자애로 일체 중생이 알 수 없는 자애이다.

問_ 衆生苦果以衆生自惡心業所感 云何佛慈故所得乎

答_ 衆生諸苦但以如來藏佛作 無餘法能作衆生苦報故 經云 法種衆苦也

문_ 중생의 괴로운 과보는 중생 자신의 악한 마음의 업이 불러들인 것인데 어찌하여 부처의 자비 때문에 얻어진 것이라 합니까?

답_ 중생의 모든 괴로움은 단지 여래장불(如來藏佛)이 지은 것이니, 그 밖에 중생의 괴로운 과보를 지을 수 있는 것은 없다. 이 때문에 경에서는 "법이 중생의 괴로움을 심었다"고 말한 것이다.

問_ 此但一切衆生如來藏作 何爲慈乎

答_ 旣擧體如來藏作故 以其如來藏熏習[264] 故 方離苦得樂果故[265] 其慈甚深莫過於此

문_ 이것이 단지 일체중생의 여래장이 지은 것이라면 어찌 자애롭다고 할 수 있습니까?

답_ 이미 온전히 그대로 여래장이 지었기 때문이며, 그 여래장의 훈습(熏習)으로써 고(苦)를 떠나 낙과(樂果)를 얻기 때문이다. 그 자애의 깊고 깊음이 이보다 더한 것은 없다.

---

264) 熏=資
265) 故+(又卽苦見樂故)

問_ 益義可爾 然而其衆生受苦者²⁶⁶⁾何佛慈乎

答_ 若佛令不受苦者 其衆生不得厭苦求樂 要令受苦方得生厭苦心 以²⁶⁷⁾
此義故 得其衆生苦即佛慈故令受也 此言如來藏等 且約終敎等言
之 若一乘²⁶⁸⁾者 即性起之法作也²⁶⁹⁾

문_ 이익이 된다는 뜻은 그럴 수 있다 하더라도, 그러나 중생이 고통을
받는 것이 어떻게 부처의 자애가 됩니까?

답_ 만약 부처가 (중생으로 하여금) 고(苦)를 받게 하지 않는다면, 그
중생은 고를 싫어하고 낙(樂)을 구하는 일을 할 수 없다. 반드시
고를 받게 하여야 고를 싫어하는 마음을 낼 수 있는 것이다. 이러
한 뜻으로 인해 중생의 고는 곧 부처의 자비 때문에 받게 한 것이
라고 할 수 있다. 여기서 말하는 여래장(如來藏) 등은 종교(終敎)
등에 의거하여 말하는 것이고, 만약 일승(一乘)에 의거하면 성기
법(性起法)이 지은 것이 된다.

---

266) [者]-
267) [以]-
268) 乘+(義)
269) (而煩惱苦當相即道現五熱衆牌一王形虐等皆其義)+也

問_ 性起及緣起 此二言有何別耶

答_ 性起者即自是言[270]不從緣言[271]緣起者 此中入之近方便 謂法從緣
而起[272] 無自性故[273] 即其法[274]不起中令入解之 其性起者 即其法
性[275] 即無[276]起以爲性故 即其[277]以不起爲起

문_ 성기(性起)와 연기(緣起), 이 두 말에는 어떤 차이가 있습니까?

답_ 성기(性起)란 곧 자체이니 연을 따르지 않는 것을 말한다. 연기란
이[성기] 중에서 그것[자체]에 들어가는 가까운 방편이니, 이를테
면 법이 연(緣)을 따라 일어나지만[起], 자성이 없으므로, 곧 그
법이 일어나지 않는[不起] 가운데, 그것[법]을 해득(解得)하여 들
어가는 것이다. 그 성기란 곧 법성(法性)이요, 곧 일어남이 없음을
본성으로 하기 때문이다. 즉 일어나지 않음[不起]으로써 일어남
[起]을 삼는 것이다.

---

270) 自是言＝本具性
271) (有)＋言
272) 起＋(緣起)
273) 故＋(起本具性)
274) 其法＝其本法性
275) 性＋(一切性法)
276) (其)＋無
277) 其＋(法性皆)

129

問_ 若爾者即²⁷⁸⁾不起何故言爲起耶

答_ 言起者即其法性離分別 菩提心中現前在故云²⁷⁹⁾爲起 是即以不起
爲起 如其法本²⁸⁰⁾性故名起耳 非有起相之起

문_ 만약 그렇다면 곧 일어남이 아니라는 것인데, 무엇 때문에 일어난
다(起)고 말을 하는 것입니까?

답_ '일어난다'는 것은 곧 그 법성이 분별을 떠난 보리심 중에 나타나
있기 때문에 '일어난다'고 말하는 것이다. 이는 곧 '일어남이 아님
[不起]'을 가지고 일어남[起]으로 삼는 것이니, 그 법의 본성과 같
기 때문에 '일어난다'고 이름 할 뿐이지 일어나는 모습이 있는 것
은 아니다.

130

問_ 若爾要待離分別心方起者 爲²⁸¹⁾本不起別²⁸²⁾ 何即之以本不起爲起乎

答_ 雖待無分別心方²⁸³⁾起與本不起非²⁸⁴⁾別相 起²⁸⁵⁾與不起同無異故 無

---

278) (旣)+即
279) 云=以
280) 本+(具)
281) 爲=與
282) 別何=是別何故

增減故 是故經中 以虛空中鳥²⁸⁶⁾所行不所行 俱無別空爲²⁸⁷⁾喩說

문_ 만약 그렇다면, 분별을 떠난 마음을 의지해야 비로소 일어난다는 것은, '본래 일어남이 아니다'는 것과는 다른데, 어째서 '본래 일어남이 아님[本不起]'을 가지고 '일어남[起]'으로 삼습니까?

답_ 비록 분별이 없는 마음을 의지해서야 비로소 일어나지만 '본래 일어나지 않는 것'과 다른 모습은 아니다. '일어남'과 '일어나지 않음'은 같은 것으로서 다름이 없기 때문이며, 증감이 없기 때문이다. 이 때문에 경에서는 '허공 중에 새가 날아가는 것과 날아가지 않는 것은 모두 허공과 다름이 없다'는 것을 비유 삼아 설하고 있는 것이다.

131

問_ 雖虛空無異而行不行不同 何爲無異乎 若無異者不²⁸⁸⁾行處亦云行 行處亦不行耶²⁸⁹⁾

答_ 但以見鳥緣爲別耳 若不見其鳥緣卽冥無別 如是但見其菩提心 緣爲別耳 然而其論法²⁹⁰⁾何有別也²⁹¹⁾ 性²⁹²⁾起法其²⁹³⁾爾 可²⁹⁴⁾思也

---

283) 方＝分
284) (全)＋非
285) (性全現前)＋起
286) (飛)＋鳥
287) (而)＋爲
288) (名)＋不
289) 耶＝乎

문_ 비록 허공에는 다름이 없지만 (날아)가는 것과 가지 않음은 같지 않은 것인데, 어찌하여 다름이 없다고 하십니까? 만약 다름이 없다면, 가지 않은 곳도 갔다고 할 것이고, 간 곳도 가지 않았다고 할 것이 아닙니까?

답_ 다만 새라는 인연을 본다면 다르지만, 만약 그 새라는 인연을 보지 않는다면 곧 다름이 없다. 이와 같이 단지 그 보리심(菩提心)을 보는 연(緣)이 다르긴 해도 그 논하는 법에는 무슨 다름이 있겠는가. 성기법이 그러한 것임을 생각해 보면 알 수 있을 것이다.

問_ 若不見緣者何須其法中爲起不起耶

答_ 實爾 不見其緣即不²⁹⁵⁾論起不起 然而即²⁹⁶⁾其緣中即²⁹⁷⁾ 約離緣性²⁹⁸⁾論爲性起 皆斯隨機緣說 勿見其法中有如是起不起²⁹⁹⁾等相

문_ 만약 연(緣)을 보지 않는다면 무엇 때문에 반드시 법 가운데 일어

---

290) 法+(性)
291) 也=耶
292) (全性成法法法稱性其)+性
293) 其=法
294) (炳然)+可
295) (雖)+不
296) (不妨)+即
297) [即]－
298) 緣性=約緣
299) [不起]－

남과 일어나지 않음을 두어야 합니까?

답_ 참으로 그러하다. 그 연(緣)을 보지 않으면 곧 '일어남'과 '일어나지 않음'을 논하지 않는다. 그러나 그 연 가운데서 곧 '연을 떠난 본성'에 의거하여 '성기(性起)'를 논하는 것이다. 이것은 모두 기연(機緣)을 따라 설하는 것이니, 그 법 가운데 이러한 '일어남'이라든가 '일어나지 않음' 등의 모습이 있다고 보지는 말라.

問_ 若待無分別心方與本同無異起說者 何故經中以微塵經卷爲喩 顯示於衆生無明心中有自然智無師智等性起智乎

答_ 聖人能見衆生性起法 故如³⁰⁰是說有何妨也

문_ 만약 무분별심을 의지해야 근본과 같아서 다름없이 일어난다고 한다면 무엇 때문에 경전에서 미진(微塵)의 경권(經卷)으로 비유를 삼고 중생의 무명심에 자연지(自然智), 무사지(無師智) 등의 성기지(性起智)가 있다고 드러냅니까?

답_ 성인은 능히 중생의 성기법(性起法)을 보기 때문에 이와 같이 설하는 것이니 무슨 꺼릴 것이 있겠는가.

---

300) (作)+如

問_ 若衆生未得自性起智時中 先說有性起智者 此性起智即非緣起法耶

答_ 聖者即能見其衆生後起時即知本有 故其衆生雖不知自成時而得其
　　法 即緣起法也

문_ 만약 중생들이 자신의 성기지(性起智)를 얻지 못한 때에 먼저 성
　　기지가 있다는 것을 설한다면 이 성기지는 연기법이 아닙니까?

답_ 성인은 그 중생이 훗날 (보리심을) 일으킬 때에 본래 가지고 있음
　　을 알 것이라는 것을 본다. 그러므로 그 중생이 단지 스스로 이루
　　는 때를 알지 못하면서 그 법을 얻는다면, 즉 연기법이다.

問_ 經云 雪山樹芽等生時 閻浮提一切樹等皆同時芽等生 如是佛菩薩
　　樹芽等生一切菩薩芽等生者 其義云何

答_ 此義顯示本有新生不異 謂但一心中有故 新生菩提心等發時定由
　　本有菩提心等 無不由本有行德而有新生行德也

문_ 경에서, "설산(雪山)의 나무에 싹들이 생겨날 때 염부제(閻浮提)의
　　모든 나무들에도 동시에 싹이 생겨나듯이, 불과 보살의 나무에 싹

이 생겨날 때도 일체 보살의 싹도 생겨난다"고 말하는데, 그것은 어떤 것입니까?

답_ 이 뜻은 본유(本有)와 신생(新生)이 다르지 않음을 드러내 보여주는 것이다. 오직 일심(一心) 가운데 있는 것이기 때문에 신생보리심(新生菩提心)들이 생겨날 때는 반드시 본유보리심(本有菩提心)들에서 비롯하며, 본유행덕(本有行德)에 말미암지 않은 신생행덕(新生行德)이 있을 수 없다는 것을 말하는 것이다.

136

611a **問_** 此樹以何爲樹

答_ 以大緣起大樹

문_ 이 나무는 무엇으로 된 나무입니까?

답_ 대연기(大緣起)로 된 큰 나무이다.

137

問_ 先以大緣起樹者[301] 即一切衆生界盡攝[302] 若爾亦得一衆生發心時 一

---

301) [者] −
302) 攝=抄

切衆生發心等耶

答_ 旣緣起樹 豈不一切衆生卽一衆生 一衆生卽一切衆生 衆生旣爾 起
行豈不爾 然而此處中文顯者 但示本有新生同時並起義 本卽佛新
卽菩薩等

문_ 앞에서 말한 대연기수(大緣起樹)는 곧 일체 중생계를 모두 포섭하
는 것이니, 만약 그렇다면, 또한 한 중생이 발심(發心)할 때에 일
체 중생도 발심하는 것입니까?

답_ 이미 대연기수이니 어찌 일체 중생이 곧 한 중생이고 한 중생이 곧
일체 중생이 아니겠는가. 중생이 이미 그러한데 실천행을 일으킴
에 어찌 그렇지 않겠는가. 그러나 이 곳에서 경문이 나타내는 것은
단지 본유(本有)와 신생(新生)이 동시에 함께 생겨난다는 뜻을 보
이는 것이니, 본(本)은 곧 부처요 신(新)은 곧 보살들이다.

138

問_ 若大緣起樹者 而六道中通有 何故地獄二乘涅槃等中不生乎

答_ 約本[303]皆有[304] 然約行用故簡別也

문_ 만약 대연기(大緣起)의 나무라면 육도(六道) 가운데 두루 있을 것

---

303) 本＝實
304) 有＋(無不生芽)

인데 무엇 때문에 지옥과 이승(二乘)의 열반 등에서는 생겨나지
않습니까?

답_ 본체(本體)에 의거하면 모두 있는 것이나 행용(行用)에 의거하기
때문에 간별(簡別)하는 것이다.

139

問_ 若約行用者 二乘等有行用 何故不生乎

答_ 約行中有向背 故曰生不生 其樹中有何所爲也

문_ 만약 행용(行用)에 의거한다면, 이승(二乘) 등에도 행용이 있는데
어찌하여 생겨나지 않습니까?

답_ 행용에 의거함에는 향함[向]과 등짐[背]이 있기 때문에 '생겨남'과
'생겨나지 않음'을 말하는 것이다. 그 대연기의 나무 가운데서야
무슨 행함이 있겠는가.

140

問_ 云何向背耶

答_ 若能自³⁰⁵⁾知自性起法名爲向 不知自性起菩提名爲背 若約此義者

---

305) [自]-

但發無上菩提心乃³⁰⁶⁾名爲芽生　不發無上菩提心者　爲背不名芽生
地獄二乘涅槃等永不知自性起法　故不生芽　若人天等中　能如是知
者爲³⁰⁷⁾順　名生芽等　若不知者不生芽　又自雖不知而有果藥等　爲
二乘人等　不入時中行德等　可迴³⁰⁸⁾心也

문_ 무엇을 향함[向]과 등짐[背]이라고 합니까?

답_ 만약 능히 스스로 자신의 성기법(性起法)을 안다면 이것을 '향함
[向]'이라 부르고, 자신의 성기보리(性起菩提)를 모른다면 이것을
'등짐[背]'이라 부른다. 만약 이 뜻에 의거한다면 다만 무상보리심
(無上菩提心)을 발하기만 해도 '싹이 난다[芽生]'고 하고, 무상보
리심을 발하지 못하면 등지는 것[背]이 되기에 '싹이 난다'고 하지
않는다. 지옥과 이승(二乘)의 열반 등은 영원히 자신이 성기의 법
임을 모르기 때문에 싹을 내지 못한다. 사람이나 천신들 가운데
능히 이와 같이 아는 자는 따름[順]이 되니 '싹을 낸다[芽生]' 등으
로 부르고, 만약 이와 같이 알지 못하는 자는 싹을 내지 못한다.
또 스스로는 비록 알지 못할지라도 과약(果藥) 등이 있어서 이승
인(二乘人) 등을 위하여 들어오지 못했던 때의 행덕(行德) 등으로
회심(廻心)하게 할 수 있다.

---

306) 乃+(至)
307) (名)+爲
308) 迴=用

141

問_ 云何不迴而得爲性起果藥耶

答_ 雖自以不迴 而約其法不無性起之起故得也

문_ 회심하지 못하면서도 어떻게 성기(性起)의 과약(果藥)을 얻는다고 말합니까?

답_ 비록 스스로 회심하지 못하였지만 그 (성기)법에 의거해 볼 때는 성기(性起)의 일어남이 없다고 할 수 없기 때문에 '얻는다'고 말하는 것이다.

142

問_ 若爾一切惡業等及地獄等果皆爾 何故地獄等中無果也[309]

答_ 約實一切逆順法[310] 無不從[311]性起法 然而約善行相顯處 故作如是說 地獄等中不顯[312]行相故也

문_ 만약 그렇다면, 일체의 악업 등이나 지옥 등에도 모두 과(果)가 있

---

309) 也=耶
310) (染淨)+法
311) 從=全
312) (有)+顯

어야 할 것인데, 무엇 때문에 지옥 등에는 과가 없습니까?

답_ 진실에 의거한다면, 일체 역순(逆順)의 법이 성기법(性起法)을 따르지 않는 것이 없다. 그러나 착한 행상(行相)에 의거하여 드러내는 것이기 때문에 이와 같이 말하는 것이다. 지옥 등에서는 행상이 나타나지 않기 때문이다.

143

問_ 小相品文云 菩薩小相光明照地獄衆生 被光衆生從地獄出 以生兜率天得十眼等 乃至廣說 疏云 此文難解 謂釋迦菩薩光益一衆生 其一衆生亦益一切衆生 如是益盡窮後際等 其義云何

答_ 是顯菩薩光明力大 故至未來雖益[313] 且擧所化生展轉益[314] 以顯本光明力大義 所以者何[315] 其光即稱法光明 故如其法作不思議利益 是即一時至三世 望一一衆生每各各差別益 亦能利他 如是作不思議利益事也 此事不思議也

문_ 소상품(小相品)의 경문에서 '보살의 소상광명(小相光明)이 지옥중생을 비추는데, 빛을 받은 중생은 지옥으로부터 나와서 도솔천에 태어나 십안(十眼)을 얻는다'고 하였고, 자세한 설명이 있습니다. 소(疏)에서 '이 글은 난해하니, 석가 보살의 빛이 한 중생을 이익

---

313) 益+(一切)
314) (復)+益
315) [何]-

166 • 교감번역 화엄경문답

되게 하고, 그 한 중생이 또한 일체 중생을 이익 되게 하여 후제 (後際)에 이르기까지 이익을 다한다'고 하였습니다. 그 뜻은 어떠 합니까?

답_ 이것은 보살 광명력의 큼을 드러내었기 때문에 미래에 이르러 이 익 되게 하더라도 또한 교화 받는 중생이 더욱 이익 되는 것을 들 어 본래 광명력의 큰 뜻을 드러낸 것이다. 왜냐하면, 그 광명은 법 과 일치하는 광명이기 때문에 그 법처럼 부사의한 이익을 일으키 는 것, 이것은 일시에 삼세에 이르러 하나 하나의 중생을 보고 각 각의 차별적인 이익을 주는 것이니 역시 타인을 이익 되게 함이다. 이와 같이 부사의한 이익의 일을 일으키는 것이다. 이 일은 부사 의하다.

144

問_ 此但菩薩光明何故現佛智德乎

答_ 擧菩薩劣光明校顯佛小相身勝 擧小相顯大相勝耳

문_ 이것은 다만 보살의 광명일 뿐인데 무엇 때문에 부처님의 지덕(智 德)을 드러냅니까?

답_ 보살의 열등한 광명을 들어서 부처님의 소상신(小相身)의 수승함 을 비교하여 드러내었고 소상(小相)을 들어서 대상(大相)의 수승 함을 드러낸 것이다.

問_ 離世間品中 諸行法皆前諸位所行者 何故重說乎

答_ 約行實無異 然而前但說依位顯示普法 而未說其所顯示普法行者
行何等道品行 故今更寄起行之始會普光處 一乘菩薩所行二千道
品行說也

문_ 이세간품에서 '모든 행법은 앞의 제위(諸位)에서 행한 것'이라고
하였는데 무엇 때문에 다시 설합니까?

답_ 행에 의거하면 실제는 다름이 없다. 그러나 앞에서 다만 위(位)에
의거하여 보법을 드러내었을 뿐, 그 드러나 보인 보법행이 어떤
도품의 행을 행한 것인지는 아직 설하지 않았다. 그러므로 지금
행을 일으킨 처음에 보광처에 모인 일승 보살이 행한 이천도품(二
千道品)의 행을 설한 것이다.

問_ 前已說諸位地因果方便及性起道理 有何不及故更說

答_ 前來示現方便修成因果及此因果行德何[316]成以何來 然而未說得此
行以修行者如是行修之[317]儀則 故今方說 爲信解知法人修行如是
如是行耶[318]

---

316) (以)+何
317) 之＝修

문_ 앞에서 이미 모든 지위의 인과 방편과 성기 도리를 설하였는데 무슨 미치지 못한 것이 있어서 다시 설합니까?

답_ 앞에서부터 드러낸 방편과 닦아 이룬 인과 및 이 인과의 행덕은 무엇인가를 가지고 이루었고, 무언가를 가지고 왔지만, 아직 이 행을 얻어 수행하는 자가 이와 같이 행하고 닦아야 할 의칙(儀則)에 대해서는 설하지 않았다. 그러므로 믿고 이해하고 법을 아는 사람을 위해서 수행이 이와 같고 이와 같은 행이어야 한다고 지금 비로소 설한 것이다.

147

問_ 離世間中已說修因得果行相 何故祇林中更說得法門相乎

答_ 離世間中依所信行之法進修相說 然而未示依人修行得如是法之義 是故入法界品中 更示現依善知識人修得行相 以爲後人軌則也

문_ 이세간품(離世間品)에서 인(因)을 닦아 과(果)를 얻는 행상에 대해 설하였습니다. 무엇 때문에 기림에서 법문 얻는 모습을 다시 설하였습니까?

답_ 이세간품에서 믿고 행하는 법에 의거하여 수행에 나아가는 모습을 설하였다. 그러나 아직 사람의 수행에 의거하여 이와 같은 법의 뜻을 얻는 것에 대해서는 드러내지 않았다. 그러므로 입법계품에서

---

318) 耶=也

선지식에 의거하여 닦아 얻는 행상을 다시 드러내어 후인의 본보기가 되게 한 것이다.

148

問_ 此祇林佛成道第八年[319]中所造 又身子等諸弟子等 成道以後異國中出家入道人等 云何即此第二七日一時述例乎

611c **答_** 此皆依如來解脫無障礙九世十世等時 一切處一處一切時一時中說 在事述列不可說[320] 現漸教相列耶[321]

문_ 이 기림(祇林)은 부처님이 성도한 지 8년째에 만들었습니다. 또 사리불 등의 여러 제자들과 성도 이후에 다른 나라에서 출가하여 도에 들어온 사람들이 있습니다. 어떻게 제이칠일(第二七日)의 한 때에 있었던 일이라고 할 수 있습니까?

답_ 이것은 모두 여래가 해탈하여 구세(九世) 십세(十世)에 걸림 없는 때와 일체처(一切處)의 일처(一處)와 일체시(一切時)의 일시(一時)에 의거하여 현상에서 서술하는 예를 설한 것이니, 점교상(漸教相)의 예로 설할 수는 없는 것이다.

---

319) 年＝季
320) 列不可說＝例不可
321) 列耶＝引也

問_ 漸敎相中 舍利弗等法華會至[322] 方一乘入[323] 所入一乘卽是華嚴別
　　敎 旣入別敎者 何故此文中同在祇林 而如盲聾不見聞佛菩薩所現
　　之事

答_ 爲欲顯敎義深故 順前未入時及愚法說不分 約根欲熟有分故同在
　　會後聞法 此卽迴入一乘相

문_ 점교상(漸敎相)에서 사리불 등이 법화회(法華會)에 이르러 일승에
　　들어갔고, 일승에 들어간 것은 화엄별교(華嚴別敎)입니다. 이미
　　별교에 들어갔으면 무엇 때문에 이 경문에서 기림에 함께 있으면
　　서 장님과 귀머거리와 같이 불보살이 드러내는 일을 듣지도 보지
　　도 못한다고 하였습니까?

답_ 가르침의 뜻이 깊음을 드러내고자 하기 때문이다. 앞의 아직 들어
　　가지 못한 때와 법에 우매한 사람의 경우는 설하는 것을 구분하
　　지 못하지만, 근욕(根欲)이 익숙한 경우는 구분이 있으므로 함께
　　회상에 있은 후에 법을 듣고, 이에 곧 일승상(一乘相)에 돌아 들어
　　간다.

---

322) 法華會至=至法華會
323) 一乘入=入一乘

150

問_ 此處入一乘 聲聞等但愚法也[324] 爲有三乘中聲聞等耶

答_ 通有二敎二乘 若入一乘機熟 如來一代中皆在此會[325]

문_ 이곳에서 일승(一乘)에 들어간 성문(聲聞) 등은 우법입니까, 아니
면 삼승(三乘) 가운데의 성문 등에 있습니까?

답_ 이교(二敎)의 이승(二乘)에 공통된다. 만약 일승에 들어갈 근기가
성숙하면 여래의 일대(一代)가 모두 이 회상(會上)에 있다.

151

問_ 何故前餘[326]會不在乎

答_ 約相前諸會唯菩薩依位地說 菩薩因果故 爲顯不共相不在 今此會
爲顯入法界之心及入法界之人廣大無限故 得法成德之處故 通始
終迴也

문_ 무엇 때문에 앞의 나머지 모임에는 없습니까?

---

324) 也=耶
325) (分)+會
326) 餘=諸

답_ 상(相)의 입장에서 보면 앞의 모든 법회는 오직 보살만이 있으며, 위지에 의거하여 보살인과를 설하기 때문에, 함께 하지 않는 모습을 드러내는 것이다. 지금 이 회상에서는 법계에 들어가는 마음과 법계에 들어가는 사람이 광대 무한하므로 법을 얻어 덕을 이루는 곳임을 드러내는 것이다. 그러므로 처음과 끝의 회심에 공통된다.

152

問_ 此顯不共中 但二乘乃不共耶 三乘大乘菩薩等爲不共耶

答_ 若約未入一乘之義者 皆得爲不共 且[327] 從下說二乘耳

문_ 이것은 함께 하지 않는 가운데 다만 이승(二乘)이 함께 하지 않음을 드러낸 것입니까? 삼승 대승의 보살 등이 함께 하지 않는 것입니까?

답_ 만약 아직 일승에 들어가지 않은 뜻에 의거한다면 모두 함께 하지 않는 것이고, 아래의 설에 따르면 이승뿐이다.

153

問_ 此會入法界人幾有品類乎

---

327) 且=但

答_ 雖無限而且約文顯者有二類 謂會初中由佛入奮迅定故 所現之法
界行德 見諸菩薩及天王等即入法界 得不思議法等爲一類 此即臨
證之際至[328]人等也 由此菩薩等類入佛法即與佛等 以得法故 後文
殊等諸知識以所得之法 下攝機緣令入法界故 身子等及善財等人
彼[329]攝 入法界人等爲第二類也

문_ 이 회(會)에서 법계(法界)에 들어간 사람은 어느 정도의 품류(品
類)가 있습니까?

답_ 비록 한계가 없지만 우선 경문에서 드러난 것에 의거하면 두 가
지 부류가 있다. 말하자면, 회상의 처음에 부처님이 분신정(奮迅
定)에 들어감으로 인해 나타난 법계의 행덕을 모든 보살과 천왕
등이 곧바로 법계에 들어가 부사의법(不思議法)등을 얻어서 보는
것이 한 부류이다. 이것은 증득에 거의 도달한 사람들이다. 이 보
살 등의 부류는 불법에 들어가서 부처님과 같아져 법을 얻기 때문
에 나중에 문수보살 등 여러 선지식이 얻은 법으로써 아래로 기연
(機緣)을 섭수하여 법계에 들어가도록 한다. 그러므로 사리불 등
과 선재(善材) 등 포섭되어 법계에 들어간 사람 등이 두 번째 부류
이다.

---

328) 臨證之際至＝至臨證之際
329) 彼＝被

問_ 善財值知識時所聞法門皆如聞得證耶 聞以後修行方得耶

答_ 隨所聞法聞[330]即得證也

문_ 선재가 선지식을 만났을 때 들은 법문은 모두 듣는 대로 증득하는 것입니까? 듣고 난 후 수행해야 증득하는 것입니까?

답_ 듣는 법문에 따라 곧바로 증득할 수 있다.

問_ 若爾旣得法門 因緣得益[331]中明過去無量劫中值諸佛 聞法供養等 諸行修[332]方得此法門 善財今方但聞所說法門耳 非修行無量劫行 云何得乎

答_ 已得此法門即入法性 入法性即自他無二 三世無前後故 善知識所 得因果 自利利他法門 即是善財自行成故 隨所得法門其因果前後 之法 皆自無不行得法 不[333]移一時而即成無量劫 隨所聞法門無量 劫中修行以得 豈不修有得果之義乎

---

330) 聞=門
331) 益=答
332) 諸行修=修諸行
333) (以此行因體依果成故)+不

문_ 만약 그렇다면, 이미 법문을 얻어서 인연이 이익을 얻는 중에 과거 무량겁에 만난 모든 부처님의 법을 듣고 공양하는 등의 모든 행을 닦아서 비로소 이 법문을 얻는다고 밝힌 것입니다. 선재는 지금 비로소 오직 설하는 법문을 들었을 뿐이고, 무량겁의 행을 수행하지 않았습니다. 어떻게 얻을 수 있습니까?

답_ 이미 이 법문을 얻으면 곧 법성(法性)에 들어가니, 법성에 들어가면 곧 자타(自他)가 둘이 아니고, 삼세(三世)는 전과 후가 없기 때문이다. 선지식(善知識)이 얻은 인과는 자리이타(自利利他)의 법문이니 곧 이는 선재가 스스로 행을 이루었기 때문이다. 법문을 얻은 바에 따라 그 인과(因果) 전후(前後)의 법이 다 스스로가 행하여 얻은 법 아님이 없다. 한 때도 움직이지 않으나 곧 무량겁을 이루어 법문을 들은 바에 따라 무량겁 가운데 수행하여 얻는다. 어찌 닦지 않고 과(果)의 뜻을 얻을 수 있겠는가.

問_ 若隨所値知識同因行發心時節者 諸知識聞法皆[334]可齊同 何故諸知識發心 値佛修行時節 皆不同耶

答_ 欲顯法不同故 如是示現耳 諸不同皆由同方不同耳 准可思也

문_ 만약 만나는 선지식에 따라 인행(因行)을 발심하는 시절이 같다면

---

334) [皆]-

모든 선지식이 법을 듣고 모두 같아져야 할 텐데, 무엇 때문에 모든 선지식들이 발심하여 부처님을 만나 수행하는 때는 다 같지 않는 것입니까?

답_ 법이 같지 않음을 나타내기 위해서 이와 같이 나타낸 것뿐이다. 모두 같지 않은 것은 모두가 같은 곳에 있지 않기 때문이니, 이에 준해서 생각해 보면 알 수 있을 것이다.

157

問_ 鈔又[335]云 初菩提心法門中 得信法門逕十千劫成佛者 行佛非位佛
瓔珞經十信行中[336]非位中[337]等者　此約一乘行佛成時節逕十千耶
爲三乘行佛成時節耶

答_ 諸三乘敎中 十千劫中十信行滿更示現一乘行佛滿之處耳 非三乘
滿佛 亦非一乘行滿佛[338] 但十千劫不動此十千劫 不可說不可說劫
方行佛滿成 如是八萬劫等 乃至一劫二劫到等之義例可知思[339]也

문_ 『초(鈔)』에서 또 "처음 보리심 법문 가운데에서 믿음의 법문을 얻고 만 겁을 지나 성불한 자는 행불(行佛)이지 위불(位佛)이 아니다"라고 하였고, 『영락경(瓔珞經)』에서는 십신은 행(行)이지 위(位)

---

335) 又＝文
336) 中＝十
337) 中＝十
338) 滿佛＝佛滿
339) 知思＝思知

가 아니라고 하였습니다. 이것은 일승행에 의거하여 성불했을 때만 겁을 지난 것입니까? 삼승행으로 성불했을 때입니까?

답_ 모든 삼승의 가르침에서 말하는 '만 겁 동안 십신의 행만'은 곧 일승 행불의 충만한 경지를 드러낼 뿐이다. 삼승의 만불(滿佛)이 아니면 역시 일승행의 만불(滿佛)도 아니다. 다만 만 겁은 이 만 겁을 움직이지 않으며 설할 수 없고 설할 수 없는 겁이 되어야 비로소 행불을 가득 채울 수 있을 것이다. 이와 같이 팔만 겁 등 내지 일 겁, 이 겁에 이르는 의미를 생각해 보면 알 수 있을 것이다.

問[340]_ 又孔目云 華嚴經中成佛有五中 實莊嚴童子等二[341]人現身成佛等 云何知其相

612b **答_** 實莊嚴童子卽現身中 値佛聞法得信解自分勝進位諸三昧門等[342] 卽知成信滿佛等 又兜率天子等旣現身中卽得離垢三昧少分 速[343]諸功德等 故知現身成佛 善財童子旣現身至普賢菩薩知識 而彌勒知識言 當來我成佛時 汝見我 故知後生中成佛 此等且約文相 據見聞等三位爲三生 故作如是說耳 約實共皆同[344] 但以一身中成佛 言一身者 法性身無別分段等身 若隨緣現成佛卽同三乘敎所說也 約一

---

340) 저본과 대조본에 '問'이라는 글자가 없지만 의미상 삽입하였음.
341) 二=三 내용상 의미상 '三'이 되어야 한다.
342) (沒於果海)+等
343) 速=過
344) 同+(見等三生只在一念)

乘教實法念念成佛等 如前說也

문_ 또 『공목장(孔目章)』에서 말하기를, "『화엄경』의 성불에는 다섯 가지가 있는데, 보장엄동자(寶莊嚴童子) 등 세 사람은 현재의 몸으로 성불하였다라고 하였는데, 어떻게 그 모습을 알 수 있습니까?

답_ 보장엄동자(寶莊嚴童子)는 현재의 몸으로 부처님을 만나 법문을 듣고 자분승진위(自分勝進位)의 모든 삼매문(三昧門) 등에 대해 신해(信解)를 얻어 곧 신만불(信滿佛) 등을 이루었음을 아는 것이다. 또 도솔천자(兜率天子) 등도 이미 현재의 몸으로 이구삼매(離垢三昧)의 소분을 곧 얻었으니 모든 공덕 등을 신속하게 얻어 현재의 몸으로 부처를 이룸을 알 수 있다. 선재동자도 이미 현재의 몸으로 보현지식에게 이르자 미륵지식이 말하기를 "당래에 내가 성불할 때에 네가 나를 보리라." 하였기 때문에 뒤의 생에서 성불하는 뜻 등을 아는 것이다. 이와 같은 것은 또 문자의 양상에 의거한 것으로 견문 삼위(三位)에 의거하면 삼생(三生)이 되기 때문에 이와 같이 말하였을 뿐이다. 실제에 의거하면 모두 동등하여 다만, 일신(一身)가운데 부처를 이루는 것이다. 일신(一身)이라는 것은 법성신(法性身)이지 따로 분단(分段) 등의 몸은 없다. 가령 인연을 따라 성불함을 나타내는 것은 삼승교에서 설하는 것이다. 일승교의 실법에 의거하면 찰나찰나(念念)마다 성불하는 것이니, 앞에서 설한 것과 같다.

159

問_ 大解大行等八大人等 所行之行法甚極微細 而樂世有趣闡提道 墮
無盡阿鼻地獄等者 其義云何

答_ 此人等從未入種性等下 至世間毛里³⁴⁵⁾ 無正善人等列³⁴⁶⁾ 即第三階
人 其行雖極細而有樂世之病 故不得出世正善根也

문_ 대해(大解) 대행(大行) 등의 팔대인(八大人) 등이 행한 행법이 지
극히 미세하지만 세간을 즐거워 하여 천제도의 길로 나아가서 끝
없는 아비지옥에 떨어졌다는 그 뜻은 어떤 것입니까?

답_ 이 사람들은 종성(種性)에 아직 들어가지 못한 자로부터 아래로 세
간의 모리(毛里)인 올바른 선이 없는 사람 등에 이르기까지 제3계
(階)의 사람이다. 그 행이 비록 지극히 미세하지만 세간을 좋아하는
병이 있기 때문에 출세간의 바른 선근(善根)을 얻지 못하는 것이다.

160

問_ 何等樂世有之病乎

答_ 此病有麁細 麁可知 細者設聞甚深敎法及師語極細理 以自分別心

---

345) 里=黑
346) 列=例

尋伺觀察 卽計佛法如是 卽見法分齊 自心卽住於其見聞處故 不得
思修慧 及障出世無分別智故 名爲樂世有 此卽墮隨聲取義五過故
不能進修 無正信解故

문_ 어떤 것이 세간을 좋아하는 병입니까?

답_ 이 병에는 거친 것과 미세한 것이 있다. 거친 것은 알 수 있을 것
이다. 미세한 것은 깊고 깊은 교법과 스승의 지극히 미세한 이치
의 말씀을 듣고 자신의 분별심으로 심사(尋伺)하여 관찰하면서 불
법을 계탁하는 것이다. 이와 같이 법의 영역을 분별하여 자신의
마음이 곧 그 보고 듣는 곳에 머무르게 되기 때문에 사혜(思慧)와
수혜(修慧)를 얻지 못하고 출세간의 무분별지(無分別智)를 얻는
데 장애가 된다. 그래서 세유(世有)를 좋아한다고 이름 하는 것이
다. 이는 곧 성(聲)를 따라 뜻(意)을 취하는 다섯 가지 과실(過失)
에 떨어지기 때문에 정진 수행할 수 없다. 바른 신해(信解)가 없기
때문이다.

161

問_ 若爾何等人離此過乎

答_ 若自心以不能計處中至者仰推於佛 不自爲己心之[347]分 唯佛所知
非我境界 如是人乃深信佛智慧者也

---

347) 之＝主

문_ 그렇다면 어떤 사람이 이러한 허물을 떠났다고 할 수 있습니까?

답_ 만약 스스로의 마음이 능히 계탁함에 곳에 이르지 않은 자는, 부처님에 대해서 스스로 자기 마음의 영역이 아님을 우러러 미룬다. 오직 부처님만이 아는 것이요 내가 알 수 있는 경계가 아니게 되니, 이러한 사람이 바로 부처님의 지혜를 깊이 믿는 자이다.

162

問_ 何等深理聞³⁴⁸⁾乎

答³⁴⁹⁾_ 一切言皆同乃至一切法皆無住無我之言聞³⁵⁰⁾ 如聞取不得不聞故
即迷其無住之理

문_ 어떤 것들이 깊은 이치를 듣는 것입니까?

답_ 일체의 말은 모두 같고, 일체의 법은 모두 무주무아(無住無我)의 말이라고 듣는 것이다. 만약 듣는 것에 집착하면, 얻지 못하고, 듣지 못하기 때문에 그 무주의 이치에 미혹한 것이 된다.

---

348) 深理聞=聞深理
349) 答+(聞)
350) [聞]-

問_ 旣聞無住言 能信解無住理豈迷乎

答_ 便解 若聞無住言 其心見爲無住理者 卽是但自心作無住耳 非佛所
言之無住理 所以者何 以自心不得無分別智故 何能見彼無住之理
乎 若不見而爲見者 豈爲正信乎 自中不正信 而亦爲他傳說者 卽
亦誑他 又未得證見佛境 而言佛如是說者 卽謗佛 又不見佛境界爲
見 卽增上慢故退勇猛精進 又如是人若値其所見違[351]者 卽起盡[352]
瞋恚 造諸惡業故 卽趣闡提道 不應不愼 行人大要

문_ 이미 머무는 것이 없다는 말을 듣고 무주(無住)의 이치를 능히 믿
고 이해할 수 있게 되었는데, 어찌하여 미혹하다는 것입니까?

답_ 더욱더 이해해야 한다. 만약 무주라는 말씀을 듣고 그 마음으로 무
주의 이치를 보는 것은 이것은 단지 자기 마음으로 지어낸 무주일
뿐이고, 부처님이 말한 머무는 것이 없는 도리는 아니다. 왜 그런
가? 자기 마음으로 무분별지(無分別智)를 얻지 못했기 때문이니,
어떻게 저 머무는 것이 없음의 도리를 볼 수 있겠는가? 만약 보지
못했으면서도 보았다고 한다면 어찌 바른 믿음이겠는가? 자기 안
에 바른 믿음이 없으면서도 다른 사람에게 설법해서 전한다면 이
는 남을 속이는 일이다.

---

351) 其所見違＝違其所見
352) 起盡＝盡起

또 아직 부처의 경지를 증득하지 못했으면서도 부처는 이렇게 설하였다고 하면서 말하는 것은 부처를 비방하는 일이다. 또한 부처의 경지를 보지 못했으면서도 보았다고 하는 것은 법을 얻지 못했으면서도 얻었다고 하는 증상만(增上慢)이기 때문에 용맹정진에서 물러나게 된다. 그리고 이와 같은 사람이 만일 자기와 소견을 달리하는 사람을 만나면 곧 있는 대로 성을 내어 갖가지 악업을 짓기 때문에 천제도(闡提道)로 들어가게 된다. 삼가지 않아서는 안 되는 것이니, 수행인의 대요(大要)이다.

164

問_ 若爾云何見彼理乎

答_ 旣聞無分別之理 但以無分別智乃證者 念念修無分別智方便可 ³⁵³⁾ 無餘事也

문_ 그렇다면, 어떻게 그 도리를 봅니까?

답_ 이미 무분별(無分別)의 도리를 듣고 다만 무분별지로서 곧 증득한다는 것은, 찰나찰나에 무분별지의 방편을 닦는 것 이외에 다른 방법이 없다.

---

353) 可=耳

問_ 云何正信佛言乎

答_ 須解佛言緣處中言耳 非謂其法如所言法故如是言也 若能如是解
無定見處者 即爲欲所信解 不解之處得證知 故速速修無分別智 聖
意蓋[354]其如是令進修乎 上來所作之諸文義 皆如是解 莫如言取解也

문_ 어떻게 해야 부처님의 말씀을 바르게 믿습니까?

답_ 부처님이 말씀이 인연처의 말씀임을 이해해야만 한다. 그 법이 말
한 바의 법과 같기 때문에 이와 같이 말하는 것이 아니다. 만일 이
와 같이 이해할 수 있어서 견해가 어디에도 고정되지 않는다면 곧
믿는 바를 이해하고 이해되지 않던 것에 대해 증지(證知)를 얻고
자 하게 된다. 그러므로 무분별지를 속히 닦아야 한다. 성인의 뜻
이 어찌 이처럼 닦는 데로 나아가게 하는 것이 아니겠는가? 앞에
나온 모든 문장의 뜻은 모두 이와 같이 이해해야 하니, 말 그대로
집착하여 이해해서는 안 된다.

華嚴經問答下卷
先師自筆依爲形見結構表紙外題申入於東南院家訖
末學僧信玄

---

354) 蓋=盍

『추동기』와 그 이본『화엄경문답』,
성립과 유통의 내력

華嚴經問答의 諸問題

이시이 코세이(石井公成)*

1. 머리말

法藏(643~712)의 撰이라고 하는 『華嚴經問答』 2권은 性起나 緣起 문제에 대하여 다른 예를 찾을 수 없을 정도로 깊은 고찰을 가하고 있다. 이 때문에 이 책은 일본의 華嚴宗에서 극히 중요시되어 왔다. 현대의 연구자도 性起에 대하여 논할 때에는 이 책의 기록을 참조하는 것이 상례이다. 그러나 이 책에 대해서는 平安時代부터 위작설이 있었는데,[1] 아직까지 해결을 보지 못하였을 뿐만 아니라, 게다가 최근에는 吉津宜英氏에 의하여 신라 성립의 가능성도 示唆되어 있다.[2] 吉津氏의 견해는 타당한 것으로 생각되지만, 氏는 추측으로 기술한 것에 그치고 있기에, 여기서는 『화엄경문답』의 성립 사정을 분명히 하는 동시에 이 책의 의의와 이 책이 끼친 영향에 대해 생각해 보고자 한다.

---

* 駒澤大学 教授

1) 眞僞를 둘러싼 論爭에 대해서는 鎌田茂雄의 「法藏撰華嚴經問答에 대하여」(『印佛研』 第 七卷 第二號, 1959.3.)가 槪說하고 있다.

2) 吉津宜英 「緣起와 性起」(『東洋學術研究』 第22卷 第2號, 1983. 11.) 61쪽, 同 「舊來成佛에 대하여 ─ 性起思想研究의 一視點」(『印佛研』 第32卷 第1號, 1983. 12.) 243쪽

II. 僞作說에 관한 문제

현존하는 문헌 중에서 僞作說을 처음으로 소개한 것은 平安中期의 작으로 法相敎學을 비판하고 一乘說을 강조한 增春의 『一乘義私記』[3]이다. 이 책은 天曆年中(947~957)에 성립되었지만, 增春은 『五敎章』의 權實差別條가 三乘에 대해서는 「自位의 究竟處에 도달하였기 때문에, 후에 모두 別敎一乘에 진입하였다」[4]라고 기술한 점을 문제 삼아, 이것은 三乘을 수행하고 있는 중에 一乘의 根機가 성숙한 단계에서 別敎一乘에 轉入한다고 설파하는 것이라 하고, 「三乘敎에 의해 三乘의 佛을 이룬 사람이 다시금 別敎에 廻入하여 一乘의 佛을 이룬다고 말하는 것은 아니다」라고 단언하고 있다. 그리고 「왜 香象問答에 三乘의 極은 佛이 된다고 하고 다시 一乘에 든다고 말하는가」라고 自問하고, 『화엄경문답』의 문장을 인용하고 있다. 『화엄경문답』을 『향상문답』이라고 칭하는 것은 신라 見登의 『一乘成佛妙義』에 의한 것이겠지만, 增春은 『화엄경문답』은 「五敎師」의 저작이 아니라고 하는 「古德」의 설을 인용한 후, 法藏의 작이지만 「文을 破하여 意로서 읽어야 한다」고 하는 古德의 설을 소개하여, 어떻게 풀이하여야 할 것인가에 대해서는 다음과 같은 해석을 보여주고 있다.

> 三乘菩薩 起一乘行解 悟三乘敎權 往至乎佛果位 而廻入別敎一乘云事也 非謂依三乘敎成佛人 更亦廻入別敎一乘成佛也 (大正72·35上)

---

3) 高原淳尙 「增春 『一乘義私記』의 華嚴學에 대하여」(『印佛硏』第38卷 第2號. 1990. 3.) pp.37-39.
4) 『五敎章』卷1. 大正45·477中.

즉, 三乘菩薩은 三乘의 佛果에 도달하고 나서 別敎一乘에 廻入한 다고는 하나, 그것은 「一乘의 行解를 일으키고」서 成佛한다고 보는 것이며, 『화엄경문답』을 위작이라고 하는 자나, 앞에서처럼 의미를 달리 읽어 사용하는 자나, 三乘敎에 의한 성불을 인정하지 않고, 성불은 一乘敎에 의해서만 가능하다고 하는 점에서는 일치하고 있는 것이다. 增春은 후자의 설에 대해서 더욱 상세히 설명을 가하고 있기 때문에, 후자의 설을 따르고 있는 것으로 본다.

다음에 凝然(1240~1321)은 『五敎章通路記』 권6에서 『화엄경문답』의 앞부분을 인용하고,

> 此問答二卷題下云法藏撰 然文言卑拙 句逗雜亂 不似賢首常途章疏文 言句逗 賢首大師所製文章 簡而又要 精而又美 隨讀得意 隨解領旨 …… 今此問答 與彼相反 俚而又野 難言粗文 (大正72·333下)

라 한 것처럼, 문장이 졸렬하여 法藏의 것이라고는 생각되지 않는다고 서술하고 있다. 그리고 법장의 설을 제자가 정리하였을 것으로 생각할 수 없는 것도 아니지만, 宏觀·文超·智光·宗一·慧英·慧花 등의 제자는 모두 법장처럼 뛰어난 문장을 쓴다고 하면서, 「혹은 후인이 이를 짓고, 이름을 宗家에서 借用한 것일까」하고 의문을 던진다. 그러나 凝然은 앞에 인용한 글 직후에 增春의 『一乘義私記』 등을 언급하여, 『화엄경문답』에는 「要妙」한 점이 있기 때문에 古德들은 예로부터 「和會」하여 사용하였다고 말하고, 스스로도 그러한 예에 따른다고 하였다.[5] 즉, 增春이 제시한 兩說 중 후자의 설을 취한다는 것이다. 『화엄

---

5) 『五敎章通路記』 卷6, 大正72·334上.

경문답』을 많이 사용한 明惠(1173~1232)나 湛睿(1271~1346) 등은 이러한 문제가 있었음을 몰랐을 리가 없지만, 위작설은 언급하지 않은 듯하다.

이에 대하여 江戸末期의 학승 芳英(1764~1828)은 『探玄記南紀錄』 권1에서 위작설을 정면으로 비판하였다. 『화엄경문답』의 문장이 다듬어지지 않은 것은 법장의 저작 중에서 가장 초기에 쓰여졌기 때문이라는 것이 芳英의 주장이다.[6] 芳英의 설에 착목한 鎌田茂雄氏는 인용서, 용어, 筆格의 세 가지에 대한 검토를 가하여 『화엄경문답』은 거의 智儼의 사상에 근거하고 있기에 芳英이 설한 것처럼 법장의 초기작이라고 보는 것이 타당하다고 말한다. 다만 가마타씨는 「그렇지만 연구가 더욱 진행된 날에는 위작설의 결정적인 논증도 이루어질지 모른다」[7]고 하여 단정을 피하고 있다. 한편, 진찬을 의심하는 吉津宜英氏는 이 책은 智儼의 영향 하에 신라에서 편집된 것이며, 법장 찬이라고 한 것은 편집할 때에 법장의 저작도 참작했었기 때문일 것이라고 추정하고 있다.[8] 위작설과 진찬설의 대요는 이상과 같다. 이하 문체와 사상 문제에 대하여 고찰하고자 한다.

Ⅲ. 문체의 문제점

먼저 문체에 대해서는 凝然도 말하고 있는 바와 같이, 매우 조잡한 것이며 중국 학승의 문장이라고는 도저히 생각되지 않는다. 凝然이 법

---

6) 『探玄記南紀錄』 卷1, 日藏(華嚴部章疏)・1550上.

7) 鎌田, 注1前揭論文, 641쪽.

8) 吉津, 注2前揭論文, 「舊來成佛에 대하여」, 243쪽. 法藏의 著作에 대해서는 明白한 引用은 보이지 않음.

장의 제자들의 문장과도 닮지 않았다고 한 것은 신라 또는 일본에서 성립된 것을 시사한 것은 아닐까. 『화엄경문답』의 문체에는 소위 일본 사람이 지은 것 같은 느낌이 느껴지는 것이다. 예를 들면 스스로의 當果인 未來佛이 현재의 자신을 교화하는 것이니까 他佛이 아니라 自體佛을 拜하라고 설하는 특색 있는 설(이하 拜自體佛說이라고 칭한다)에 대해서는 이렇게 서술하고 있다.

　　問 自未來佛還化自現在者 以何文知乎 答 瓔珞經中第八地菩薩云 自見己身當果 諸佛摩頂說法故 已其說灼然 可知 又旣諸經經每云 三世佛拜故諸罪業滅 未來諸佛者何爲乎也 問 此他已成佛拜 何爲自未成佛乎 答 拜他佛之義非無 而遠疎非近親 所以者何 汎諸佛爲衆生說佛德 意爲欲令衆生自亦得彼果故令修行 是故衆生證自當來所得之果德 爲欲得彼故不惜身命修行 非爲得他佛果故修行 是故正今吾令發心修行佛 但吾當果 已成佛 非他佛也 此義不疑怪也 …… 又此吾性佛者 卽於一切法界有情無情中全全卽在 無非一物吾體佛故 若能拜自體佛者 無物不所拜 此亦甚大要也 (大正45·604下-605上)

위 문장은 분명히 純然한 文言은 아니다. 강의의 필기를 상기시키지만, 그렇다고 해도 한문으로서는 특이한 형식이라고 말하지 않을 수 없다. 처음 질문 중에 「三世佛拜故」에 대해서는 문맥으로 보아 「三世佛을 拜하는 故로」로밖에 읽지 않을 수가 없다. 또 끝 부분의 「正今吾令發心修行佛」이라고 하는 것은, 「참으로 지금 우리로 하여금 發心修行하게 하는 佛」, 혹은 「참으로 지금의 나로 하여금 發心修行하게 하는 佛」의 의미일 것이다. 바로 뒤에 「平等無差別果德 皆化令吾令修行」이라고 한 것을 보아 여기에서는 「지금의 나를」이라고 읽게 하려고

하는 것 같지만, 어떻든 어느 것이나 破格的인 어법이며, 使役文으로
한다면 「令我發心修行」이라는 형태이어야 할 것이다. 현행본에서는
꽤 문자의 난잡함이 보여지지만, 이러한 예는 다른 데서도 많이 보여
지기에,[9] 단순한 寫誤에 의한 것이라고 생각하기 어렵다. 『화엄경문답』
은 정규 한문에 익숙하지 못한 인물에 의해서 쓰여졌다.

이 추측을 뒷받침하는 유력한 자료가 『法界圖記叢髓錄』 卷上之一
에 보인다. 이 책은 신라 화엄종의 시조 義湘(625-702)의 『一乘法界
圖』에 대한 여러 주석을 집성한 것인데, 華嚴의 十佛에 관한 주석 부
분에 다음과 같은 내용이 있다.

> 錐穴問答云 問 自未來佛還化自現在者 以何文知乎 答 瓔珞經第八地
> 菩薩云 自見己身當果 諸佛摩頂說法故 則聖說炳然 可知 又旣諸經云 三
> 世諸佛拜啓故諸罪業滅 未來諸佛者何乎 問 此他已成佛拜義 何爲自未成
> 佛乎 答 拜他佛之義非無而遠疎 所以者 汎諸佛爲衆生說法佛德 意爲欲衆
> 生自亦得彼果故令修行 是故衆生望自當來所得之果德 爲欲得彼不惜身命
> 修行 不爲得他佛果故修行 是故正令吾發心修行佛 但吾當果已成佛 非他
> 佛也 此義不疑怪也 …… 又此吾佛 於一切法界有情無情中 全全卽作在
> 無一物非吾體佛故 若能拜自體佛者 無物不所拜 此甚大要 (大正45·759
> 上-中)

즉 『錐穴問答』에는 『화엄경문답』의 문제된 부분과 거의 같은 文章
이 보인다. 「正今吾令發心修行佛」을 「正令吾發心修行佛」로 쓰고 「無
非一物吾體佛故」를 「無一物非吾體佛故」라고 쓰는 등, 『錐穴問答』쪽

---

9) 예컨대, 卷下末尾의 「云何正信佛言乎」(612下) 등은 『바르게 佛을 믿는다』란 어떤 존재방법을 말하는가』의
뜻이지만, 이것들은 일본의 變體漢文의 語順과 같다.

이 어느 정도 문장이 정리되어 있지만 일본의 變體漢文을 느끼게 하는 파격한문이라는 것은 양자 모두 다름없다.

그런데 이『추혈문답』이라는 책은 의상의 고제인 지통이 의상의 말을 기록한 것이며,『義天錄』에서는『要義問答』이라고 불리고도 있으나,[10] 흥미로운 것은『의천록』에서는 의상의 말씀을 제자가 기록에만 그친 이 저작에 대해 다음과 같은 비판을 가하고 있는 것이다.

> 但當時集者 未善文體 遂致章句鄙野 雜以方言 或是大敎監觸 務在隨機耳 將來君子 宜加潤色 (大正55·1167中)

결국, 당시 편집을 담당한 자는 한문에 익숙하지 못했기 때문에 문장이 품위가 없고 천할 뿐만 아니라 신라의 「방언」이 섞여 있다고 하는 것이다.『추혈문답』이상으로 口語的인『화엄경문답』에는 앞의 비판이 한층 더 적합할 것이다. 주지하는 바와 같이, 한국어의 어법은 일본어의 어법과 극히 유사하다. 신라의 방언을 섞어 쓰여진 한문이라면 우리가 일본사람이 지은 것 같은 느낌을 느꼈다고 하더라도 이상할 것은 없다.[11]『화엄경문답』은『추혈문답』과 깊은 관계가 있다고 보는 것이 자연스러울 것이다.

그러나『화엄경문답』과『추혈문답』을 단순한 異本이라고 생각할 수는 없다.『추혈문답』즉,『지통기』는 현존하지 않고,『법계도기총수록』이나 고려 均如 저작 중에 인용될 뿐으로, 그러한 逸文은 극히 일부를 제외하고는『화엄경문답』과 일치하고 있지 않다.

---

10)『義天錄』卷1, 大正55·1167中.

11) 이런 例는 講義의 筆錄을 漢文으로 고친 均如의 著作에서 다수 보이지만, 金知見氏는 均如의 著作은 「吏讀文의 助詞 등을 그대로 사용하고 있는 부분도 적지 않다」고 指摘하고 있다.(金知見, 「均如大師華嚴學全書解題」, 後樂, 서울, 1977, 25쪽)

한편 『추혈문답』처럼 의상의 제자인 道身이 스승과의 문답을 기록한 『道身章』에도 조금 『화엄경문답』과 공통되는 부분이 보인다.

> 道身章云, 一乘緣起法 非情所及 雖非情及而不遠求 反情卽是 問 反情方便如何 答 方便無量 而其要者 隨所見處 不著心爲是 隨所聞法 不取如文 (大正45·753下)

이에 대하여, 『화엄경문답』에서는 다음과 같이 말하고 있다.

> 一乘緣起之法 非計情所及 雖非情所及 而不遠求 反情卽是也 …… 方便無量 而其要言之 隨所見處 卽不著心爲是 隨所聞之法不取如聞 卽能解其所由 又解法實性也 (大正45·609上)

즉 완전히 같은 내용이며, 게다가 『화엄경문답』 쪽이 문답의 리듬을 남기고 있는 것은 분명할 것이다.

이상과 같이, 『화엄경문답』 중에는 의상의 제자들의 필록과 거의 같은 문구가 보인다. 여기서 주의할 것은, 의상의 강설을 기록한 것은 지통과 도신 두 사람에게만 국한되지 않는다는 점일 것이다. 『송고승전』 권4의 唐新羅國義湘傳에서는, 많은 제자들이 각기 의상의 설을 마무리하여 책을 지었다는 사실을 전하고 있다. 그것들은 『도신장』처럼 필기한 제자의 이름으로 호칭되기도 하고, 혹은 『추혈문답』처럼 기록한 지명에 관련해서 불리기도 했다.[12] 이와 같은 취지의 기사는 『삼국유사』 권4의 의상전교조에서도 보이는데, 여기서는 지통이 『추동기』

---

12) 『宋高僧傳』 卷4, 大正50·729中-下.

를 지었다고 기록하고 있다.[13] 이러한 기술에 의하면, 의상의 문답을 기록한 책은 이외에도 몇 부가 있었던 것으로 된다. 균여의 저작이나 『叢髓錄』이 「古記」 혹은 「古辭」라고 칭하며 내세우는 기술에는, 의상의 孫弟子나 그 후대 승려들의 저작이나 전승뿐만 아니라, 『도신장』이나 『추혈문답』과 나란히 어깨를 겨룰 만한 직제자의 필록도 포함되어 있을 것이다. 『화엄경문답』은 그것들 중의 하나였을까? 그것들을 편찬해서 만들어졌을 가능성이 크다.

이것은 『화엄경문답』에는 의상 특유의 용어가 많이 보이고 있는 것에 의해 뒷받침된다. 예를 들면, 이 책의 첫 부분에는 「五尺義事」 「五尺義理」라는 언어가 보이는데,[14] 자신의 몸을 의미하는 「五尺」이라는 말은, 『叢髓錄』이 전하는 바와 같이, 실천을 존중하는 의상이 자주 사용했다고 전해지는 언어이다.

古記云 表訓德問相和尙言 云何無住 和尙曰 卽我凡夫五尺身稱於三際而不動者 是無住也 (大正45·721下)

古記云 相和尙住大白山大蘆房時 爲眞定智通等 說行人欲見十佛者 應先作眼目 通等問 云何是眼目耶 和尙云 以花嚴經爲自眼目 所謂文文句句皆是十佛 自此以外求觀佛者 生生劫劫終不見也 和尙曰 所謂無著佛安住世間成正覺故者 今日吾五尺身名爲世間 此身遍滿虛空法界 無處不至 故曰正覺安住世間故 …… 持佛隨順故者 法界森羅諸法 雖云無盡 若以海印印定 則一海印定法 …… 心佛安住故者 息心卽佛 起心非佛 …… 是故 心安住則法界諸法現於五尺身也 (大正45·758上-中)

---

13) 『三國遺事』 卷4, 大正49·1007上.
14) 『華嚴經問答』 卷上, 大正45·598下.

즉, 『화엄경』의 문구를 자신의 몸에 맞추어 체해하려는 것인데, 여기에서 전개되고 있는 것과 같은, 자신의 몸에 입각한 의론은 법장의 이론적인 저작 중에서는 발견할 수가 없다. 또한 의상과 법장의 스승인 智儼(602~668)도 「五尺」이라는 말은 사용하지 않았다.

이와 같이, 문체와 용어의 특징이라는 점에서 볼 때 『화엄경문답』은 의상의 계통과 관계가 깊은 것을 알 수 있다. 더욱 『화엄경문답』 중에서도, 拜自體佛說을 설한 전후는, 특히 파격적인 글이 눈에 띄는데, 이것은 중요한 곳이면 신라의 「방언」으로 설한 강의나 문답의 필기를 그대로 사용하여, 윤문을 절제할 것을 의미하는 것은 아닐까?

Ⅳ. 義湘思想과의 共通點

다음에는 사상의 측면에서, 의상의 사상과의 유사점에 대하여 살펴보고자 한다. 『화엄경문답』은 「儼師」의 설을 자주 인용하고 있고, 智儼의 영향이 강한 것은 이미 鎌田氏가 지적한 바이지만, 『화엄경문답』에서는 지엄의 저작에서는 보이지 않는 사상, 혹은 지엄의 저작에서는 간결하게 시사되었을 뿐으로 명확하게는 설명되어 있지 않은 것 같은 사상이 몇몇 전개되어 있다. 그러한 사상 가운데, 가장 문제가 되는 것은 三乘人은 成佛한 후에야 겨우 一乘에 廻入한다고 하는 極果廻心(果轉)의 문제일 것이다. 『화엄경문답』에서 答者는, 三乘人은 수행의 어느 단계에서 一乘에 廻入하느냐 라는 질문에 대하여 이렇게 답하고 있다.

答 不定 …… 若利根人始聞方便敎 卽知方便之意 卽入一乘 又有聞敎
不知方便之意 如敎修行人 此中有多品類 隨根熟處入一乘位 最鈍根人如
所聞敎 至自究竟果 方廻入一乘見聞位 (大正45·601上)

즉, 三乘人이 一乘에 轉하는 位는 機根에 따라서 각기 다르며,「最
鈍根人」은「自位究竟果」에 이르러 겨우 一乘에 들어간다고 하지만,
그「自位究竟果」를 三乘의 佛果로 간주하고 있는 것은 다음 문답에서
도 분명하다.

問 何知三乘極爲佛而還入一乘也 答 如法華經云 旣至三車處 方又索
車故 佛乃與一車故 彼三車處卽三乘果喩故 不可不尒也 (大正45·601中)

결국 이 答者에 의하면, 三乘에는 三種의 사람이 있는 것이 된다.
가장 利根者는 方便敎를 듣고 바로 방편이라는 것을 알고 一乘에 들
어가는 것이며, 다음 機根者는 三乘敎에 따라 수행하는 중에 機가 성
숙하여 一乘에 轉入한다. 그리고 가장 鈍根者는 方便敎를 듣고도 방
편이라는 것을 깨닫지 못한 채, 가르침 그대로 수행을 거듭하여, 三乘
의 佛果를 얻은 후에 겨우 一乘의 見聞位에 廻入한다고 하는 것이다.
이것은 말할 것도 없이『華嚴經兩卷旨歸』나『法鏡論』에서 보이는 것
과 같은 地論宗의 行爲說, 즉 別敎에 의해 수행하여 佛이 된 후에 通
敎에 轉入하고, 通敎에 의해 수행하여 佛이 된 후에는 通宗인「信位」
에 들어간다고 설하는 주장에 바탕을 둔 것이다. 이러한 行爲說이『화
엄경』을 절대시하는 의상이나 법장의 공감을 부른 것이라고 생각되지
만, 법장의 경우는 이 설을 명확하게 설한 곳이 없다. 앞에서 본 것처
럼, 초기작인『五敎章』의 權實差別條에서는 三乘人은「自位究竟處에

이르렀기에, 후에 모두 別教一乘에 進入한다」라고 서술하여 三乘의 佛果에 이르러서 別教一乘에 轉入하는 것을 인정하고 있는 것 같지만 明言하지 않고 있으며, 또 後年의 『探玄記』 권1의 第四教所被機에서 는 다음과 같이 애매한 표현을 쓰고 있다.

引爲者 謂彼如前共教菩薩 於彼教中 多時長養深解 窮徹行布教源 卽 當得此普賢法界 旣云 無量億那由他劫不信此經 卽知過此劫數 必當信受 以離此普法 更無余路得成佛故 經不說彼過此劫數猶不信故 問 若彼地前 過彼劫數 必信受者 卽知地上二宗不別 豈彼所信無十地耶 答 於彼教中 具有行布十地 漸次乃至佛果 長養彼根器 務令成熟 極遲之者 至此劫數 定當信入 (大正 35·117上–中)

즉, 性起品은 無量億那由他劫에 걸쳐서 이 경을 믿지 않는 자가 존 재한다고 서술하고 있기에, 역으로 말하면 無量億那由他劫을 지나면 필히 『화엄경』을 信受하게 되는 것이어서, 「普法」인 一乘 이외에서 성불한다는 것은 있을 수 없다고, 법장은 구차한 해석을 하고 있다. 단지 그렇다면, 十地 이전의 단계에서 이 劫數를 지났다면 初地 이상에 서는 一乘도 三乘도 구별이 없는 것으로 되기 때문에 三乘에는 十地의 단계가 없는 것이냐 하는 질문이 나온다. 법장은 이에 대해서 三乘에 는 「行布」의 十地가 있어서 初地로부터 佛果에 이르는 단계가 있고, 그 十地를 나아가는 과정에서 「彼의 根器를 長養시키고, 성숙시킨다」 고 말한다. 機根이 뛰어난 자는 도중에서 차례차례 一乘에 轉入하지 만, 「極遲者」라도 그 단계를 경과할 때, 이 無量億那由他라고 하는 劫數가 차면 필히 一乘에 轉入한다고 하는 것이 법장의 주장이다. 無 量億那由他劫이고 三阿僧祇劫은 아니라고 하는 점에서는, 三乘에서의 성불은 인정받지 못하고 있는 것 같으나, 분명치 못한 문장이며 애매한 점이 남는다. 이에 대하여 坂本幸男氏는 『탐현기』의 이곳에 대한 주석에는 「이것은 因轉果轉의 문제로서, 古來論目의 하나이다」라고 서술하고, 「證道門에 있어서는 因轉의 義로서 果轉을 허락하지 않으나 敎道門에 있어서는 果轉을 설」한다고 해석하고 있다.[15] 즉 眞實의 悟를 논하는 證道門에 있어서는, 三乘에 의한 성불은 인정하지 않지만, 敎化의 방편인 敎道門에 있어서는 임시의 시설로서는 三乘에는 初地에서 十地·佛果까지의 行位가 있어서 佛果에 達하는 자가 있다는 것을 인정하고, 그러한 자가 다시 一乘에 轉하는 것을 인정한다는 것이다. 확실히 法藏은 「行布」의 十地와 그렇지 않은 十地를 구별하고 있으나, 法藏 자신이 「證道門」, 「敎道門」이라는 분류를 사용하여 논하고 있다는 의미는 아니다. 通敎의 十地는 시설에 불과하며, 수행자는 모두 도중에서 別敎 내지 圓敎에 轉하고 말기 때문에, 通敎의 十地를 거쳐 佛果에 이른 자는 없다고 하는 天台敎學의 果顯無人說을 법장이 의식하고 있는 것은 확실하다고 생각되나, 법장은 천태와 같은 형태로는 분명히 말하지 않고 있다. 단지 법장은 華嚴一乘의 독존성을 강조하는 결과, 『화엄경』의 法門인 別敎一乘 이외에서의 성불은 있을 수 없다는 자세로 전환해 가고 있는 것처럼 생각된다. 실제 법장의 제자 文超에 이르러서는 「極遲」의 자도 初地에 도달하면 一乘에 轉入한다고 단언하기에 이르렀다.[16]

이에 대하여, 신라 의상의 門流는 三乘의 佛果를 얻은 후의 一乘轉入, 즉 「極果迴心」을 강조하는 것이다. 고려 均如의 『釋華嚴敎分記圓通鈔』는 이 문제에 관하여 다음과 같은 일화를 전하고 있다.

---

15) 『國譯一切經經疏部六 華嚴經探玄記一』(大同出版社, 1937.) 83쪽.
16) 同. 注61, 84쪽

법장이 三乘敎에 의해 수행하여 佛이 되었어도『화엄경』을 믿지 않으면 假名菩薩에 불과하다고 설하자, 세인이나 유력한 승려의 반발을 초래하여 칙명에 의해 江南으로 유배되었다. 난항하는『八十華嚴』번역에 참가하기 위해 법장은 스스로의 주장을 감추고『探玄記』의 釋文部分을 著하고,『華嚴經文義綱目』을『探玄記』의 玄談으로 바꾸어 다른 저작과 함께 의상에게 보냈다. 義寂 등은 法相宗에서 전환한 지 얼마 안 된 터라 의상의「極果迴心」설을 믿지 않은 제자들은, 법장의 이러한 저작을 구실로 삼아 의상에게 설을 고치도록 요구하였다. 의상은 이 부분은 법장이「一三和會」라는 깊은 뜻을 갖고 저술한 것이며 법장의 진의가 아니라고 하여 제자를 중국에 파견한 바, 법장이 진의를 나타낸『탐현기』의 현담 부분을 보내오게 되자, 의적 등은 의문을 버렸다.[17]

이 일화는 時日과 기타의 誤謬를 포함하고 있어 이대로는 믿기 어려우나,[18] 이러한 일화가 생길 정도로「極果迴心」설을 둘러싸고 신라에서 논쟁이 있었다는 것을 보여준다는 점에서 중요한 것이라고 할 수 있다. 실제 8세기 중반 이후에 활약한 신라의 見登은 법장의 假名菩薩의 義를 둘러싸고「詳論」이 있었던 것을 소개하고, 이 문제에 대해 상세히 논하고 있을 정도이다.[19] 三乘佛이 一乘에 轉入한다고 단언하는『화엄경문답』은, 신라의 그러한 상황 중에서 생겨난 것이리라.

極果迴心 이외에 의상 계통의 사상과 공통되는 점으로서는, 방편을

---

17)『釋華嚴敎分記圓通鈔』卷一, 韓佛全4·256下−257上.
18) 例를 들면,『古辭』에 의하면 法藏은 難航하고 있던『八十華嚴』의 飜譯에 參加하기 위 해서 굳이 본래의 主張을 숨겨 著作을 하고서, 그것들을 義相에게 보냈다고 하지만, 法藏이 義相에게 보낸 自著의 一覽 중에는『華嚴經問答』은 包含되지 않았고, 義相에게 편지를 보낸 天授 2年(691)은,『八十華嚴』의 譯出을 시작한 證聖 元年(695)의 4年 전에 해당한다.
19)『一乘成佛妙義』, 大正45·786上.

중시하여 「返情」을 설하는 점을 들 수 있다. 『화엄경문답』에서는 일승의 연기에 대해 이렇게 말한다.

一乘緣起之法 非計情所及 雖非計情所及 而不遠求 返情卽是也
問 言返情者 不知其方便 云何 答 雖方便無量 而其要言之 隨所見處卽不
著心爲是 隨所聞之法 不取如聞 卽能解其所由 又卽解法實性也 (大正45·
609上)

즉, 一乘의 緣起는 상식으로는 도저히 잡히지 않는 것이나, 멀리 구할 필요는 없고, 「返情」하면, 다시 말하자면 상식적인 분별을 버리면 체득된다고 하는 것이다. 그리고 「반정」하기 위한 방편은 무량하게 있으나, 요는 여하한 대상에 있어서도 「심을 드러내지」 않게 하면 「法의 實性」을 이해한다고 하는 것이다. 「不取如聞」은, 법문에 대해서는 문자의 배후에 있는 진의를 깨달아야 하는 것이지, 들은 대로 이해하여 개개의 문구에 집착하는 일이 없도록 하는 의미일 것이니까 「聞하는 대로는 取하지 않는다」라고 읽게 하고 싶겠지만, 이것도 정규 한문의 어순은 아니다. 그런데 한문의 파격까지 포함하여, 같은 주장이 『法界圖記叢髓錄』 卷下二 所引의 『도신장』에 보인다.

道身章云 一乘緣起法 非情所及 雖非情所及而不遠求 反情卽是 問 反
情方便云何 答 方便無量 而其要者 隨所見處不著心爲是 隨所聞法不取如文
(大正45·753下)

여기서는 「不取如文」이라고 되어 있으나, 한문으로서는 「不如文取」라고 해야 될 것이다. 또 「返情」에 대해서는 상식적인 분별을 떠난다는 의미일 것이니까, 『도신장』처럼 「반정(反情)」이라고 하는 쪽이 적절하다는 것을 알게 된다. 이것은 의상이 강조한 실천법이며, 智儼의 『五十要問答』에서 「遮止謂情」이라고 서술한 것을 계승한 것임에 틀림없다.[20] 「方便無量」이라는 것은 東山法門이 「五方便」을 내세운 것처럼, 각각의 입장을 가진 사람이 특정 방편을 최상의 것으로 하여 선전하고 있었던 것에 대한 비판일 것이나, 「其의 要」는 어떠한 대상을 보아도 「心을 드러내지 않는다」라는 점에 있는 이상, 현실의 실천으로서는 「離相」을 목표하는 習禪者와 다를 바가 없게 되리라. 『五敎章』도 「反情」을 설하고 있으나 『中論』의 八不과 화엄교학의 緣起因門六義法을 비교하여,

又八不約反情理自顯 六義據顯理情自亡 (大正45·502下)

라고 서술하고 있는 것처럼, 부정적인 성격이 강하게 「反情」을 입장으로 하는 八不과 긍정적이어서 「顯理」를 입장으로 하는 六義와의 차이를 설하는 등, 敎學上의 의론에 머물고 있다. 의상처럼 자신에게 卽하여 「反情」을 실천해 가려는 자세는 법장에게는 보이지 않는다.

또 앞에서 본 『叢髓錄』에서 인용한 바의 「古記」에서는, 의상과 華嚴十佛 중의 心佛을 해석할 때 「息心卽佛 起心非佛」[21]이라고 서술하는 등, 禪宗을 떠오르게 하는 주장을 하고 있다. 「古記」나 「古辭」라고 불리는 기술은, 道身이나 智通과 같은 직제자의 기록이라고 단정할 수는 없지만, 이미 본 것처럼 의상은 東山法門에 관심을 두고, 그 실천

---

20) 『五十要問答』, 大正45·524上.
21) 『叢髓錄』 卷下之二, 大正45·758中.

적인 성격에 대해서는 공감하는 부분이 있었던 것 같기에, 東山法門
내지는 頓悟를 주장한 北地의 修禪者들의 주장을 사용한다는 것은 不
思議한 것이 아니다. 『五敎章』의 「修行時分」에서는 頓敎에 대해 설할
때, 「但一念不生 卽是佛故」[22]라 기술하고 같은 주장을 소개하고 있으
나, 법장은 頓敎의 그러한 주장보다도 「諸劫相入」하는 圓敎의 뛰어난
점을 강조하는 쪽에 중점을 두고 있어, 「息心」을 실천해 가자는 자세는
보이지 않는다.

　또한 『叢髓錄』의 「古記」에 보이는 十佛 해석 중, 「心佛」 부분에서
는 「持佛隨順故者 法界森羅諸法 雖云無盡 若似海印印定 則一海印定
法」이라고 설하고 있었으나, 이것은 명백히 선종과 관계가 깊다고 하
는 위작 『法句經』 중에,

　　　若能心不妄 精進無有崖 若學諸三昧 是動非坐禪
　　　心隨境界流 云何名爲定 參羅及萬像 一法之所印
　　　云何一法中 如生種種見 一亦不爲一 爲欲破諸數
　　　淺智之所聞 見一以爲一 (大正85·1435上)

라고 설하는 유명한 偈를 근거로 한 것일 것이다. 智儼의 강의 筆錄을
기반으로 하면서도 地論敎學의 강한 영향하에 있었던 자가 스스로의
견해에 의해서 정리·완성한 것으로 생각되는 『一乘十玄門』이, 「단지
靜心을 取하여 卽成佛이라고 말한다」와 같은 「初坐用心之徒」를 비판
하는[23] 한편 앞에서 인용한 『法句經』 문장의 최후 부분 「一亦不爲一
爲欲破諸數 淺智之所聞 見一以爲一」을 스스로의 입장으로 하여 인용

---

22) 『五敎章』, 大正45·491上
23) 『一乘十玄門』, 大正45·518上

하고 있는[24) 것이 상기될 것이다. 澄觀·宗密을 기다릴 것도 없이, 智儼의 最晚年의 시기에는, 지엄과 그 문하는 東山法門을 강하게 의식하지 않을 수 없는 상황에 있었다고 생각되는 것이다.

V. 三階教와의 관계

『화엄경문답』에는 三階教의 술어가 몇 번 보인다. 그 예를 들어 보면, 권하에서는 높은 경지의 수행자도 地獄에 떨어지는 일이 있다고 하면서 다음과 같이 기술하고 있다.

  問 大解大行等八大人等 所行之行法 甚極微細 而樂世有 趣闡提道 墮無盡阿鼻地獄等者 其義云何 答 此人等 從未入種性等下 至世間毛里無正善人等列 卽第三階人 其行雖極細 而有樂世有之病 故不得出世正善根也
  問 何等樂世有之病乎 答 此病有麤世 麤可知 細者 設聞甚深教法及師語極細理 以自分別心尋伺觀察 卽計佛法如是 卽見法分齊 自心住於其見聞處故 不得思修慧 及障出世無分別智故 名爲樂世有 (大正45·612中)

즉, 大解大行의 聖者들이 행하는 바는 극히 미세하지만, 「世有를 즐기는」 경향이 있기 때문에, 一闡提의 몸이 되어 지옥에 떨어지는 일이 있다는 것이다. 특히 「第三階人」은 出世를 위한 善根이 얻어지지 않는다는 것이 강조되고 있다.

「世有를 즐긴다」고 하는 것은 世間的인 존재에 집착한다는 보통의 의미와 미세한 의미가 있는데, 후자는 甚深한 가르침이나 스승의 말씀

---

24) 同, 大正45·514下.

을 들어도 자기의 협소한 견문에 끌어들여 제멋대로 分別할 뿐으로, 聞慧·思慧를 얻지 못하고, 無分別智의 장애가 되는 것을 가리킨다고 기술하고 있다. 이「第三階人」이 三階敎의 末法觀에 의한 용어라는 것은 이미 鎌田氏가 指摘하고 있으나,[25]「世有를 즐긴다」는 것의「麤」라는 측면에 대해서는 無盡藏 등의 운영에 힘을 써 온 삼계교의 사람들을 염두에 두고 있는 것은 아닐까 한다. 初唐에 있어서 삼계교가 자주 禁壓을 받을 정도로 유행하고, 빈자 구제라고는 하지만 크게 늘어난 재물을 관리하고 있었던 것은 잘 알려진 것이다. 또 智儼은 손익이나 선악의 문제를 논한『孔目章』권2의「明法品內通依五乘定其解行損益分齊義」에서,

乃至不求利樂世有等 並有損益 (大正45·552下)

이라고 기술하고 있으나, 이 장은「末代에는 악이 많다」는 것을 설하고, 敎의 邪正은 機根에 의해 不定이라는 것을 논하는 등, 三階敎를 떠오르게 하는 용어를 많이 사용하면서 의논하고 있어,「世有」는 삼계교의 이미지가 강한 것을 알 수 있다.

또한「世有를 즐긴다」의「細」한 측면에 있어서는, 甚深의 敎法에 대해서 分別의 마음을 일으켜 法에 分齊가 있다고 보는 것이라고 하고, 그러한 分別을 배격하고 있는 것은 오히려 普敬을 설한 삼계교에 통하는 점이다. 게다가『화엄경문답』이「세유를 즐긴다」라고 하는 것과 같은 잘못을 떨치는 방법으로서 강조하고 있는 것에 다음과 같은 것이 있다.

---

25) 鎌田, 注1前揭論文, 639쪽.

若自心以不能計處中至者 仰推於佛 不自爲己[26]心之分 唯佛所知 非我
境界 如是人 乃深信佛智慧者也 (大正45·612中)

첫머리의 구는「만약 自心에 의해서 헤아려 생각할 수가 없는 부분
에 관해서는」의 뜻을 신라풍의 한문으로 기술한 것 같지만 요컨대, 이
부분은 經文을 己心에 의해 이것저것으로 분별하지 말고, 佛의 境界
에 있어 자기가 알 수 있는 바가 아니라고 하는 사람이야말로 참으로
불을 깊이 믿는 사람이라고 하는 것인데, 문제는『화엄경문답』이 다음
에서 보는 바와 같이「今吾身全體如來藏佛」이라는 점을 강조하고 있
는 것이다.「全體」라는 것은「擧體」와 같은 것으로「완전히 그대로」
를 의미하는 唐代의 구어 표현이지만, 이「如來藏佛」이라는 말이 삼
계교의 용어라는 것은 잘 알려져 있다.[27] 게다가 이 如來藏佛은『孔目
章』如來相海品相海章이 一身에서 十身에 이르는 각종의 佛身說을
논할 때,「謂一數佛 卽如來藏佛」[28]이라고 서술하여 첫머리에서 소개
하고 있는 것이다. 智儼의 최종적 입장은 물론『화엄경』의 十身이지
만,『화엄경문답』에서는 중생이 苦果를 받는 것은 고에서 벗어나려 하
는 마음을 일으키려고 하기 때문이고, 불의 자비에 의한다고 기술한
곳에서는

众生諸苦 但以如來藏佛作 無余法能作众生苦報故 經云 法種众苦也
(大正45·610 中)

---

26) 大正藏이「已」라고 지은 것은 잘못이다. 寫本에는「已·己·巳」는 거의 區別되지 않으나, 活字로 할 경우는
   現行의 用字法에 따를 必要가 있을 것이다.
27) 矢吹慶輝『三階敎의 硏究』(岩波書店, 1927.) 401쪽 以下.
28) 『孔目章』卷4, 大正45·580上.

라고 서술하고 있다. 여기서 인용되고 있는 『勝鬘經』自性淸淨章[29]에서는, 如來藏은 고통을 싫어하고 涅槃을 구하게 하기 위해 「法으로서 衆苦를 심는다」고 설하고 있는 것이니까 「但以如來藏作」이라고 하면 좋은데도 불구하고, 『화엄경문답』은 「如來藏佛」이라는 점을 강조하고 있는 것이 주목될 것이리라. 『화엄경문답』에서는 앞의 인용문에 이어 如來藏의 작용에 대해서 논한 다음, 이것은 終敎의 입장에서 기술한 것이라고 하고, 『화엄경』의 性起 설명으로 옮겨지고 있다. 『法界圖』 가 頓敎와 別敎一乘의 차를 강조하면서도 실천으로서는 頓敎적인 수행을 중히 한 것처럼, 『화엄경문답』은 終敎의 如來藏說과 一乘의 性起說의 차이를 강조하면서, 현실의 자각으로서는 삼계교의 주장에 토대하는 如來藏佛이라는 개념을 중시하고 있다고 봐도 좋을 것이다.

또 한 곳, 「如來藏佛」이라는 용어가 보이는 곳은, 문체를 검토했을 때에 본 拜自體佛說을 주장한 부분이다.

> 或今吾身全體如來藏佛等是也 今吾卽緣吾性佛 以卽是而不知故 悲怪發 至心修行欲返迷 是故 其觀化吾佛 卽是吾體佛 非遠求他佛 此義其正觀行者大要也 又此吾性佛者 卽於一切法界有情非情中 全全卽在 無非一物吾體佛故 若能拜自體佛者 無物不所拜 此亦甚大要也 常可思惟之 (大正 45·605上)

여기서는 문답의 답자는 현재의 내 몸이 「全體(완전히 그대로) 如來藏佛」이니까, 자신을 교화시켜주는 佛이라는 것은, 이 自體佛 밖에 없다고 하여, 멀리 밖에서 佛을 구하지 않는 것만이 「觀行者의 大要」라고 하고 있다. 그리고 이 「自體佛」은 法性이어서 「一切法界有情非情」

---

29) 『勝鬘經』, 大正12·222中.

모두에게 골고루 미쳐 왔기 때문에 「自體佛」을 禮拜하면, 이 世界에 禮拜 안 할 대상은 없고, 이 점도 「甚히 大要」라고 단언하고 있다. 모든 사람을 如來藏佛이라 보고, 일체의 사람을 두루 예배하는 普敬을 행하고 있던 삼계교에서는, 『열반경』에 바탕을 두어 非情의 「土木瓦石」에 대해서는 佛性을 인정하지 않는 입장을 취하고 있었던 것 같으나,[30] 『화엄경문답』에서는 非情의 것까지 佛로 간주하고, 더구나 그것들은 결국은 「自體佛」이 틀림없는 이상, 自體佛에 절하면 절하지 않을 대상은 없다고 설하는 것이다. 이것은 일체의 사람들에게 절하는 삼계교, 혹은 『법화경』의 常不輕菩薩品의 주장을 進一步하여, 예배의 대상을 일체세계 그 자체까지 넓게 한 것이라고 말할 수 있을 것이다. 一乘에서는 「一切衆生, 依와 正을 통하여, 나란히 모두 成佛한다」고 설하고, 중생뿐만 아니라 國土 같은 非情까지 성불한다는 것은 이미 智儼이 강조한 바이며,[31] 또 法藏도 別敎一乘의 種性은 「依와 正에 통하여, 三世間을 다한다」는 것을 강조하고 있으나,[32] 『화엄경문답』처럼 자신에 입각하여 논하지는 않는다. 한편 『叢髓錄』所引의 『道身章』에서는 다음과 같은 문답을 전하고 있다.

問 三世間皆是佛者 草木取用則害佛身得罪耶 答 以佛言雖皆是佛 以 衆生云 都非是佛 斷有何罪 (大正45·727上)

즉 三世間이 모두 佛이라면, 草木을 取하면 佛身을 해한 것이니 죄를 받느냐는 질문에 대해, 의상은 佛이라는 관점에서 본다면 일체는

30) 矢吹, 注27前揭書, 414쪽.
31) 『五十要問答』卷上, 大正45·519下.
32) 『五敎章』卷2, 大正45·488上.

佛이라고 하는 것이 되지만, 생물이라는 관점에서 본다면 초목도 포함한 그들 모두가 생물인 것이지 불은 아니니까, 캐어서 사용하여도 상관없다고 답하고 있다. 여기에는 화엄교학을 단순한 교리에 그치지 않고, 일상생활에서 실천해 가려는 기백을 느끼게 될 것이다.

또한 처음에 본 것처럼, 『화엄경문답』의 이「自體佛」의 논의는, 『叢髓錄』所引의 『錐穴問答』의 문장과 거의 같은, 如來藏佛의 논의를 포함하여 이러한 사상이 의상의 것이라는 것을 보여주는 것이리라. 自體佛의 사상은 의상의 門流에서는 극히 중시된 것 같다. 『叢髓錄』에서는 앞의 『錐穴問答』의 문장에 이어, 『自體佛觀論』이라는 책에서의 인용을 싣고 있고, 이 문제를 논한 단행본까지 지었던 것으로 알려져 있다. 단지 여기서 주의할 것은 『瓔珞經』을 비롯하여 스스로의 입장에 가까운 사상을 『화엄경』 이외의 것에서 찾아내 적극적으로 활용한다고 하면 그것들과 화엄교학과의 차이를 명확하게 해야만 한다는 점이다. 『화엄경문답』이 몇 개념에 대해 상세한 의논을 전개하여 一乘과 三乘의 차이를 강조하고 있는 것은, 이러한 사정도 하나의 원인이 되었을 것이다. 그와 같이 차이를 강조하는 동안에, 智儼의 교학에는 보이지 않는 사상, 혹은 지엄에 있었다 해도 명확치 않았던 사상이 전개되기에 이르게 된 것이 아니었는지.

VI. 『釋摩訶衍論』에 미친 영향

그러한 예의 하나로서, 相續 문제에 대해 살펴보고자 한다. 『화엄경문답』은 佛身에 대해 論할 때, 三乘敎는「一眞如法身一體無二의 義」

밖에 모른다고 비판하고, 一乘의 佛은 「別別相續事事門의 中」에 있어 自在라는 것을 강조하고 있다. 즉, 華嚴一乘의 十佛은 一切衆生과 함께 아득한 이전에 成佛한 것이고, 게다가 성불한 후에도 실제로 수행하여, 惑을 끊고, 일체중생과 함께 성불하는 것이어서, 「佛과 衆生은 同一緣起」를 하고 있다고 설하는 것이다.(600 상) 智儼의 晩年著作에서도 「一乘의 法義는 成佛하려면 一切衆生과 함께 同時同時同時同時同時同時同時同時同時同時에 成佛하고, 後後後後後後後後後後에 모두 新新히 惑을 끊고, 또 學地에 住하지 않아야 그와 같이 正覺을 이루는 것이다」[33]라고 설하고 있으나, 그 이상의 상세한 설명은 하지 않고 있다. 모든 것을 法性에 還元한 위에서 중생과 불과의 평등성을 설하는 것이 아니고, 一人一人의 중생의 구체적인 「相續」에 착안하면서, 사실로서의 舊來成佛과 自在한 念念斷惑을 주장하는 것은, 「이 뜻을 구별하기 어렵다」라고 말할 정도로 智儼의 교학에 가까운 「圓明具德無礙自在義」를 설하고 있던 「五門論者」(602中) 등의 사상과의 차이를 명확히 할 필요에 쫓기어 『화엄경문답』이 수립해 간 입장일 것이다. 법장의 저작에서는 이 문제는 보다 일반화되어 이론적인 것으로 변화하고 있기 때문에 개개 중생의 「相續」에 拘礙되는 것은 의상계 신라 화엄의 특징이라고 보아도 좋다.

이것은 一斷一切斷의 문제에 대해서도 말할 수 있는 것이다. 一斷一切斷에 대해서는 수행자가 하나의 번뇌를 멸했을 때, 他의 번뇌도 모두 멸한다고 하는 입장과 一人의 수행자가 번뇌를 멸하면 일체의 중생의 번뇌도 멸한다고 하는 입장이 있어서 鎌倉時代에 일본의 화엄가 사이에서 많은 논쟁이 있었던 문제이나, 후자의 입장은 『화엄경문답』

---

33) 『孔目章』 卷4, 大正45・757中.

에서 유래한다. 게다가 『화엄경문답』에서는 이 문제는 중생의 본연의 자세에 관계하는 형태로 논해지고 있는 것이다. 『화엄경문답』은 佛에서 衆生을 보면 「完全히 吾身 이것이다」라고 보이는 데도 불구하고, 중생은 「쓸데없이 모든 고통을 받고」 있기 때문에, 佛은 「同體大悲를 일으켜 중생을 버리지 않고」, 중생과 「같이 수행하고, 같이 이루며, 함께 고통받으며, 같이 즐기고, 잠시도 버리는 때가 없다」는 것을 강조한 후 다음과 같이 기술한다.

> 問 一人修行 一切人皆成佛 其義云何 答 此約緣起之人說故 一人卽一切人 一切人卽一人故 修言亦爾 一修一切修 一切修一修故 同得云也 (大正 45·600中)

一人이 수행하면 일체의 人이 成佛한다고 하는 것은 「緣起의 人에 約하여 설할」 경우, 즉 相依相關하고 있는 존재로서의 일체중생에 대해서 볼 경우에 말할 수 있는 것이며, 이에 대해서는 「修」라는 관점에서 보아도 똑같이 말할 수 있다고 하는 것이다. 「修言」이란 「修라는 점에서 말한다면」의 의미일 것이다. 『叢髓錄』所引의 『法記』에서는 「若 心言時 一切諸法無不是心 …… 但心見時 但是心耳 …… 故以心見時 無物不心 ……故色云時 無物不色」[34]이라고 서술하고 있고, 이 어법을 갖가지 표기를 사용하여 표현하려고 한 것에서 알게 되는 것처럼, 신라 문헌에는 자주 보이는 용법이다. 또 이 「時」는 「~라면」이라는 가정을 나타내는 말이어서, 均如 저작 등에서는 자주 보이는 것이며, 일본어의 「は"」에 가깝다.

---

34) 『叢髓錄』 卷下之二, 大正45·586下.

『화엄경문답』은 이 문제에 대하여 재차 간단한 문답을 보인 후, 「일인이 악을 행함에 나머지 사람들이 천상에 태어나다」라는 문제를 들고, 「善卽惡」이라는 의논을 전개하고 있으나, 이것은 『法界圖』에서,

　　緣起一言中 諸法無二 卽顯了耳 何須多門 答 體解卽是 不須遠求 是故
　經言 婬惱癡性卽是菩提 (大正45·712下)

라고 논하는 것과 가깝다. 『법계도』의 이 부분에도 「멀리 구함을 필요하지 않는다」고 단언하고 있는 점에 주의할 필요가 있다.

　이 「相續」을 문제로 하여 一斷一切斷을 설하는 것은, 신라의 위작이라고 생각되는 『釋摩訶衍論』에서도 보인다. 『釋摩訶衍論』은 本覺과 始覺에 대해 「自宗決斷」과 「望別決斷」으로 나누어 논하고 있으나, 전자에 대해서 이렇게 기술하고 있다.

　　自宗決斷者 此論正宗 爲欲顯示一切衆生同一相續 無差別故 是故可得
　一修行者無始無明究竟斷時 一切衆生亦同斷盡 一修行者滿始覺時 一切
　衆生亦同得滿 (大正32·619 上)

　이것 또한 『화엄경문답』이나 신라의 다른 문헌에 통하는 바가 있는 파격적인 한문이지만, 『화엄경문답』의 一斷一切斷의 의논을 『起信論』의 해석에 轉用하고 있는 것은 명백한 것이리라. 이러한 예는 얼마든지 들 수가 있다. 『釋摩訶衍論』에 원효나 법장의 영향이 보이는 것은 이미 森田龍僊氏가 지적한 바이나, 틀에 맞춘 美文調로서 세세한 구별을 논해 가는 원효나 법장과 다르며, 이상한 한문에 의해 奇矯한 주장을 전개하는 『釋摩訶衍論』은 실천적이었던 의상계의 사상에 의하고

있는 부분이 적지 않은 것이다. 『화엄경문답』은 법장 찬이라고 되어 있었기에 일본에서는 중요시되어 교학상의 의논을 불러 일으켰으나, 『화엄경문답』이 논하고 있는 것 같은 문제를 자신의 몸에 입각하여 받아들이고, 또 『法界圖』에 관심을 품고 그 사상을 적극적으로 사용한 것은 일본 화엄 교학사상에서도 가장 실천적이었던 明惠 一人이었던 것은 『화엄경문답』이나 의상의 교학 성격을 고려하는데도 중요하리라. 그리고 『화엄경문답』이나 의상계의 사상을 원용한 『석마하연론』을 중요시하고, 顯敎와 密敎를 구분할 때, 가장 중요한 곳에서 사용한 것은 明惠와 같이, 더할 나위 없이 실천적이며 화엄교학에 정통하고 있었던 空海였다는 사실의 의미는 크다.

Ⅶ. 성립 배경과 유포 상황

이상에서 기술해 온 것처럼, 『화엄경문답』에는 책 중에 인용한 『捜玄記』나 『孔目章』을 단초로 하는 지엄의 사상을 덧붙여, 의상의 사상 내지는 의상 문류가 의상의 사상으로서 강조하는 사상과 共通된 내용을 많이 포함하고 있고, 『道身章』이나 『錐穴問答』 등 智儼의 제자가 스승의 말씀을 적은 저작과 문체도 지극히 유사하다. 지엄의 저작이나 의상의 『법계도』에서는 보이지 않고, 법장 저작에서만 보이는 술어는 『화엄경문답』에는 거의 찾아 볼 수가 없다.[35] 이것은 『화엄경문답』의 내용이 『五敎章』이나 『探玄記』를 보기 이전에 성립된 것을 의미하는

---

35) 「重重無盡」의 말이 보이고(600上), 同體異體에 대하여 논하고 있지만(604中), 『五敎章』에 보이는 것 같은 상세한 설명은 보이지 않는다.

것이 아닐까. 의상이 신라에 귀국한 후 법장이 서간과 함께 자신의 저작을 신라에 송부할 때까지, 대략 20년이 경과한다. 이것은 사의 설을 소화하고, 스스로 독자적인 설을 세우는 데에 충분한 시간이다. 신라는 최신의 신역 유식을 받아들여갔으나 『화엄경문답』을 포함하여 의상계의 저작에는 신역 유식과의 세세한 차이를 논증하려는 의식은 별로 보이지 않는 점에서 생각하면, 의상계에 있어 최대의 논적은 화엄교학과 유사한 주장을 하는 地論師가 아니었나 싶다. 그러한 지론사, 내지는 그런 지론교학의 소양상에 유식설을 받아들였던 사람들이 문제였던 것이 아닐까 한다.

끝으로, 『화엄경문답』이 법장 찬으로 되었을 시기에 대해 생각해 보고자 한다. 우선 吉津氏는 이 책이 법장 찬으로 된 것은 편집 시에 법장의 저작도 참조되었기 때문이라고 추측하고 있으나, 이 책에 법장의 영향은 보이지 않는다고 생각된다. 따라서, 법장 찬이라고 된 것은 이 책이 정리된 후가 되지 않으면 안 된다. 단지 의상이나 그 직제자의 재세 중에 이 책이 법장의 作으로 되었다는 것은 생각하기 어렵기 때문에, 法藏撰으로 된 것은 義湘의 사후로부터, 적어도 2~30년은 지나야만 한다. 鎌田氏는 石田茂作氏의 『寫經으로 본 奈良朝 佛敎의 硏究』에 의해, 奈良時代에는 「華嚴經問答 二卷 法藏」이 書寫되어 있다고 말하지만,[36] 天平勝寶三年(751) 書寫의 「華嚴經問答 一卷」은 智儼 撰이라는 것이 적혀 있어 『華嚴五十要問答』2권이라는 것은 明白하고, 이것을 法藏 撰이라고 전하는 『華嚴經問答』에 해당시키는 것은 石田氏의 추측에 지나지 않는다. 1권이라고 한 것은 調卷의 相違이거나 혹

---

36) 鎌田, 注1前揭論文, 641쪽. 石田茂作 『寫經에서 본 奈良朝佛敎의 硏究』 「奈良朝一切經疏目錄」(東洋文庫, 1930.) 96쪽

은 상하 어느 쪽 권만이 전래되어 있던 것이리라. 중국·조선의 주된 화엄장소는 奈良時代에는 꽤 서사되어 있는데도 불구하고, 『화엄경문답』이 서사되어 있지 않았던 것은 아직 전해져 있지 않았을 가능성이 높다. 단지 신라의 문헌에서도 원효의 것은 서사가 성행되어 있었으면서, 『道身章』이나 『錐穴問答』은 奈良時代에도 그 이후도 서사된 흔적이 없는 것으로 보아, 당시 來朝한 신라승이나 審詳, 그 밖의 신라로 유학한 日本僧들은 의상 계통에 대해서는 중시하지 않았던 것으로 생각된다. 이것은 고려 義天이 의상의 문류를 경시하고, 『義天錄』에는 의상계에서는 智通의 『要義問答』(錐穴問答)과 道身의 『一乘問答』(『道身章』)의 2부를 수록했을 뿐이며, 게다가 전술한 것처럼 이들 책은 방언을 섞은 조잡한 것이니까 후대의 사람은 윤색을 가해주기 바란다는 주기까지 덧붙인 것과 비슷한 상황이라 하겠다. 어느 쪽이건, 『화엄경문답』이 법장 찬으로 된 것은 『一乘成佛妙義』가 쓰여진 조금 전의 시기, 일본으로 말하면, 奈良朝의 후반쯤의 일이다.

　법장 찬이 된 이유는 두 가지로 볼 수 있다. 하나는, 처음에는 撰號나 題名이 없는 노트 같은 것이었기 때문에 후에 잘못하여 법장 작이라고 된 경우이다. 『叢髓錄』이나 均如의 저작을 통해서 알 수 있는 것처럼, 의상의 문답을 적은 다른 문헌은 다수 있었고, 그러한 문답은 의상에게 보내온 법장 저작의 해석을 싸고 행해졌을 경우가 많았으니까 그러한 기록과 혼동되어 「法藏師의 義에 관한 문답」의 의미에서 『法藏問答』 등으로 불리게 된 가능성은 충분히 있다. 이것을 정리된 명칭으로 하면, 법장 찬 『화엄경문답』이라고 하게 될 것이다. 또 하나는 이 책이 「極果廻心」에 대해 詳說하고 있는 점에 착안하여, 그러한 입장에 선 사람이 굳이 법장 찬이라고 선전하여 권위를 세우려 한 경우이다. 그러나 현존의 자료만으로는 명확한 결론을 내리기는 곤란하다.

또한 법장 찬이라고 칭하는 『화엄경문답』이 일본의 목록에 보이는 것은 延喜 14년(914)에 찬술된 圓超의 『華嚴宗章疏目錄』이 최초이다. 한편 이 책은 중국이나 한국의 목록에는 전혀 수록되어 있지 않다. 단지 신라에서는 원효를 靑丘의 龍이라 칭하고, 法藏을 魏象 내지 香象이라 칭하여 이 두 사람을 지침으로 삼는 신라 見登의 『一乘成佛妙義』에서는 「香象問答」이라는 이름으로 인용하고 있고, 8세기 후반 이후에는 신라에서도 다소 유포된 것으로 알려져 있다.

『화엄사상의 연구』 제3장 제5절(東京, 春秋社, 1996)
번역: 이종수(동국대학교 불교학술원 조교수)

『錐洞記』와 그 異本 『華嚴經問答』

김상현(金相鉉)

Ⅰ. 머리말

義相(625~702)은 小伯山 錐洞에서 90일 동안이나 『華嚴經』을 강의한 적이 있다. 이 錐洞九十日會에 참석했던 門人 智通은 스승의 강의를 따라 그 요긴한 내용을 간추려서 『錐洞記』 2권을 저술하고, 이를 세상에 유통시켰다. 『錐洞記』는 고려 후기까지 전하고 있었지만, 그 이후에 유통된 흔적은 없고, 지금은 逸書로 알려지고 있다.

일본에는 소위 唐의 法藏(643~712)이 지었다는 『華嚴經問答』 2권이 古代로부터 전해지고 있다.[1] 그런데 이 책은 平安時代에 이미 僞作說이 제기된 이래 계속 문제가 되어 왔고, 10여 년 전부터 이 책의 新羅成立說이 일본 학계에 대두되었다. 즉, 吉津宜英은 처음으로 이 책이 신라에서 성립되었을 가능성을 시사했고,[2] 石井公成은 文體와 引用, 그리고 思想 등의 여러 문제를 검토한 뒤에 『華嚴經問答』은 法藏의 저작이 아니라 義相의 問答을 제자가 筆錄한 것이라는 견해를 내

---

1) 이 책은 『大正新修大藏經』 卷45 및 『大日本續藏經』 103册에 수록되어 있다.
2) 吉津宜英, 「舊來成佛について」, 『印度學佛敎學硏究』 32-1, p.243, 1983. 12.

놓았다.[3)]

筆者는 石井公成의 이와 같은 견해에 주목하고, 均如의 저서 및 『法界圖記叢髓錄』에 인용되어 전하는 『錐洞記』의 逸文을 『華嚴經問答』과 대조해 보았다. 그 결과 均如의 저서 등에 인용되어 전하고 있는 『錐洞記』의 일문 16회 모두를 『華嚴經問答』에서 확인할 수 있었다. 均如의 저서 등에는 『錐洞記』 중의 같은 부분을 중복해서 인용한 경우도 있다. 이 경우를 제외한 10회의 인용문 1,370여 字는 몇 글자를 제외하면 『華嚴經問答』 중의 내용과 거의 같다는 사실을 확인할 수 있다.

따라서 본고는 일본에서 전해온 『華嚴經問答』은 法藏의 저술이 아니라 義相이 강의하고 제자 智通이 기록·정리했던 『錐洞記』의 異本이라고 하는 사실을 밝히려는 데 일차적인 목적이 있다.

II. 義相의 『華嚴經』 講義와 智通의 『錐洞記』 著作

1. 義相의 『華嚴經』 講義

義相은 文武王 16년(676)에 太伯山에 浮石寺를 창건했고, 이곳을 중심으로 華嚴大敎를 크게 宣揚했다. 그의 교화는 신라 사회에 두루 알려져, 국왕이 그를 더욱 공경했고, 일반 백성들 사이에도 그의 명성은 자자했다. 그리하여 부름을 받지 않았음에도 많은 사람들이 그의 문하로 몰려들었다. 그에게는 三千徒로 비유되는 많은 제자가 있었고, 그중에서도 智通, 眞定, 表訓, 能仁, 良圓 등 十大弟子는 더욱 유명했다.

---

3) 石井公成, 「華嚴經問答の著者」, 『印度學佛敎學硏究』 33-2, 1985. 3.

眞定은 의상이 태백산에서 說法으로 사람을 이롭게 한다는 소문을 들고 그의 문하로 출가했다. 출가 이전의 진정은 군대에 소속되어 있었고, 장가도 들지 못한 채 군대 복역의 여가에 품을 팔아 홀어머니를 봉양해야 할 정도로 가난했지만 그의 효성은 남달랐다. 『삼국유사』에는 진정이 홀어머니와 이별하고 출가하는 장면을 다음과 같이 전해주고 있다.[4]

진정이 어머니에게 고했다.

"효도를 마친 뒤에는 의상법사에게 의탁하여 머리를 깎고 불도를 배우고자 합니다."

어머니가 말했다.

"불법은 만나기 어렵고 인생은 너무나 빠른데, 효도를 다 마친 후면 역시 늦지 않겠느냐? 어찌 내 생전에 네가 가서 불도를 알았다는 소식을 듣는 것만 같겠느냐? 주저하지 말고 속히 가는 것이 옳겠다."

진정이 말했다.

"어머님 만년에 오직 제가 곁에 있을 뿐인데, 어찌 차마 어머님을 버리고 출가할 수 있겠습니까?"

어머니가 말했다.

"아, 나를 위하여 출가하지 못한다면 나를 지옥에 떨어지게 하는 것이다. 비록 생전에 온갖 풍성한 음식으로 봉양하더라도 어찌 효도라고 할 수 있겠느냐. 나는 남의 집 문간에서 빌어서 생활하더라도 또한 타고난 수명대로 살 수 있을 것이니, 꼭 나에게 효도를 하려거든 그런 말일랑 하지 마라."

진정은 오랫동안 깊은 생각에 잠겼다. 그 어머니는 즉시 일어나 쌀자루

---

4) 『三國遺事』卷5, 眞定師孝善雙美條

를 거꾸로 터니 쌀이 일곱 되가 있었는데, 그 날로 밥을 다 짓고 말했다.

"네가 도중에 밥을 지어 먹으면서 가자면 더딜까 염려된다. 내 눈 앞에서 당장 그 하나를 먹고 나머지 여섯을 싸 가지고 빨리 떠나도록 하라."

진정이 흐느껴 울면서 굳이 사양하며 말했다.

"어머님을 버리고 출가하는 것도 역시 사람의 자식으로 차마 하기 어려운 일인데, 하물며 며칠간의 양식까지 모조리 싸 가지고 간다면 천지가 저를 무엇이라고 하겠습니까?"

세 번 사양하고 세 번 권고했다. 진정은 어머니의 그 뜻을 어기기 어려워 길을 떠나 밤낮으로 갔다. 3일 만에 태백산에 이르러 의상에게 의탁하여 머리를 깎고 제자가 되어 法名을 眞定이라고 했다.

진정이 어머니의 단호한 뜻을 어길 수 없어서, 그 날로 출가하는 장면은 참으로 감격적이다. 장황하지만 母子間의 대화를 그대로 인용한 것은 眞定母의 강렬한 求道心이 돋보이는 기록이기 때문이다.

진정은 출가 3년 만에 어머니의 부고에 접했다. 그는 7일 동안 禪定에 들어 어머니의 명복을 빌었다. 그리고 이 사실을 스승 의상에게 아뢰었다. 이에 의상은 진정 어머니의 명복을 빌기 위해서 『華嚴經』을 강의했는데, 다음의 기록이 이 사실을 전해준다.

의상은 門徒를 거느리고 소백산의 錐洞에 들어가 풀을 엮어 초막을 짓고 무리 3천 명을 모아 90일 동안이나 『華嚴大典』을 강의하였다. 門人智通이 강의를 따라 그 요지를 뽑아 두 권의 책을 만들어 이름을 『錐洞記』라 하여 세상에 유통시켰다. 강의를 마치자 그 어머니가 꿈에 나타나서 말했다. "나는 이미 하늘에 환생했다."

이처럼 의상이 진정 어머니의 명복을 빌기 위해서 90일 동안이나 『華嚴經』을 강의했던 것은 특별한 경우다. 망설이는 아들을 책려하여 출가하도록 했던 그 어머니의 장한 뜻을 기리려는 의도도 있었을 것이다. 門徒 三千이 모였다는 것으로 보아 이 법회는 성황리에 개최된 것같다. 물론 三千徒란 구체적인 숫자가 아니라 많은 제자를 비유한 것이다. 錐洞九十日會가 眞定母의 명복을 빌기 위해 특별히 마련된 法會였음은 강의가 끝나자 그 어머니가 현몽하여 生天을 알렸다는 것으로도 알 수 있다.

의상은 제자들을 대상으로 하여 『華嚴經』을 자주 강의했는데 太伯山大蘆房에서의 강의 및 浮石山四十日會 등의 예가 그 경우다.[5] 소백산 錐洞에서의 90일에 걸친 『華嚴經』 강의는 浮石山四十日會에 비해 두 배가 넘는 기간이 소요된 것이었다. 소백산 錐洞은 현재 풍기읍의 靈田洞으로 지금은 송곳골로 불리는 곳이다. 이곳에는 19세기 중반까지도 靈田寺라는 절이 있었는데, 지금은 과수원으로 변했다.[6]

2. 智通의 『錐洞記』 著作

의상의 제자들 중에는 스승의 강의 내용을 기록·정리하여 책으로 펴내는 경우가 있었다. 의상은 이런 경우에도 제자의 이름을 따라서 書名을 삼거나, 강의가 이루어진 장소에 의해 책 이름을 붙이기도 했

---

5) 金相鉉, 『新羅華嚴思想史研究』, 民族社, 1991, p.54.
6) 19세기 중반경 錦溪 黃俊良의 자손들이 이 절터에 宗宅을 지으면서 잔존하고 있던 불상, 석탑, 석비 등을 땅속에 묻어버렸다고 한다. 그 宗宅은 1896년에 풍기 서부동으로 옮겨가고 절터는 더욱 황폐하게 되었다. 풍기군수 兪瑋俊은 당간지주를 깨뜨려 자신의 善政碑를 세웠는데, 그 餘根이 1925년경까지 남아 있었다고 한다. 1924년에 석불상 1구를 이 절터에서 발굴했다. 6·25동란으로 풍기읍내의 포교당인 靈田寺로 옮겨 이 불상을 봉안해 오고 있는데, 통일신라시대의 阿彌陀佛像이다. 또한 옛 절터에 있던 塔材 및 佛像臺座 등도 함께 옮겨놓았다.(朴容圭, 「靈田洞 -錐洞의 遺蹟과 保存會의 成立-」, 『佛敎』 11, 1925년 5월)

을 뿐, 자신을 著者로 드러내지 않았다. 『道身章』은 제자의 이름을 따른 경우이고, 『錐洞記』는 地名을 따른 예이다.[7] 『自體佛觀論』이란 책도 의상의 강의를 어느 제자가 정리한 것으로 생각된다.[8] 의상은 자신이 지은 『華嚴一乘法界圖』에 著者를 명기하지 않았다. 이것은 인연으로 생겨나는 일체 모든 것에는 주인이 따로 없다는 緣起道理를 나타내기 위한 의도였다고 해명했다.[9] 이 경우를 보면, 의상이 그의 강의 내용을 정리한 書名을 제자의 이름을 따라서 붙인 뜻을 이해할 수 있다.[10]

의상의 뛰어난 제자 중의 한 사람이었던 智通은 浮石山四十日會와 太伯山大蘆房에서 의상의 강의를 듣기도 했고, 스승으로부터 그릇이 완성되었음을 인정받아 『法界圖印』을 전해 받기도 했다.[11] 이처럼 의상의 인정을 받고 있던 지통이 錐洞九十日會의 『華嚴經』 강의를 기록하여 『錐洞記』라고 하고 세상에 유통시켰던 것이다. 『삼국유사』에는 『錐洞記』에 관한 기록이 두 차례 더 보인다. 朗智乘雲條에서는 '지통은 의상의 처소에 가서 고명하고 오묘한 이치를 깨달아 玄化에 이바지하게 되었는데 그가 곧 『錐洞記』의 작자이다.'라고 했다.[12] 그리고 義湘傳敎條에서는 '지통은 『錐洞記』을 지었는데 대개 친히 가르침을 받았으므로 文辭가 정묘한 지경에 이르렀다.'고 했다.[13]

『錐洞記』는 『華嚴錐洞記』, 『錐洞問答』, 『錐穴記』, 『錐穴問答』, 『智

---

7) 『宋高僧傳』 卷4, 新羅國義湘傳.
8) 『自體佛觀論』은 『法界圖記叢髓錄』 卷上之一(『大正藏』 卷45, p.767a)에 인용되어 있고, 그 내용은 의상의 문답으로 되어 있다.
9) 『大藏正』 卷45, p.716a.
10) 均如의 저술은 그 대부분이 제자가 스승의 강의 내용을 정리한 것인데도 저자는 모두 균여로 되어 있어서, 의상의 경우와 대비된다.
11) 金相鉉, 『新羅華嚴思想史研究』 pp.58-60 참조.
12) 『三國遺事』 卷5, 朗智乘雲條.
13) 『三國遺事』 卷4, 義湘傳敎條.

通記』,『智通問答』,『要義問答』등 여러 異稱이 있었다. 均如는 書名을 혼용하면서『智通記』6회,『智通問答』6회,『錐洞記』1회를 각각 인용했고,『法界圖記叢髓錄』에서는『錐穴記』,『智通問答』,『智通記』등의 異稱을 각 1회씩 사용했다.『삼국유사』에서는 세 차례 모두『錐洞記』라고 썼고,『高麗史』에서는『華嚴錐洞記』라고 표기했으며,『宋高僧傳』에서는『錐穴問答』이라고 했다. 錐穴은 錐洞의 異稱이었을 것이다. 이상의 여러 異稱 중에서도『錐洞問答』,『錐穴問答』,『智通問答』,『要義問答』등의 예에서 볼 수 있듯이, 書名에 問答이라는 용어가 많이 사용되었음이 주목된다. 이 책의 구성이 問答의 형식으로 되었을 가능성을 시사해 주기 때문인데, 사실 均如의 저서 등에 인용되어 전하는『錐洞記』는 문답의 형식으로 되어 있다.『要義問答』은 義天의『新編諸宗教章總錄』에서만 그 예가 보이는데, 아마도『華嚴經』要義에 대한 문답이란 의미일 것이다.

　『錐洞記』는 의상의 강의를 따라서 그 내용을 기록한 것이기에 문장이 잘 다듬어지지 않은 경우도 있고, 신라의 방언이 섞여 있기도 했다. 이 때문에 義天은「당시 集綴者가 文體에 익숙하지 못해 문장이 촌스럽고, 方言이 섞여 있어서 장래에 군자가 마땅히 윤색을 가해야 할 것」이라고 했다.[14] 실제로 李藏用(1201~1272)은 이 책에 윤색을 가하여『華嚴錐洞記』라는 제목으로 유통시키기도 했다.[15] 이처럼『錐洞記』는 고려 후기까지 전하고 있었음을 확인할 수 있지만 그 이후의 유통 기록은 없다. 다만 均如의 저서와『法界圖記叢髓錄』에『錐洞記』가 16회 정도 인용되어 그 단편적인 逸文이 전할 뿐이다.

---

14) 義天『新編諸宗教章總錄』卷1 (『韓國佛教全書』4, p.682a)
15)『高麗史』卷102, 列傳 15, 李藏用傳.

III. 『華嚴經問答』과 『錐洞記』의 關係

1. 『華嚴經問答』의 著者

日本에는 著者가 法藏(643~712)으로 明記된 『華嚴經問答』 2권이 古代로부터 전해오고 있다. 法藏自撰의 目錄類나 중국 및 한국의 어떤 목록에도 없던 이 책은 圓超의 『華嚴宗章疏幷因明錄』(914년)에 처음으로 보이고, 그 저자를 法藏으로 밝히고 있다.[16] 그런데 新羅에서는 이미 9세기 경에 『香象問答』이라는 異稱으로 『華嚴經問答』이 유통되고 있었다. 즉, 8세기 후반으로부터 9세기경에 활약한 것으로 짐작되는 見登의 『華嚴一乘成佛妙義』에 『香象問答』이 인용되었고, 그 내용은 『화엄경문답』과 동일하다.[17] 그리고 香象은 法藏의 號다. 따라서 見登이 引用한 『香象問答』이란 곧 法藏의 『華嚴經問答』을 지칭한 것임을 알 수 있다. 日本의 增春도 天曆年間(947~957)에 저술한 『一乘義私記』에서 『香象問答』을 간략하게 인용했다. 그리고 그는 연이어서 『향상문답』에 대한 先德의 견해는 같지 않다고 하면서, 이 책을 五教師(즉, 法藏)의 저술이 아니라고 보는 古德의 說과 五教師의 글이지만, 文을 破하여 意로 읽어야 한다는 古德의 說이 있음을 소개했다.[18] 이로써 우리는 『화엄경문답』의 僞作說이 10세기 중반 이전부터 제기되어 있었음을 알 수 있다.

凝然(1240~1321)은 『화엄경문답』이 後人의 僞作임을 강하게 주장했다. 이 책의 筆格이 극히 조잡하다는 것이 그 중요한 이유였다. 즉,

---

16) 『大正藏』 卷55, p.1133b.
17) 『大正藏』 卷45, p.778, 782, 792.
18) 『大正藏』 卷72, p.35a.

法藏의 文章은「簡而又要 精而又美 隨讀得意 隨解領旨」한 데 비해서 『華嚴經問答』은 그 반대로「俚而又野 難言粗文」하다는 것이다.[19] 그러나 芳英(1764~1828)은 僞作說을 부인하면서 『화엄경문답』의 문장이 고르지 못한 것은 法藏의 여러 저술 중에서도 가장 먼저 쓰여진 때문이라고 했다.[20] 그리고 鎌田茂雄은 芳英의 이 설에 착안하여 『화엄경문답』의 引用書, 用語, 筆格 등을 검토하고, 역시 이 책을 법장의 초기 저작으로 보았다.[21]

그런데 10여 년 전부터 일본 학계에서 『화엄경문답』의 신라 성립설이 대두했다. 吉津宜英은 『화엄경문답』이 智儼敎學의 강한 영향 아래 신라에서 편집되었을 가능성이 없지 않다고 추측했다.[22] 그리고 石井公成은 『화엄경문답』을 文體와 引用의 측면에서 검토하여, 이 책은 법장의 저작이 아니라 義相의 問答을 제자가 기록한 것이라는 보다 분명한 견해를 제시했다. 그리고 그는 今年에 간행한 『華嚴思想の硏究』에서 보다 자세한 고찰을 더해 자신의 견해를 더욱 보강하기도 했다.[23] 『화엄경문답』은 文體와 用語의 측면에서 볼 때도 의상 계통과 관계가 깊을 뿐 아니라 의상의 사상과 공통된 내용을 많이 포함하고 있기에, 의상의 講說을 제자 중의 누군가가 기록한 것이 곧 이 책 성립의 사정이라고 그는 밝히고 있다. 필자는 石井公成의 이와 같은 견해에 동의하고 있다. 그는 또한 『法界圖記叢隨錄』에 인용되어 있는 『錐穴問答』의 문장과 『화엄경문답』 중에서 自體佛에 대해 논의한 부분에는 거의

---

19) 凝然, 『五敎章通路記』 卷6 (『大正藏』 卷72, p.333c)
20) 芳英, 『探玄記南紀錄』 卷1 (『日本大藏經』 華嚴部章疏 p.1550上)
21) 鎌田茂雄, 「法藏撰華嚴經問答について」, 『印度學佛敎學硏究』 7-2, 1959. 3.
22) 吉津宜英, 앞의 논문 참조.
23) 石井公成, 「華嚴經問答の著者」(『印度學佛敎學硏究』 32-1, 1985) 및 『華嚴思想の硏究』(春秋社, 1996) 참조.

같은 문장이 보인다는 사실을 확인했다. 그러나 그는 『화엄경문답』과 『추혈문답』의 유사성에는 주목하면서도 이들을 異本으로 보기는 어렵다고 했다. 이와 관련된 그의 논의를 인용해 보면 다음과 같다.

『華嚴經問答』은 『錐穴問答』과 깊은 관계가 있다고 보는 것은 자연스러울 것이다. 그러나 『화엄경문답』과 『추혈문답』을 단순한 異本이라고 생각할 수는 없다. 『추혈문답』 즉 『지통기』는 現存하지 않고, 『법계도기총수록』이나 고려의 均如 著作 중에 인용되어 있을 뿐인데, 그러한 逸文은 극히 일부를 제외하고는 『화엄경문답』과 일치하지 않는 것이다. …… 『화엄경문답』 중에는 의상 제자들의 筆錄과 거의 같은 文句가 보인다. 여기서 주의할 것은 의상의 講說을 기록한 것이 智通과 道身 두 사람에게만 국한되지 않는다는 점이다. …… 의상의 문답을 기록한 책은 다른 몇 部가 있었다. 均如의 著作이나 『叢髓錄』에서 「古記」 혹은 「古辭」라고 칭하며 제시하는 記述에는 의상의 직제자나 그 後代 승려들의 저작이나 전승뿐만 아니라, 『道身章』이나 『錐穴問答』과 나란히 어깨를 겨눌만한 직제자의 筆錄도 포함되어 있을 것이다. 『화엄경문답』은 그것들 중에 하나이었을까? 그것들을 편찬해서 되었을 가능성이 크다.[24]

결국 石井公成의 이와 같은 견해에 의하면, 『화엄경문답』은 『道身章』이나 『錐洞記』와 같이 의상의 직제자가 스승의 강의를 筆錄한 것 중의 하나이거나, 아니면 그것들을 편찬한 것일 가능성이 많다는 것이다.

---

24) 石井公成, 『華嚴思想の研究』, pp.274-275.

2. 『華嚴經問答』은 『錐洞記』의 異本

　『화엄경문답』과 『추혈문답』은 깊은 관계가 있다고 처음으로 밝힌 이는 石井公成이다. 그럼에도 불구하고, 그는 균여의 저술이나 『법계도기총수록』에 인용되어 전하는 『錐洞記』의 逸文이, 극히 일부분을 제외하고는, 『화엄경문답』과 일치하지 않는다고 했다.

　그러나 필자가 대조한 바에 의하면, 『추동기』의 일문은 『화엄경문답』과 거의 일치한다. 『추동기』는 均如의 저술에 13회, 『법계도기총수록』에 3회, 모두 16차례 인용되었다. 필자는 『추동기』의 逸文 모두가 『화엄경문답』에 포함되어 있는 문장임을 확인할 수 있었다.[25] 均如 著書 등에는 『추동기』 중의 같은 내용을 중복해서 인용한 경우도 있는데, 이러한 경우를 제외한 10종의 逸文 1,370여 字가 『화엄경문답』의 문장과 거의 동일하다. 『추동기』의 일문과 『화엄경문답』을 대조하여 도표로 정리해 보면 다음과 같다.

---

25) 『錐洞記』의 여러 異稱 중에는 『要義問答』도 있다. 均如의 『釋華嚴旨歸章圓通鈔』 卷下에는 『要義問答』을 인용했다 (『한국불교전서』 4, p.144a). 均如가 인용한 『要義問答』의 글은 智儼의 『華嚴五十要問答』 初卷 「八佛毒根義 第二品初講中釋」 중에서 인용한 것이다. (『大正藏』 卷45, p.521b). 이 때문에 균여의 저술에 인용된 『요의문답』은 『지동기』와 상관없는 것이다. 그리고 고여의 『석화엄지귀장원통초』 卷上에는 「智通問答綱目中云 三十八品」이라는 구절이 보인다. 『화엄경문답』 중에는 『화엄경』의 品數가 38품이라고 한 기록이 보이지 않는다. 따라서 『智通問答綱目』이 곧 『智通問答』과 동일한 책은 아닌 것 같다.

『華嚴經問答』과『錐洞記』逸文의 對照表

	『華嚴經問答』	『錐洞記』逸文
1	又疏中釋文 前約八敎互成 約三敎辨三次第意何耶 答 大意者 爲顯此經內 一切敎義等 無不攝故 謂佛始第二七日道樹中 臨大人說大法時 一切虛空法界一切微塵處 一切微塵處一切十世九世前後時中 一切五乘三乘一乘無量乘機中 頓應說一切法門 所臨機衆生 各各隨應聞解行證 如是一切敎義等 十十法門 頓同時顯現中 大機人 如是法門 見聞解行證 一處一切處中 一時一切時中 一根一切根 一行一切行 頓頓修行 乃至三界六道四生等因果法 皆無所殘 此經內在 (『大正藏』卷45, p.599a)	智通記云 又疏中釋文 前約八敎互成 約三敎辨三次第意何 答 大意者 爲現此經內 一切敎義等 無不攝故 謂佛始第二七日道樹中 臨大人說大法時 一切虛空界一切微塵 微塵處一切十世九世前後時中 一切五乘三乘一乘無量乘機中 頓應說一切法門 所臨機衆生 各各隨應聞解行證 如是一切敎義等 十十法門 頓同時現現 大機人 如是法門 見聞解行證 一處一切處中 一時一切時中 一根一切根 一行一切行 頓頓修行 乃至三界六道四生等因果法 皆無所殘 此經內在 (『韓國佛敎全書』4, p.262c, 76a~b, 284b)

2	問 如是三乘一乘敎等 皆此經內在者 皆十佛說耶 三身佛說耶 答 亦得皆十佛說 十佛外 無別三身 故三身者 十佛用故 三乘卽一乘故 此約一乘說 亦得隨敎宗 三乘敎三身說 一乘敎十佛說 見機不同故 一處一時 如來善巧無所不應故 三途衆生所聞敎三途佛說 人天所聞敎人天佛說 (小乘所聞敎小乘佛說 三乘所聞敎三乘佛說) 一乘所聞敎一乘佛說 各各能化所化相當不乖違故 (『大正藏』 卷45, p.599b)	智通問答云 如是三乘一乘敎等 皆此經內在者 皆十佛說耶 答 亦得皆十佛說 以十佛外 無別三身 故三身者 十佛用故 三乘 卽一乘故 此約一乘說 亦得隨敎宗三乘敎 三身佛說 一乘敎 十佛說 機見不同故 一處一時中 如來善巧無所不應故 三途衆生所聞敎三途佛說 人天所聞敎人天佛說 ……………………………………乃至一乘機所聞敎一乘佛說等 各各能化所化相當故 (『韓國佛敎全書』 4, p.4)
3	地獄人等 彼光卽生兜率天 聞空聲卽得十眼十耳等大功德 (『大正藏』 卷45, p.601a)	智通記云 地獄人等 被光卽生兜率天 聞空聲卽得十眼十耳等大功德 (『韓國佛敎全書』 4, p.348a)
4	問 若實惡業所受者 凡夫位 自所造之業 受地獄苦 由佛光大 故令出得 大功德 何有取退大人等乎 答 若爾 何人 令不出苦 而其中有限苦者 必有深善根人等 令出苦也 (『大正藏』 卷45, p.601a)	智通記云 若實惡業所受者 凡夫位 自所造之業 受地獄苦 由佛光大 故令出得大德 何有過敢退大人等乎 答 若爾 何人 令不出在 而其中有限在者 必有深善根人等 得出在也 (『韓國佛敎全書』 4, p.350a)

5	問 自未來佛還化自現在者 以何文知乎 答 瓔珞經中第八地菩薩云 自見己身 當果諸佛摩頂說法故 已其說灼然 可知 又旣諸經經每云 三世佛拜故 諸罪業滅未來諸佛者何爲乎也 問 此他已成佛拜 何爲自未成佛乎 答 拜他佛之義非無 而遠緣非近緣 所以者何 汎諸佛爲衆生說佛德 意爲欲令衆生自亦得彼果 故令修行 是故衆生證自當來所得之果德 爲欲得彼故不惜身命修行 非爲得他佛果故修行 是故正今吾令發心修行 佛但吾當果已成佛 非他佛也 此義不疑怪也 又有他已成佛 卽是自當果佛 所以者何 他成佛時卽得三世佛平等果故 又吾當果卽是他今成佛 所以者何 吾得當佛時 卽得三世佛平等法故 如是展轉更互平等 平等無差別果德 (皆化今吾令修行 其義亦非無故也 或今吾身全體如來藏佛等是也 今吾卽緣吾性佛 以卽是而不知故悲怪發 至心修行欲返迷 是故其觀化吾佛卽是吾體佛非 遠求他佛 此義其正觀行者大要也) 又此吾性佛者 卽於一切法界有情非情中全全卽在 無非一物吾體佛故 若能拜自體佛者 無物不所拜 此亦甚大要也 常可思惟之 (『大正藏』卷45, p.604c~605a)	問 自未來佛還化自現在者 以何文知乎 答 瓔珞經第八地菩薩云 自見己身 當果諸佛摩頂說法故 則聖說炳然可知 又旣諸經云 三世諸佛拜敬故 諸罪業滅未來佛者何乎 問 此他已成佛拜義 何爲自未成佛乎 答 拜他佛之義非無而遠疎 所以者 凡諸佛爲衆生說佛德 意爲欲衆生自亦得彼果 故令修行 是故衆生望自當來所得之果德 爲欲得彼不惜身命修行 不爲得他佛果故修行 是故正令吾發心修行 佛但吾當果已成佛 非他佛也 此義不疑怪也 又他已成佛 卽是自當果佛 所以者何 他成佛時卽得三世佛平等果 又吾當果佛卽是他今成佛 所以者何 吾得當果佛時 卽得三世佛平等法 故如是轉展更互平等 平等無差別果德 (……) 又此吾佛 於一切法界有情無情中 全全卽作在 無一物非吾體佛故 若能拜自體佛者 無物不所拜 此甚大要 常可思之 (『大正藏』卷45, p.759)

6	第十隨順無所有盡觀者 (此觀有無 一相不相妨礙 如陽炎水濕乾 竝顯 順觀隨順有觀卽以三空門 逆觀隨 順無所有 盡觀無所有卽空理 所隨 順盡卽盡順俗盡 於空更無攝法 全 卽是空理故爲盡) 此卽因緣法盡於 自如也 卽俗事離分別之際 自此去 所卽是移衆庶盡癡顚倒 卽此甚深 法 隨擧一盡攝一切 無盡自在緣起 法 正十數所顯普法 緣起道理也 (『大正藏』卷45, p.606a)	錐穴記 第十觀云 (…………………… ……………………………… ……………………………… ……………………………… ……………………………… ……………) 此卽因緣盡於自 如也 此卽俗諦離分別之際 自此去 所卽是初最麤愚癡顚倒卽此甚深法 隨擧一盡攝一切 無盡自在緣起法 正 十數所現普法 緣起道理也 (『大正藏』卷45, p.750a)

7	問 見聞等三位 普法正位耶不耶 答 不也 但從三乘位 作如是說耳 若普法正位 卽無位無不位 一切六 道三界 一切法界法門 皆無不普法位 又一位一切位 一切位一位 如位法 門 一切行敎義等法門 皆爾 可思 問 若爾者 普法中 以何爲始乎 答 得一法門以爲始 此始卽與終無差 別始也 (『大正藏』卷45, p.607b)	智通記云 見聞等三位 普法正位耶 答 不也 但從三乘位 作是說耳 若普法正位 則無位無不位 一切六道三界 一切 法界法門 皆無不普法位 又一位一 切位 一切位一位等 如位法門 一 切敎義等法門 皆爾 問 若爾 普法中 以何爲始 答 得 一法門爲始 此則與終無別始也 (『韓國佛敎全書』4, p.351b, 157c, 354c, 『大正藏』卷45, p.751b)

8	若入一乘機熟 如來一代中 皆在此會 (『大正藏』卷45, p.611c)	智通問答云 若入一乘機熟 如來一代中說 皆在此會 (『韓國佛教全書』4, p.290c)
9	問 善財值知識時 所聞法門 皆如聞得證耶 聞以後修行方得耶 答 隨所聞法聞卽得證也 問 若爾 既得法門因緣得益中 明過去無量劫中 值諸佛聞法供養等諸行修 方得此法門 善財今方但聞所說法門耳 非修行無量劫行 云何得乎 答 已得此法門 卽入法性 入法性卽自他無二 三世無前後故 善知識所得因果 自利利他法門 卽是善財自行成故 隨所得法門 其因果前後之法 皆自無不行 得法不移一時 而卽成無量劫 隨所聞法門無量劫中修行 以得 豈不修有得果之義乎 問 若隨所值知識同因行發心時節者 諸知識聞法皆可齊同 何故諸知識發心 值佛修行時節 皆不同耶 答 欲顯法不同故 如是示現耳 諸不同 皆由同方不同耳 准可思也 (『大正藏』卷45, pp.611c~612a)	智通問答云 善財值知識時 所聞法門 皆如聞得證耶 聞以後修行方得耶 答 隨所聞法卽得證也 問 若爾 得法因緣問答中 明過去無量劫 值諸佛聞法供養等諸行修行 方得此法門 善財今方但聞所說法耳 非謂修行無量劫行 云何卽得乎 答 既得此法 卽入法性 法性卽自他無二 三世無前後故 善知識所得因果 自利利他法門 卽是善財自行成故 隨所得法門 其因果前後之法 皆自無不行 得法不移一時 而卽成無量劫 隨所聞法門無量法門 無量劫中修行得 豈不修有得果之義乎 問 若隨所值同因行發心時節等者 諸知識 皆可齊同 何故諸知識發心值佛修行時節 皆不同耶 答 欲現法不同 如是示現耳 諸不同 皆由同方不同耳 (『韓國佛教全書』4, p.157a~b, 97c~98a)

孔目云 華嚴經中成佛有五中
寶莊嚴童子等二人現身成佛等
云何知其相答 寶莊嚴童子卽
現身中 値佛聞法得信解自分
勝進位 諸三昧門等 卽知成
信滿佛等 又兜率天子等旣現
信中卽得離垢三昧少分 速諸
功德等 故知現身成佛 善財
童子旣現信至普賢菩薩知識
而彌勒知識言 當來我成佛時
汝見我故知後生中成佛 此等
且約文相據見聞等三位爲三生
故作如是說耳 約實共皆同
但以一身 中成佛言一身者 法
性以一身中成佛言一身者 法性
身無別分段等身

(『大正藏』卷45, p.612ab)

孔目云 花嚴經中成佛有五中
寶莊嚴童子等二人現身成佛等
云□知其相答 寶莊嚴童子則
現身中 値佛聞法得信解□分
勝進位 諸三昧門等 卽知成
信滿佛等 又兜率天子等旣現
信中卽得離垢三昧小分 還諸
功德等 □現身成□ 善財
童子旣現信至普賢菩薩知識
而彌勒知識言 當來我成佛時
汝見我故知後生中成佛 □等
且約文相據見聞等三位爲三生
故作如是說耳 約實共皆同
但以一身 中成佛言一身者 法
性以一身中成佛言一身者 法性
身無別分段等身

(『韓國佛教全書』4, p.484b)

表 중의 1, 2, 3, 4, 7, 8, 9의 『추동기』 일문은 모두 均如의 저서
에 인용된 것이다. 1은 균여의 『釋華嚴教分記圖通鈔』의 卷1 및 卷2,
그리고 『十句章圓通記』의 卷下 등의 세 곳에 거듭 인용되었다. 『석화
엄교분기원통』 권2에서는 직접 인용이 아니라 그 내용을 간단히 요약
한 간접 인용이다. 7의 경우는 균여의 『釋華嚴旨歸章圓通鈔』 卷下에
1회 및 『석화엄교분기원통초』 권4에 2회, 그리고 『법계도기총수록』에
1회 등 모두 4곳에 인용되기도 했다. 그리고 균여는 9를 『석화엄지귀
장원통초』 권상 및 권하에 각각 한 번씩 인용했다. 따라서 『추동기』의
일문을 전해주고 있는 균여의 저서는 다음과 같다.

『釋華嚴教分記圓通鈔』　7회
『釋華嚴旨歸章圓通鈔』　3회
『一乘法界圖圓通記』　1회
『十句章圓通記』　1회

균여의 現存 저서 5部 중 『華嚴經三寶章圓通記』를 제외한 4部에는
모두 『추동기』가 인용되었다. 균여는 『추동기』를 『도신장』과 함께 중
요시했음을 알 수 있다.

『법계도기총수록』에는 세 차례 『추동기』를 인용했다. 표 중의 5, 6,
7이 그것인데, 7의 경우는 균여의 『석화엄교분기원통초』에 인용된 것
과 같은 내용이다.

앞의 대조표를 통해서 알 수 있듯이, 『추동기』 일문의 내용이 『화엄
경문답』과 거의 동일한 것이다. 다만 두 책 사이에는 약간의 相異字가
있다. 그러나 이 정도의 차이는 전승 경로가 달랐던 두 異本 사이에서

생겨난 것으로 내용이 크게 달라진 것은 없다. 異本間에 약간의 相異字가 있음은 흔한 일이다. 『화엄경문답』의 경우에도 板本에 따라 상당히 많은 글자의 異同이 있다. 『大正新修大藏經』卷45에 수록한 『화엄경문답』은 平安末期의 古寫本인 小野玄妙所藏本을 그 저본으로 하고 元祿十四年刊本인 大谷大學所藏本과 대조하여 교감했는데, 相異字가 적지 않다.

균여가 『추동기』 중에서 같은 부분을 인용한 경우에 균여의 두 저서에 보이는 相異字 또한 적지 않다. 균여의 『지귀장원통존』와 『십구장원통기』 등은 13세기 전반에 天其에 의해 方言이 삭제되는 변화가 있기도 했음에 유의할 필요가 있다.

『道身章』은 균여의 저서 중에 40여 회, 『법계도기총수록』에 7회의 인용이 전하고 있다. 『도신장』의 일문 중에 『화엄경문답』의 내용과 비슷한 경우도 없지만, 『추동기』의 경우처럼 그 내용 모두가 동일한 것은 아니다.

이상에서 살펴본 바에 의하면, 『화엄경문답』이 『추동기』의 異本이라는 사실은 확실하다고 하겠다. 그럼에도 불구하고, 여전히 의문으로 남는 것은 무슨 이유로 『화엄경문답』이 법장의 저작으로 알려지게 되었는가 하는 점이다. 제목 『화엄경문답』은 『추동기』의 성격과도 부합하기에 별 문제가 없다. 의상은 『화엄경』을 강의하되 문답식으로 강의했기에 『화엄경문답』이라고도 할 수 있었을 것이다. 문제가 되는 것은 이 책을 법장의 저작이라고 한 점이다. 前述했듯이, 見登은 『香象問答』이라는 제목으로 『화엄경문답』을 인용한 바 있다. 따라서 8세기 후반으로부터 9세기경에 활약한 신라의 견등은 『화엄경문답』의 저자를 당나라의 法藏으로 알고 있었던 셈이 된다. 『추동기』가 유통되고

있던 신라 사회에 왜 같은 내용의 책을 법장의 저술이라고 하게 되었
는지 의문이 아닐 수 없다. 吉津宜英은 이 책이 法藏撰으로 된 것은
편집 시에 법장의 저작도 참조했기 때문이었을 것으로 추측했다. 그러
나『화엄경문답』에 법장의 영향을 보이지 않는다는 石井公成의 연구
가 있다. 그는 처음에 撰者나 題名이 없는 노트 같은 것이었기에 후에
법장작으로 잘못 와전된 경우와 이 책이『極果廻心』에 관해 詳說하고
있는 점에 착안하여 그러한 입장에 선 사람이 법장찬이라고 선전하여
권위를 세우려 한 경우 등의 두 가지 이유로 추측하고 있다.

아무튼, 8세기 중엽 이후의 신라 화엄학계에 法藏教學의 영향이 점
차 확대되고 있었던 사실을 유의할 만하고, 見登의 저서에 의상의 설
이 전혀 인용되지 않은 점 등도 주목할 만하다.

『화엄경문답』이 일본의 화엄종에서 중요시된 것은 그 전통이 오래
고 현대의 연구가들도 이 책의 性起思想을 많이 참고한다고 한다. 따
라서 일본에서는 이 책의 간행과 유통 또한 꾸준히 이루어져 왔다. 平
安末期古寫本이 저하고 있고, 木板本으로는 元祿十四年刊本(1701년)
과 光明寺板本 등이 전하고 있다.

Ⅳ. 맺는말

海東華嚴宗의 始祖 義相이 우리 역사에서 차지하는 비중은 대단히
크다. 그럼에도 불구하고 그의 저술은『華嚴一乘法界圖』와 몇 편의
偈頌만이 전해오고 있어서 아쉬움이 많다. 이처럼 의상 관계 자료의
부족을 절감하고 있는 상황에서 보고된『화엄경문답』이 의상의 강의

를 제자가 筆錄한 것이라는 石井公成의 연구 성과는 우리의 관심을 끌기에 충분하다. 이에 필자는 石井公成의 견해를 적극적으로 수용하면서 균여 저서 등에 인용되어 있는『추동기』의 일문과『화엄경문답』을 대조함으로써 화엄경문답은 곧 일서로 알고 있던 추동기의 이본이라는 사실을 확인할 수 있었다.

의상이 화엄경을 강의한 내용의 165 문답이 그대로 수록된『추동기』의 異本이 現存하고 있음은 다행스럽고도 반가운 일이다.『화엄경문답』의 저자와 관련된 오랜 의문을 풀게 된 것도 수확이다. 智儼과 義相의 화엄사상을 밝히는 데 이 책은 귀중한 자료일 뿐만 아니라, 이 책이 법장이 저술이 아니라는 사실의 확인으로, 법장 화엄사상의 이해에도 도움을 줄 것이다.

또한 이 책을 통해서 스승과 제자 사이의 문답으로 진행된 당시의 강의나 교육의 모습을 엿볼 수 있고, 신라어의 연구에도 도움을 받들 수 있을 것이다.

※『한국학보』84, 일지사, 1996.

『華嚴經問答』 再考

김상현(金相鉉)

Ⅰ. 머리말

　義相(625~702)은 小伯山 錐洞에서 90일 동안이나 『華嚴經』을 강의한 바 있는데, 眞定 亡母의 명복을 빌기 위한 講會였다. 이 錐洞九十日會에 참석했던 門人 智通은 스승의 강의를 따라 그 요긴한 내용을 간추려서 『錐洞記』 2권을 저술하여 세상에 유통시켰다. 『錐洞記』는 고려 후기까지 전해졌다. 일본에는 소위 唐의 法藏(643~712)이 지었다는 『華嚴經問答』 2권이 古代로부터 전해지고 있다. 그런데 필자는 『화엄경문답』은 법장의 저술이 아니라 『錐洞記』의 異本이라는 견해를 밝힌 바 있다.[1] 均如의 저서 및 『法界圖記叢髓錄』에 인용되어 전하는 『錐洞記』의 逸文을 『華嚴經問答』과 대조해 본 결과 거의 같다는 사실을 확인한 것이 그 중요한 근거였다. 필자의 이 논문이 발표된 후 박태원은 『화엄경문답』을 기본 자료로 하여 의상의 一乘 三乘論을 고찰했다.[2] 崔鈆植도 「신라 見登의 저술과 사상 경향」이라는 논문에

---

1) 졸고, 「추동기와 그 이본 화엄경문답」, 한국학보 84, 1996.
2) 박태원, 「의상의 성기사상」, 『철학』 49, 한국철학회, 1996.

서 필자의 견해를 활용했다.[3] 그런데 최근에 朴書延은『화엄경문답』은『錐洞記』나『道身章』등 의상계의 저술을 참조하여 일본에서 저술된 문헌이라는 견해를 발표했다.[4] 이에 필자는 박서연의 견해에 대해 답할 필요가 있게 되었다. 그래서 본 고를 쓴다.

II. 『錐洞記』와 『華嚴經問答』

石井公成은『화엄경문답』과『錐穴問答』은 깊은 관계가 있다고 하면서도 균여의 저술이나『법계도기총수록』에 인용되어 전하는『錐洞記』의 逸文이, 극히 일부분을 제외하고는,『화엄경문답』과 일치하지 않는다고 했다.[5] 그러나 필자는『추동기』의 일문은『화엄경문답』과 거의 일치함을 밝혔다.『추동기』는 均如의 저술과『법계도기총수록』에 15차례 인용되었는데, 중복 인용한 경우를 제외한 9종의 逸文 1,200여 字가『화엄경문답』의 문장과 거의 동일하다는 사실을 대조표까지 작성하여 제시한 바 있다. 그럼에도 불구하고, 박서연은 필자가 구체적으로 예시한 자료에 대해서는 언급하지 않은 채『추혈문답』이 현재 전하지 않고, 또『법계도기총수록』이나 균여의 저술에 인용된 문장들은 일부를 제외하고는『화엄경문답』과 대응하지 않기 때문에 이양자를 단순히 異本이라고만 생각할 수는 없다는 石井公成의 주장을 인용함으로써,『추동기』의 일문이『화엄경문답』의 문장과 거의 동일

「화엄경문답으로 본 의상의 일승 삼승론」,『한국학보』86, 1997년 봄호.
3)『한국사연구』115, 한국사연구회. 2001.
4) 박서연, 「신라 의상계의 저술과『화엄경문답』의 관련성 연구」,『한국불교학』34, 2003.
5) 石井公成,『華嚴思想の硏究』, 春秋社. 1996. p.274.

하다는 필자의 주장이 잘못으로 확인된 것처럼 오해할 수 있도록 서술하고 있다.[6] 이러한 서술 방법은 연구 방법상의 오류라고 하겠다. 필자는 자료를 구체적으로 제시함으로서 일부를 제외하고는『화엄경문답』과『추혈문답』은 대응하지 않는다는 石井公成의 주장을 반박한 셈인데, 박서연은 필자가 제시한 자료에 대해서는 언급하지 않은 채, 石井公成의 주장만을 되풀이하고 있기 때문이다. 물론『화엄경문답』이『추동기』나『도신장』등을 참조하여 저술된 것이라는 그의 주장에 의하면,『화엄경문답』과『추혈문답』이 어느 정도 같을 수도 있겠지만, 거의 같은 내용이라면 참조를 넘어 표절에 가깝게 된다는 점에 유의할 필요가 있다.

Ⅲ.『道身章』과『華嚴經問答』

道身은 의상의 뛰어난 제자 중의 한 사람이었다. 『宋高僧傳』에는 의상의 대표적인 제자로 智通, 表訓, 梵體, 道身 등을 열거했다. 비록『삼국유사』가 기록하고 있는 의상 十大弟子 중에는 道身이 빠져 있지만, 그가 의상의 제자임은 확실하다. 『송고승전』에 의하면,『道身章』이나『錐穴問答』은 의상의 강의를 그 제자가 기록한 것이라고 한다. 『도신장』에는 의상의 제자인 智通, 常元, 良圓 등의 이름이 보이는데,「常元師問」,「元師問云」,「通師曰」,「良圓師答」운운의 예가 그것이다. 또한「元曉法師曰」이라고 하여 원효의 설을 인용한 예도 있고,「相和尚曰 …… 元師問云」이라고 한 경우에서 보듯, 의상화상과 그 제자

6) 박서연, 앞의 논문, p.183.

常元과의 문답 내용도 소개되어 있다. 이와 같은 내용을 통해서『도신
장』이 의상의 강의를 기록한 것임을 알 수 있다. 박서연에 의하면, 智
通의 학설이 언급되고 있는『도신장』은 지통이 활동한 8세기 초 이후
에 저술되었을 것이라고 하지만, 이해하기 어려운 주장이다. 의상의
강의 내용을 정리한『도신장』에 의상의 제자들 이름이 보이는 것은 오
히려 당연하고 자연스럽기 때문이다. 均如는 그의 여러 저서에『도신
장』을 40회나 인용했고,『법계도기총수록』에서도 9회에 걸쳐『도신장』
을 인용했다. 필자는『도신장』逸文을 정리하여 학계에 보고한 바 있
다.[7] 그리고 필자는『도신장』의 내용 중「禮他佛之意」와「反情方便」
에 대한 서술은『錐洞記』에도 비슷한 내용이 있고, 특히「反情方便」
에 대한 내용은『錐洞記』의 기록과 거의 일치함을 지적한 바 있다. 물
론『도신장』에는 西風波 東風波의 예나 智儼과 元曉의 說을 인용하고
있는데,『추동기』에 없는 내용이다. 반정방편에 관한 다음의 기록은『도
신장』에서 인용한 것이다.

일승의 연기법은 情으로 미칠 바가 아니니, 비록 정으로 미칠 수는 없
지만, 먼 데서 구할 것은 아니요 정을 뒤집으면 곧 이것이다.

문 : 정을 뒤집은 방편이란 무엇인가?
답 : 방편이 헤아릴 수 없으나 그 요체는 보는 곳을 따라 마음을 집착
하지 않음이 이것이니, 들은 법을 따라서 문장대로 취하지 않고
곧 그 연유를 이해하며 또 법의 실상을 이해하는 것이다.

---

7) 졸고,「道身草拾遺」,『불교학보』33, 동국대학교 불교문화연구원, 1996.

문 : 무슨 말인가?

답 : 대개 성인의 말이 일어나는 것은 모두 근기와 인연으로 말미암은
　　것이니, 이른바 가르침은 좋은 약이라 낳는 병[生病]을 치료하니,
　　만약 낳음으로 치료할 수 있다면 낳는 것으로 하고, 만약 낳지 않
　　음[不生]으로 치료할 수 있다면, 낳지 않음으로서 한다. 만약 법이
　　반드시 낳음과 낳지 않음이고, 낳음이 옳은 것이라면 낳지 않음은
　　그른 것이요, 낳지 않음이 옳은 것이라면 낳음은 옳은 것이 아니
　　니, 그 법이 낳음과 낳지 않음에 있지 않기 때문에 낳음과 낳지
　　않음으로서 병을 다스림에 막힘이 없는 것이다.[8]

앞에 인용한 『도신장』의 이 기록은 『화엄경문답』 중의 다음 내용과
거의 일치한다.

一乘緣起之法非計情所及　雖非計情所及而不遠求　返情卽是也　問言返
情者 不知其方便　云何 答雖方便無量　而其要言之 隨所見處卽不著心爲是
隨所聞之法不取如聞　卽能解其所由　又卽解法實性也　問雖有此言而不知
所以 答汎聖教之言趣皆有於機緣之所由　謂教是藥　能治衆生病故　若以生
而治卽以生　若以不生治者卽以不生　若法空是生不生者　以生爲是　以不生
爲非　以非生爲是　以生卽非是也　其法非有於不生生故　卽能以生不生治病
無障[9]

---

8) 道身章云 一乘緣起法 非情所及雖非情及 而不遠求 返情卽是 問言返情方便云何 答方便無量 而其要者 隨所見
處不著心 爲是隨所聞法不取 如文卽能解其所由 又卽解法實相 問此言何耶 答凡聖言趣皆 皆機緣之所由 謂教是
良藥 能治生病 若以生而治則以生 若以不生可治者則以不生 若法定是生不生者 以生爲是不生 卽非不生是是
生 則非是其法 不在於生不生故 能以生不生 治病無障『一乘法界圖圓通記』卷上, 한국불교전서 4, p.15a.:『法界
圖記叢髓錄』卷下之一,『한국불교전서』6, p.827b)
9)『華嚴經問答』卷下,『大正藏』卷45, p.609a.

앞에 인용한 『화엄경문답』의 내용과 『도신장』의 내용은 몇 글자의 차이가 있을 뿐, 거의 일치한다. 도신이 지통과 함께 같은 장소에서 배운 내용일 수도 있고, 아니면 의상이 자주 강조했던 내용이기 때문일 수도 있다. 아무튼, 『화엄경문답』이 의상의 강의를 기록했을 가능성을 높여주는 자료라고 하겠다. 박서연도 두 문헌 모두 동일하게 一乘緣起法을 無住法性과 十佛普賢 경계의 관점에서 설명하고 있다고 하면서 두 문헌은 내용적으로나 사상적인 면에서 관련이 있다고 했다.

他佛 禮拜에 대한 『도신장』의 기록과 『화엄경문답』의 다음 기록은 매우 비슷하다.

1. 『도신장』

문 : 나에게 해당되는 부처가 또한 나를 교화한다고 했는데, 어느 경문에서 알 수 있는가?

답 : 『영락경』에서 八地菩薩은 지나간 몸의 당면한 과(果)를 스스로 보니, 모든 부처가 정수리를 어루만지며 설법한다고 했고, 또 경에서는 삼세의 모든 부처를 예경하기 때문에 모든 죄업을 소멸하니, 미래의 모든 부처로서 무엇을 하겠는가 라고 하였다.

문 : 이는 곧 남을 예배하여 이미 부처를 성취한 것일 텐데, 어찌 스스로 부처를 아직 이루지 못했다고 말하는가?

답 : 다른 부처를 예배하지 않음이 없는 뜻인데도 다른 부처를 멀리하니, 그 까닭은 무엇인가? 무릇 모든 부처가 중생을 위해 법을 설한다는 의미는 중생으로 하여금 스스로에 해당되는 과(果)를 얻게 하고자 하여 목숨을 아끼지 않고 수행하도록 하는 것이지, 다른 과를 얻게 하기 위한 것이 아니다. 나로 하여금 올바르게 發心修行케 하는 부처란 것은 바로 나에 해당되는 부처이지 다른 부처가 아니

다. 또 남이 이미 부처를 성취한 것이 바로 나에 해당되는 부처이니, 그 까닭은 성불할 때 삼세의 평등한 과법을 얻기 때문이다.[10]

2. 『화엄경문답』

문 : 미래의 부처로부터 도로 자신의 현재를 교화한다는 것은 어떠한 글로써 알 수 있습니까?

답 : 『瓔珞經』 중 第八地菩薩이 이르기를, '자기 몸의 當果를 스스로 본다.'고 하였으니, 諸佛의 摩頂說法이기 때문에 이미 그 설법이 灼然하였음을 알 수 있다. 또 이미 여러 經에서 경마다 이르기를, '三世의 부처를 숭배하여 여러 罪業이 소멸한다.'고 하였으니, 미래에 부처될 자가 어떻게 하겠는가?

문 : 이는 남이 이미 성불하였음을 숭배함인데, 무엇 때문에 스스로는 부처가 되지 못합니까?

답 : 他佛을 숭배한다는 뜻이 없지 않으나, 疏遠함은 친함을 가까이 함[近親]이 아니다. 그 까닭은 무엇인가? 수많은 여러 부처가 중생을 위해서 佛德을 설함은, 뜻이 중생들로 하여금 스스로 또한 그 佛果를 얻게 하므로 수행케 하고자 하기 위한 것이다. 이 때문에 중생은 스스로 當來에 얻을 바 果德을 증득하며, 그 것을 얻고자 하기 때문에 身命을 아끼지 않고 수행하는 것이며, 남을 위해 불과(佛果)를 얻는 것이 아니기 때문에 수행하는 것이다. 이 때문에 바로 지금의 나를 發心케 해서 수행하는 것이다. 부처는 다만 當果일 뿐이며, 이미 부처가 되면 他佛이 아니다. 이러한 뜻은 이상하게 여길 것이 못된다.

이처럼 他佛禮拜에 관한 설명이 『도신장』 및 『화엄경문답』의 두 문헌에서 거의 같은 내용으로 되어 있음은 주목할 필요가 있다.

---

10) 『旨歸章圓通鈔』 卷上, 『한국불교전서』 4, p.154.

Ⅳ. 『古記』와 『華嚴經問答』의 十佛說

『古記』에 의하면, 의상은 태백산 大蘆房에 머물 때 眞定, 智通 등의 제자들에게 十佛에 대해서 설했다. 『고기』가 전하는 그 내용은 다음과 같다.

> 古記云 相和尙住大伯山大蘆房時 爲眞定智通等 說行人欲見十佛者 應先作眼目通等 問云何是眼目耶 和尙曰 以花嚴經爲自眼目 所謂文文句句 皆是十佛 自此以外求觀佛者 生生劫劫終不見也 和尙曰

1. 所謂無著佛安住世間成正覺故者 今日吾五尺之身名爲世間 此身遍滿虛空法界 無處不至 故曰正覺安住世間故 離涅槃之著成正覺故 離生死之著 若約實而言 三種世間圓明自在 故曰無著佛也

2. 願佛出生故者 百四十願 十廻向願 初地願 及性起願等 皆願佛也 此佛以無住爲身故 無有一物非佛身者 所謂隨擧一法盡攝 一切稱周法界名爲願佛也

3. 業報佛信故者 二十二位之法 本來不動圓明照矚若諸行人能如是信 卽云信也 若擧實道理而說 上自妙覺下至地獄 皆是佛事 是以若人敬信此事 可遵業報佛也

4. 持佛隨順故者 法界森羅諸法雖云無盡 若以海印印定 則唯一海印定法 彼持我我持彼 故云隨順 是故以世界持佛以佛持世界 是名持佛也

5. 涅槃佛氷度故者 證見生死涅槃本來平等 故云氷度 所謂生死非喧動 涅槃非寂靜 是此義也

6. 法界佛無處不至故者 一塵法界 松木法界 栗木法界 乃至十方三際虛空法界 總是佛身 所謂眞如前際不滅 後際不生 現在不動 如來亦爾 過去無滅 未來無生 現今無動 無形無相如虛空界 不可量故 百千萬劫已說

今說當說 終不可盡 無有邊際故 曰法界佛也

7. 心佛安住故者 息心卽佛起心非佛 如人以水淨器 不知能淨濁水也 水淨影明 水濁影昏 心法亦爾 息心法界圓明 起心法界差別 是故心安住則法界 諸法現於吾五尺身也

8. 三昧佛無量無著故者 海印三昧之法學學約約無住著故 曰無量無著三昧佛也

9. 性佛決定故者 法性有二 所謂大性及與小性 何者若一法起竟 三世際無內無外 故曰大性 一法之位遍一切中方得成者 是名小性 所謂一柱盡法界際 但是柱者名爲大性 此一柱中緣枕瓦等著位現者 名爲小性也

10. 如意佛普覆故者 如大龍王有大寶王 若無此寶 一切衆生無所衣食故 五穀九穀千種萬種並成熟者 唯此室王之德也 如意佛恩亦如是也[11]

『법계도기총수록』에는 『고기』를 20회 인용했다. 『고기』는 그 저자도 편찬 시기도 알려진 것이 없다. 9세기 전반에 살았던 梵體의 제자 潤玄의 설이 인용된 것으로 미루어 『고기』는 대개 9세기 중반 이후에 편찬된 것을 알 수 있다. 여기에는 의상을 비롯하여 表訓, 眞定, 智通, 相元, 神琳, 融秀, 大雲法師 君, 梵體, 潤玄, 質應 등 義相系 신라 화엄학승들의 설이 많이 인용되어 있어서 자료적 가치가 높은 편이다.[12] 그런데 박서연에 의하면, 『고기』에 수록되어 있는 의상의 十佛說과 『화엄경문답』 중의 十佛說은 그 내용이 다르기에 문제가 된다고 한다. 『화엄경문답』 중의 십불설을 인용하면 다음과 같다.

---

11) 『法界圖記叢髓錄』 卷下之二.
12) 졸저, 『신라화엄사상사연구』, 민족사, 1991, p.46.

問：十佛相貌云何

答：一無著佛 經云 安住世間成正覺故 嚴師釋云 所有功德無住著故
　　解云 敎義等乃至逆順一切世法門 皆 佛功德無障無礙 離住著義
　　以爲無著佛
　　二願佛 經云 出生故 法師釋云 所有功德隨願皆成故 解云 一切功
　　德皆隨佛願 隨衆生願無所不成義爲願佛
　　三業報佛者 經云 信故 釋云 所有功德隨業應成故 解云 一切功德
　　法及衆生一切業中果應故 決定能生信 若違者不決定義故曰信故
　　四持佛 經云 隨順故 釋云 所有功德住持一切解行故 解云 一切功
　　德皆一切行者解行中契 若佛以者卽佛隨順德 若衆生以者 卽所起
　　解行佛非隨持 卽不得自解行故 如是任持義以爲持佛 故曰隨順故
　　五涅槃佛 經云 永度故 釋云 所有功德常寂靜故 解云 一切功德寂
　　滅義爲涅槃佛
　　六法界佛 經云 無處不至故 釋云 所有功德與法性相應無盡故 解
　　云 一切功德皆與法性相應 卽一切法是十方三世一切處中 無盡義
　　以爲法界佛故
　　七心佛 經云 安住故 釋云 所有功德種種相故 解云 此宗中心種種
　　義 釋謂 功德一切種種相 各各自是 以不壞義以爲心佛 故曰安住故
　　八三昧佛 經云 無量無著故 釋云 所有功德與定相應故 解云 一切
　　功德與定相應故 無盡故無 量 亦寂靜無喧動無著
　　九性佛 經云 決定故 釋云 所有功德卽法性故 解云 一切功德卽法
　　性 餘緣不所動 故如其性 譬如印所印法故決定故
　　十如意佛 經云 普覆故 釋云 所有功德隨意增微現前故 解云 一切
　　功德隨意隨機 弱强深淺等事 皆現前無所不爲 故曰普覆故[13]

---

13) 『大正藏』卷45, p.758.

『화엄경문답』 중의 십불설은 經, 釋, 解의 순으로 설명되고 있어서, 그렇지 않은『고기』의 십불설과 그 설명 형식이 다른 듯이 보인다. 그러나 앞의 經云 부분이『고기』에는 생략되었을 뿐 그 내용은 동일하다. 그리고 釋云 부분은 모두 '嚴師釋云'의 줄인 표현일 것이고, 解云은 의상의 해석으로 이해된다. 아무튼,『고기』에 인용되어 있는 의상의 십불설과『화엄경문답』 중의 십불설을 비교해 보는 일은 중요한데, 이 점에 착안한 박서연의 연구는『화엄경문답』에 대한 우리들의 논의를 한 단계 높여 주고 있다. 그러나 십불설에 대한 두 자료를 비교하려 할 때, 다음의 사항들은 마땅히 고려되어야 할 것이다. 의상으로부터 강의를 들은 두 제자가 각각 그 들은 바를 기록할 경우에도 기록이 반드시 동일할 수는 없다. 그리고 의상이 같은 주제를 강의하더라도 장소와 일시와 수강자에 따라 표현이 조금씩 달라질 수 있다. 또한 그 강의 내용을 후에 인용할 경우에도 약간의 변화가 올 수도 있다. 그런데『고기』가 인용하고 있는 의상의 십불설은 太白山 大蘆房에서 강의한 것이고,『화엄경문답』은 소백산의 추동에서 강의한 것이다. 물론『화엄경문답』을 정리했던 지통은 대로방에서도 의상의 강의를 들었다. 전술한 바와 같이『고기』가 8세기 중반 이후에 편집된 것임을 감안하면, 고기』에 인용된 의상의 십불설도『고기』의 편찬자가 직접 들었던 내용은 아니다. 이상의 여러 사항을 감안할 때, 십불설에 대한 두 문헌의 기록이 같기를 기대하기란 처음부터 어려운 일이다. 그리고 다르다고 하지만, 그 내용이 확연히 다른 것도 아니다. 따라서 십불설에 대한 두 문헌 기록의 차이만으로『화엄경문답』을 의상계의 문헌으로 보기 어렵다는 견해에 동의하기 어렵다. 박서연은 "願佛을 無住로서 몸을 삼기 때문에 한 物이라도 佛身 아님이 없다"고 한 의상의 해석에 주목하고, 이것은 "吾佛이 일체 法界의 有情 無情 가운데 온전히 卽하여 있어 一物이라도 吾體佛 아님이 없다"고 한 吾體佛思想과 통하는 것이라고 이해하고, 십불에 대한 의상의 해석과 『화엄경문답』의 해석이 서로 다른 한 예증으로 제시하고 있다.[14] "吾性佛者 卽於一切法界有情非情中 全全卽在 無非一物吾體佛故" 운운은[15] 『추혈문답』 중의 한 구절이고, 이는 『화엄경문답』의 내용[16]과도 일치하는 것이기에 오히려 원불에 대한 의상의 해석과 『화엄경문답』 중의 오체불에 대한 해석은 같은 것임을 알게 해준다.

의상은 십불을 해석할 때, 1. 無着佛과 7. 心佛 부분에서 '五尺身'이라는 용어를 사용했음에 비해 『화엄경문답』의 경우 십불을 해석하는 부분에서는 五尺이란 용어를 전혀 사용하지 않았음에 주목한 박서연은 이를 의상의 해석과 『화엄경문답』의 해석이 다른 구체적인 사례로 강조한다. 『화엄경문답』에도 五尺이란 용어는 사용했다. '五尺義事' '五尺義理' 등이 그 예다.[17] 그리고 『화엄경문답』에는 吾體佛이라는 용어도 사용했다. 곧 다음의 경우가 그것이다.

> 或今吾身全體如來藏佛等是也 今吾卽緣吾性佛 以卽是而不知故悲怪發至心修行欲返迷 是故其觀化吾佛卽是五體佛化 遠求他佛 此義其正觀行者大要也 又此吾性佛者 卽於一切法界有情非情中 全全卽在 無非一物吾體佛故 若能拜自體佛者無物不所拜 此亦甚大要也 常可思惟之[18]

---

14) 박서연, 앞의 논문, p.196.
15) 『법계도기총수록』 권하 2.
16) 『대정장』 45, p.605상.
17) 『화엄경문답』 권상, 대정장 45, p.598하.
18) 『華嚴經問答』 권상, 大正藏 45, p.605上.

의상은 自體佛에 대해서 논의했다.[19] 今日吾五尺身이라고 표현했듯이, 오척은 오체불과 연결하여 사용되는 경우가 대부분이었다. 따라서 『화엄경문답』의 경우, 십불 해석에만 오척 오체불 등의 용어를 사용하지 않았을 뿐, 다른 곳에서는 사용하고 있다. 『고기』가 인용하고 있는 의상의 십불에 대한 설명은 태백산 대로방에서 강의한 내용이고, 『화엄경문답』 중의 그것은 추동에서의 강의 내용이다. 따라서 박서연의 문제 제기는 십불에 대한 의상의 견해를 보다 풍부하게 확보하는 기여를 한 셈이지만, 십불설에 대한 『화엄경문답』의 기록이 『고기』의 그것과 동일하지 않다고 해서 『화엄경문답』을 의상계 문헌이 아닌 것으로 보기는 어려울 것이다.

Ⅴ. 『華嚴經問答』과 『香象問答』

일본에서는 『화엄경문답』이 왜 법장의 저작으로 알려지게 되었는가 하는 문제가 있다. 見登은 『香象問答』이라는 제목으로 『화엄경문답』을 인용한 바 있다. 따라서 견등은 『화엄경문답』의 저자를 당나라의 法藏으로 알고 있었던 셈이 된다. 최연식의 見登에 대한 연구에 의하면, 지금까지 견등의 저술로 알려져 온 『同異略集』은 견등의 저술이 아니라 8세기 중반에 활동한 일본 승려 智憬의 저술이라고 한다. 그리고 견등의 저서 『華嚴一乘成佛妙意』도 신라에서 저술된 것이 아니라 일본에서 저술된 책이라고 한다. 최연식은 그 근거로 다음의 두 가지를 들고 있다.

---

19) 『法界圖記叢髓錄』 卷下之二, 大正藏 卷45, p.759b.

첫째, 이 책에서 일본의 문헌과 신라의 문헌을 인용하는 태도의 차이가 있다는 것이다. 이 책에는 일본 승려 壽靈의『華嚴五敎章指事』와 신라의 화엄종 문헌인『孔目章記』가 인용되어 있는데,『화엄오교장지사』를 지사라고 호칭한 것과 달리『공목장기』는『新羅記』로 부르는데, 이러한 호칭은 신라에서 신라 사람들을 상대로 저술된 책이라면 매우 어색하다는 것이다. 일본의 문헌이 인용된 경우는 이 책이 유일할 뿐, 다른 신라 승려의 저술에 일본 문헌이 인용된 예는 없다.

둘째, 이 책에는『화엄경문답』을『香象問答』이라는 제목으로 바꾸어 인용하고 있다는 것이다. 특히 그는 향상이라는 용어가 일본과 관계가 깊다는 점에 주목했다. 그에 의하면, 일본의 화엄종에서는 일반적으로 法藏을 존경하여 美稱인 香象으로 호칭했지만, 중국이나 한국의 문헌에서는 그 예가 보이지 않는다는 것이다.

따라서『華嚴一乘成佛妙意』는 일본에서 저술되었을 것이고 저자 견등도 일본에서 활약한 인물로 보아야 한다는 것이고,『華嚴一乘成佛妙意』의 저술 시기 혹은 견등이 활동한 시기는『華嚴五敎章指事』가 저술된 800년 경 이후라고 한다. 최연식의 이 연구에 의하여,『화엄경문답』의 저자가 법장으로 잘못 알려진 것이 신라에서의 일이 아니라, 9세기 이후 일본에서의 일임을 알게 되었다. 그러나 박서연은『화엄일승성불묘의』의 저술 지역을 단정적으로 말하기 어렵다고 하면서 여전히 강한 의문을 제기하고 있다.『화엄일승성불묘의』는 그 첫머리에 '靑丘沙門 見登之補'라고 저자를 분명히 표시하고 있고, 또 의상의『일승법계도』를 인용하고 있기 때문이라는 것이다.

『추동기』가 일본으로 전해진 뒤에 이것이『화엄경문답』으로 제목이 바뀌고, 또 그 저자가 법장으로 알려지게 된 경위를 알 수는 없다. 다만『화엄경문답』을『향상문답』으로 인용했던 견등의『화엄일승성불묘의』에는 이미 이런 혼란이 보인다. 박서연에 의하면,『화엄경문답』은『추동기』나『도신장』등 의상계의 저술을 참조하여 일본에서 저술된 문헌일 것이라고 한다.[20] 그러나 이 책이 왜 일본에서 저술된 문헌인지에 대한 설명이나 논증은 거의 없다. "이 책이 의상계의 문헌과 밀접한 관련이 있다"면, 그리고『추동기』나『도신장』등을 참조하여 저술한 것이라면, 또 일본에서 저술된 것이라면, 그 저자가 왜 법장으로 표기되어 있는지는 여전히 의문으로 남는다. 수긍하기 어려운 주장이다. 일본의 누구에 의해서 언제 이 책이 저술되었는지에 대한 논의도 없는 막연한 주장이기 때문이다. 물론『화엄경문답』의 문체와 관련하여 石井公成은 "이 책은 일본 사람이 지은 것 같은 느낌이 든다."고 한 바 있다. 그러나 이 표현에는 正規文體에 익숙하지 못한 사람에 의해서『화엄경문답』이 쓰여졌다는 점을 강조한 것 이상의 의미는 없다. "한국어의 어법은 일본어의 어법과 극히 유사하다. 신라의 방언을 섞어 쓰여진 漢文이라면 우리가 일본 사람이 지은 것 같은 느낌을 느꼈다고 하더라도 이상할 것은 없다"는[21] 그의 말을 새겨들을 필요가 있기 때문이다.

VI. 맺는말

일본에 전해오는『華嚴經問答』은『香象問答』이라는 異稱으로도 불렸을 뿐만 아니라, 그 저자를 法藏이라고 명기하고 있다. 그러나 이

---

20) 박서연, 앞의 논문, p.205.
21) 石井公成, 앞의 책, p.274.

책의 문체나 내용 등을 검토한 연구에 의하면, 법장의 저서로 보기 어렵고, 신라 의상계의 저술일 것이라고 한다. 필자는 이러한 연구 성과에 힘입어 『錐洞記』의 逸文과 『華嚴經問答』을 대조하고, 두 문헌의 거의 대부분의 내용이 일치함을 확인한 후 『화엄경문답』은 『추동기』의 이본이라는 견해를 피력한 바 있다. 그러나 『화엄경문답』은 『錐洞記』 등을 참조하여 일본에서 저술된 문헌이라는 朴書延의 최근 주장은 필자의 견해와는 다르기에 문제가 된다. 이에 박서연의 견해를 비판적으로 살펴본 것이 본고다.

『송고승전』에 의하면, 『道身章』이나 『錐穴問答』(『지통기』)은 의상의 강의를 그 제자가 기록한 것이라고 하는데, 전자는 道身이, 후자는 智通이 각각 정리한 것이다. 『道身章』의 내용 중 「禮他佛之意」와 「反情方便」에 대한 서술은 『화엄경문답』 중의 내용과 거의 일치한다. 이점은 『화엄경문답』이 『지통기』의 異本이라는 필자의 견해를 뒷받침해 주는 중요한 단서가 된다. 박서현은 『화엄경문답』 중의 十佛說이 의상이 태백산 大蘆房에서 眞定智通 등의 제자들에게 설했다는 『古記』의 十佛說과 동일하지 않음에 주목하고, 이것을 『화엄경문답』이 의상계 문헌이 아닌 것으로 보기는 논거로 삼았다. 그러나 두 문헌의 십불설은 표현상으로는 차이가 있지만, 그 내용은 크게 다르지 않다. 무엇보다도 중요한 것은 『錐洞記』의 逸文이 『華嚴經問答』과 거의 같다는 점이고, 따라서 『華嚴經問答』이 『錐洞記』의 이본이라는 필자의 견해는 여전히 타당한 것이다.

※『동국사학』 42, 동국대학교 사학회, 2004.

『華嚴經問答』의 成立과 流通

장진영(張珍寧)*

1. 日本에서의 유통

『화엄경문답』의 유통과 관련하여 한 가지 주의할 점은 국내의 문헌 목록에는 『화엄경문답』이라는 서명을 찾아볼 수 없다는 점이다. 뿐만 아니라 이 문헌을 직접 인용한 흔적도 찾아볼 수 없다. 그러므로 현재로서는 『화엄경문답』이 유통된 흔적을 일본 문헌을 통해서 확인할 수밖에 없다.

『화엄경문답』이 문헌목록에서 처음 소개된 것[1]은 914년에 작성된 『華

* 원광대학교 마음인문학연구소 HK연구교수

1) 鎌田茂雄는 石田茂作의 『寫經より見たる奈良朝佛教の研究』(東洋文庫, 1930; 復刻版, 東洋書林, 1981)에서 正倉院 문서의 화엄관계 註疏 중에서 天平勝寶 3년(751) "華嚴經問答 二卷 法藏"으로 서사되어 있음을 언급하고, 지엄의 『五十要問答』이 아닌 법장의 문헌이 별도로 전한 것이라고 보고 있다. 그러면서 법장의 『華嚴經問答』이 奈良시대에 唐으로부터 직접 전해졌을 가능성을 주장하고 있다. 鎌田茂雄, 「法藏撰華嚴經問答について」, 『印度學佛教學研究』7-2, 日本印度學佛教學會, 1959, p.246. 그러나 石井公成는 天平勝寶 3년 서사의 "華嚴經問答 一卷"은 智儼의 저술로 기록되어 있고, 이는 『五十要問答』이 분명하다고 한다. 즉 이것을 법장의 저술이라고 본 것은 石田茂作의 추측에 지나지 않는다는 것이다. 한편 중국한국의 주된 화엄장소가 奈良시대에 상당히 서사되고 있음에도 불구하고, 『화엄경문답』은 서사된 흔적이 없기 때문에 당시까지는 일본에 전래되지 않았을 가능성이 높다. 또한 신라 문헌의 경우도 원효의 저술은 빈번하게 서사되고 있지만, 『道身章』과 『錐穴問答』 등은 奈良시대는 물론 그 이후에도 서사된 흔적이 없는 것으로 보아 당시 審詳 등 신라의 도래승이나 일본 유학승들도 의상계통을 크게 중시한 것으로는 보이지 않는다. 石井公成, 『華嚴思想

嚴宗章疏幷因明錄』이다.[2] 그러나 그 이전의 저술인 見登의 『華嚴一乘成佛妙義』(이하『성불묘의』)에『화엄경문답』이 인용되고 있다. 見登은 주로 일본에서 활동한 신라 학승으로 그가 신라의 화엄 사상을 일본에 소개하는 과정에서 이 문헌도 함께 소개된 것으로 보인다. 『성불묘의』의 저술 시기에 대해서 정확히 알려진 바는 없지만 800년 경에서 914년, 즉 9세기 초에서 10세기 초 사이로 추정된다.[3] 하지만 見登은 이 문헌을 법장의 문답을 의미하는『香象問答』이라 소개하고 있다.

見登이『화엄경문답』을 법장의 저술로 소개하게 된 경위에 대해서는 여전히 의문이 남는다. 그가 이를『향상문답』으로 인용한 것은『화엄경문답』을 실제로 법장의 저술로 잘못 알았거나 아니면 의도적으로 법장의 저술로 알릴 필요가 있었기 때문일 것이다. 최연식은『화엄경문답』에는 당시 일본 화엄학계의 주류 학설인 법장의 이론과 상치되는 내용이 적지 않게 들어 있어 만일 이 책을 신라 의상계의 문헌으로 소개하였다면 일본 내에서 수용되지 않았을 것[4]이라고 보고 있다.

石井公成는 첫째『화엄경문답』이 처음부터 찬자나 제명이 없는 노트 같은 것이어서 후에 법장의 저작으로 오인된 경우, 둘째 이 문헌이 極果廻心, 즉 三乘의 佛果에 이른 이가 다시 一乘에 들어가기 위해 廻心이 필요하다는 견해를 자세히 설명하고 있어 廻心에 대하여 같은 입장에 있던 이가 이를 법장 찬술이라고 선전하여 권위를 세우려고 한 경우 등 두 가지 이유를 제시하고 있다.[5]

그러나 見登은 신라에서 수학하였고 당시 의상의 사상은 그 직계 법

の研究』, 東京: 春秋社, 1996, p.288.

2) 『華嚴宗章疏幷因明錄』卷1(大正藏 55, p.1133b). "華嚴問答二卷 法藏述".

3) 최연식, 「신라 견등의 저술과 사상경향」, 『한국사연구』 15, 한국사상사학회, 2001, p.25.

4) 최연식, 위의 글, 2001, pp.26-27.

5) 石井公成, 앞의 책, 1996, p.288.

손을 통해서 면면히 계승되던 시기였으므로 見登이 의상 혹은 의상계의 사상을 몰랐다고 보긴 어려울 것이다. 그리고 제명이나 찬자가 없었던 문헌이었다 할지라도 그것이 누구의 문헌인지 적어도 어떤 계통의 것인지는 주변 인물 등을 통해서 충분히 확인 가능했을 것이다. 그러므로 단지 저자를 몰라 법장의 문헌으로 오인했을 리는 없다고 생각된다. 또한 극과회심에 대한 주장이 법장의 입장과 다름에도 불구하고 의심 없이 그것을 법장의 저술이라고 오인했을 가능성도 크지 않다고 본다.

균여의 전승에 따르면 이미 의상 당시부터 신라에서도 극과회심에 대한 논란이 있었던 것으로 보인다. 균여는 의상의 극과회심에 대한 입장을 법장 역시 인정했다고 보고 있다.[6] 그러나 당시 일본 화엄학계는 법장의 견해를 들어 극과회심을 부정하고 있다.[7] 이러한 견해차를 見登이 몰랐거나 알고도 무시했다고 보기는 어려울 것이다. 그렇다면 아무래도 見登이『화엄경문답』을 법장의 저술로 소개할 수밖에 없었던 부득이한 사정이 있었던 것은 아닐까. 이는 당시 일본 화엄학계의 상황에서 보면 어느 정도 납득할 수 있는 부분이다.

일본 화엄종은 審詳(?~742)으로부터 시작되었다고 할 수 있다. 그는 신라 출신으로 唐에 가서 법장에게 수학하였고 이후 다시 일본에 돌아가 활동하였다.[8] 그는 일본 東大寺의 良辨(689~773)이 발원하여 740년부터 열린 '華嚴經講說'에 첫 강설자로 나서기도 한다. 그리고

---

6) 法相宗에서 온 義寂은 법장의『探玄記』卷16,「寶王如來性起品」(大正藏 35, p.417b) "十千已過僧祇未滿 應是三賢位人"의 해석을 들어 의상의 극과회심설에 문제제기를 하고 있다. 이에 의상은 純梵을 법장에게 보내어 확인케 한 결과 법장이 大料簡을 보내와 義寂의 의심을 해결하였다고 한다. 均如,『釋華嚴教分記圓通鈔』卷1(韓佛全 4, p.257a).

7) 김천학,「壽靈의 三乘極果廻心論 批判에 대하여」,『불교학연구』3, 불교학연구회, 2001.

8) 양은용,「新羅 審詳과 日本의 華嚴學」,『伽山學報』3, 가산불교문화연구원, 1994. 한편 正倉院 고문서의 사경 기록을 검토하여 심상이 중국에서 유학하지 않았다는 주장도 제기되어 있다. 堀池春峰,「華嚴經講說よりみた良辨と審祥」,『南都佛教史の研究』(上), 東京:法藏館, 1980.

입적하기까지 약 3년간 법장의 『華嚴經探玄記』(이하 『探玄記』)를 주로 강설하였다. 또한 審詳은 중국과 한국의 저술을 다수 일본에 소개한 것으로도 주목되는데, 그가 소개한 저술 가운데 특히 원효의 저술이 압도적으로 많아[9] 그가 원효를 매우 중시했음을 짐작케 한다.

審詳의 활동으로 이후 일본 화엄학계도 법장과 원효의 영향을 크게 받은 것으로 보인다. 審詳 이후 奈良시대에 활동했던 智憬과 壽靈 등도 이러한 경향을 이어가고 있다. 智憬은 앞의 審詳이후 지속되었던 東大寺의 '화엄경강설'(749~751)의 강설자로 나서는 등[10] 당시 일본 화엄학계를 대표하는 인물이었다. 최근 그의 저술로 밝혀진 『大乘起信論同異略集』을 통해서도 그가 원효의 사상을 중시하고 있음도 알 수 있다.[11] 또한 壽靈도 『五敎章指事』에서 원효의 저술을 8종 22회나 인용하고 있는 등 원효의 영향을 크게 받고 있음을 알 수 있다.[12]

한편 平安前期(851~901)의 저술로 여겨지는 『華嚴宗所立五敎十宗大意略抄』[13]에는 인도로부터 일본에 이르기까지 화엄종 조사를 나열하여 그 계보를 작성하고 있는데, 한국화엄의 계보로는 元曉-太賢-表員-見登을 들고 있어[14] 주목된다. 이에 따르면 당시 일본 화엄학계에서는 신라 화엄을 원효 계통을 중심으로 이해하고 있으며 見登도 원

---

9) 『審詳師經錄』에 나타난 목록을 살펴보면, 신라(인) 찬술서의 경우 원효 32부, 의적 8부, 원측 5부, 현일 2부, 그리고 원광·의상·도증·경흥이 각 1부로 도합 8명 51부에 해당하고 있다. 이는 중국화엄의 지엄 2부, 법장 6부, 중국유식의 현장 2부, 규기 6부 등과 비교될 수 있는데, 원효의 저술이 압도적으로 많음을 알 수 있다. 양은용, 앞의 글, 1994, pp.91~92.
10) 양은용, 위의 글, 1994, p.95.
11) 최연식, 「『大乘起信論同異略集』の著者について」, 『駒澤短期大學佛敎論集』, 東京: 駒澤短期大學, 2001.
12) 김천학, 앞의 글, 2001.
13) 작자는 未詳이나 851년에 입적한 道雄 문하의 작으로 추정된다. 김천학, 「의상과 동아시아 불교사상」, 『義相萬海研究』 1, 의상만해연구원, 2002, p.39.
14) 岡本一平, 「『華嚴宗所立五敎十宗大意略抄』の成立背景」, 『駒澤大學大學院佛敎學研究會年報』 31, 東京: 駒澤大學佛敎學會出版部, 1998.

효계 인물로 인식하고 있음을 알 수 있다.[15]

신라에서 수학했던 見登이 원효와 법장의 사상뿐만 아니라 의상(계)의 사상 영향을 많이 받고 있음은 선행연구를 통해 이미 밝혀진 것이다.[16] 하지만 見登 자신이 스스로를 의상계라고 인식하고 있었는지 의문이다. 오히려 그에게는 자신이 의상계라거나 혹은 의상계의 영향을 받고 있음을 밝히고자 하는 의식 자체가 별로 없었던 것은 아닐까. 이러한 見登의 입장이 후대에 화엄학 계보를 작성하는 데 그대로 반영되고 있다고 생각된다. 그는 다만 원효와 법장의 저술과 함께 의상계의 저술도 필요에 따라 활용하고 있을 뿐이며, 기존의 화엄전적을 취급하는 때 어떤 계통에 대한 특별한 편향을 가지고 취사했다고는 생각되지 않는다.

왜냐하면 見登이 신라에서 공부를 했다면 『화엄경문답』의 내용이 법장과는 다른 의상계 문헌임을 몰랐다고 보기 어려우며, 실제로 『화엄경문답』과 함께 의상계 문헌인 珍嵩의 『孔目章記』에 대해서는 『新羅記』 혹은 『靑丘記』로 소개하면서 비중 있게 다루고 있기 때문이다.[17] 그러므로 見登에게는 『화엄경문답』의 의상 혹은 의상계와의 관련성을 감춰야만 할 특별한 사정이 있었다고 봐야 할 것이다.

그는 『화엄경문답』이 의상(혹은 의상계)의 문헌이라는 이유만으로 일본 학계에서 받아들여지지 않을까를 걱정하기보다 그 안에 담긴 사상이 주류 입장과 달라 학계에서 외면되지 않을까를 걱정한 것으로 봐야 할 것이다. 특히 見登은 三乘極果의 회심을 긍정하는 입장을 일본 화엄학계에 소개하는 문제로 고심했을 것으로 생각된다.

당시 壽靈의 『오교장지사』에서는 三乘廻心說에 대하여 강한 비판

---

15) 김천학, 『균여 화엄사상 연구─根機論을 中心으로─』, 해조음, 은정불교문화진흥원, 2006, p.250.
16) 최연식, 앞의 글, 2001.
17) 최연식, 「珍嵩의 『孔目章記』 逸文에 대한 연구」, 『천태학연구』 4, 천태불교문화연구원, 2002.

이 가해지고 있다. 그 비판의 대상이 되는 삼승회심설이『화엄경문답』의 내용과 상통하고 있음을 감안한다면, 일본 화엄학계의 상황을 이미 잘 알고 있었을 見登이 이를 크게 의식하여『화엄경문답』을『향상문답』이라 하여 법장의 저술로 소개함과 동시에 거기에 전통의 권위를 부여함으로써 당시 주류 학계의 銳鋒을 피하고자 했던 것이라 생각된다.

실제로 見登은『화엄경문답』을 통해 삼승극과회심에 대한 긍정적인 입장을 소개하고는 있지만, 정작 자신은 중립적인 입장에 서 있고 나아가 이를 인정하지 않는 壽靈의 입장에 동조하는 태도를 보이고 있기 때문이다. 반면에 그가 소개한 또 다른 신라 문헌인『공목장기』는 회심설에 대해서 중립적인 입장을 취하고 있다는 점[18]을 감안할 때,『공목장기』의 경우는 당시 일본 학계의 주된 입장과 배치되지 않았으므로 그 서명까지 숨겨가면서 소개할 이유는 없었을 것이다.

이상에서 볼 때 견등이『화엄경문답』을『향상문답』으로 소개한 것은 당시 일본 화엄학계의 삼승극과회심을 부정하는 입장에 대한 우회적인 비판이며, 그 과정에서 '법장'이라는 전통의 권위를 빌리고자『향상문답』이라는 서명으로 소개하게 된 것이라 생각된다. 見登이 특별히 자신을 의상계라거나 혹은 의상계의 영향을 중시한다는 의식을 가졌다고 보기는 어려우며, 다만 일본 학계의 주류에서 벗어나지 않으면서 신라에서 새롭게 배워 공감하게 된 학설을 일본 학계에 전달하는 데 일차적인 목적을 둔 것으로 보인다. 그리하여 경직된 일본 학계에 새로운 사상을 이식하고 자신의 견해를 자유롭게 전개하고자 고심한 결과라고 봐야 할 것이다.

---

18) 김천학, 앞의 책, 2006, p.242.

2. 義相의 傳敎와『智通記』의 성립

한편『화엄경문답』은『지통기』의 逸文을 거의 그대로 담고 있다. 그러므로『화엄경문답』의 성립과 관련하여『지통기』의 성립사정을 좀 더 살펴볼 필요가 있다.『지통기』의 성립은 의상이 당으로부터 귀국한 이후의 傳敎 상황과 관련된 것이다.

의상은 625년(眞平王 47) 출생하고,「浮石本碑」의 기록에 의하면 661년(龍朔元年) 해로를 이용하여 入唐하며, 이듬해 662년에 지엄의 문하를 찾는다. 당시 지엄은 이미 60세의 고령이었음에도 의상을 특별한 예로 맞이하며 전날 꿈으로 그가 올 것을 미리 알고 入室을 허용하고 있다. 이미 의상은 화엄의 오묘한 이치를 깊은 데까지 분석하고 있었으며, 더욱 새로운 이치를 발현하여 깊은 것을 끌어내고 숨은 것을 찾아내는 것이 스승보다도 나았다고 전해지고 있다.[19]

의상이 지엄 문하에 있었던 시기는 662년에서 668년 사이로 추정된다. 지엄의 열반을 얼마 앞두고 의상은『一乘法界圖』를 지어 지엄의 인가를 받았다. 의상은 지엄 입적 후 3년을 더 終南山에 머물렀으나 신라의 위급을 알리기 위해 급히 귀국하게 된다.『三國遺事』「義湘傳敎」에 따르면 670년(咸亨元年)에 귀국한 것으로 되어 있다.[20] 그리고 귀국 이후인 676년(문무왕 10년)에 太白山에 화엄의 근본 도량인 浮

---

19) 의상의 전기에 대해서는 全海住,『義湘華嚴思想史硏究』, 민족사, 1992, pp.73-91; 정병삼,『의상화엄사상연구』, 서울대학교출판부, 2001, pp.69-116 참조. 의상은 입당 이전에 慈藏 등의 화엄경 강설에 대하여 직간접적으로 접했을 것이며, 地論과 攝論 등 舊唯識에 대한 상당한 조예가 있었을 것이다. 처음 입당 시도 때는 현장의 新唯識에 크게 관심을 보인 것이나 이후 2차 입당 후 지엄 문하를 찾게 된 것도 이미 화엄과 유식에 대한 소양을 어느 정도 갖추고 있었기에 가능한 일이었을 것이다.

20) 의상의 귀국은「浮石本碑」에 따르면 "咸亨二年"(671)으로 되어 있으나,『三國遺事』「義湘傳敎」에 따르면 "咸亨元年 庚午"(670)라고 年度와 干支를 함께 제시하고 있어 더 신빙되고 있다. 전해주, 위의 책, p.91.

石寺를 창건한다.[21]

이후 의상은 부석사를 중심으로 교화와 교육에 힘썼다. 그의 교육은 저술보다는 주로 강의와 문답을 통해서 이루어진 것으로 보인다. 그의 강의에 대한 단편 기사를 보면, 浮石寺 40일회의 一乘十地에 대한 문답,[22] 皇福寺에서의 『법계도』 강의,[23] 太白山 大盧房에서의 十佛에 대한 강의,[24] 小伯山 錐洞에서의 90일간 『화엄경』에 대한 강의[25] 등이 문헌상에 나타난다. 한편 당시 의상의 傳敎가 매우 활발했음은 법장이 신라승 勝詮을 통해서 의상에게 보낸 편지인 『賢首國師寄海東書』를 통해서도 알 수 있다.[26]

의상의 제자에 대한 기록[27] 가운데 지통에 대한 기록은 『宋高僧傳』,[28] 『삼국유사』[29] 등에 언급되고 있다.[30] 한편 均如의 『旨歸章圓通鈔』에도 언급되어 있는데, 특히 '智通'의 이름만을 거론하고 있어 그가 의상의 대표적인 '十聖弟子'의 하나임을 쉽게 알 수 있다.[31] 그 외에 지통에 대한 기사는 위의 『지귀장원통초』에 제시된 '三世一際'의 일화와 『敎

---

21) 義鳳元年(당고종)에 의상은 태백산에 돌아가서 조정의 뜻을 받들어 부석사를 창건하였다고 한다. 『三國遺事』, 「義相傳敎」(韓佛全 6, pp.348c-349a).

22) 『法界圖記叢髓錄』(韓佛全 6, p.809a).

23) 『叢髓錄』(韓佛全 6, p.775b).

24) 『叢髓錄』(韓佛全 6, p.834b).

25) 『三國遺事』「眞定師孝善雙美」(韓佛全 6, p.367a-b).

26) 『圓宗文類』(韓佛全 4, p.635c).

27) 의상의 10대 제자와 의상계 法系에 대해서는 김상현, 『新羅華嚴思想史研究』, 민족사, 1991, pp.53-74; 전해주, 앞의 책, 1992, pp.98-115 참조.

28) 『宋高僧傳』의 기록을 보면, 의상의 제자 중 의상의 강의에 참여하여 심오한 이치를 본 자들로 智通을 비롯하여 表訓, 梵體, 道身 등 몇 사람을 들고 있다. 『宋高僧傳』卷4(大正藏 50, p.729b). "湘講樹開花談叢結果 登堂覩奧者 則智通 表訓 梵體 道身等 數人"

29) 『三國遺事』, 「義相傳敎」(韓佛全 6, p.349b).

30) 최치원의 『법장화상전』에는 지통에 대한 언급은 없고, 眞定, 相圓, 亮元, 表訓을 특히 4英만을 소개하고 있다. 崔致遠, 『法藏和尚傳』(大正藏 50, p.285a).

31) 均如, 『旨歸章圓通鈔』(韓佛全 4, p.139c). "新羅僧智通乃相德十聖弟子之一也"; 『총수록』에서도 같은 내용의 소개가 보인다. 『叢髓錄』(韓佛全 6, p.725a).

分記圓通鈔』에서 인용된 『道身章』에서 밝힌 지통의 '種子六義'에 대한 기사[32]가 있으며, 『총수록』의 『古記』에는 지통이 부석사 40일 법회에서 一乘十地에 대한 법문을 들은 내용[33]과 태백산 大盧房의 법회에서 十佛에 대한 법문을 들은 내용[34] 등이 있다.

먼저 지통의 출가와 관련한 기사는 『삼국유사』「朗智乘運普賢樹」條에 잘 나타나 있다.[35] 그는 伊亮公의 家奴였는데, 7세 되는 661년(龍朔初年, 文武王元年) 출가를 하고자 할 때 한 까마귀가 와서 "영취산에 가서 朗智의 제자가 되라"고 하였다. 지통이 낭지를 찾아가는 길에 골짜기의 나무 아래서 잠시 쉬는 중 한 기인이 "나는 普賢大師인데 너에게 계율을 주고자 이렇게 왔다" 하고 戒를 베풀고 이내 사라지니, 이때 지통의 神心이 활짝 열리고 智證이 단박에 원만해졌다.

한편 앞의 까마귀는 다시 낭지에게 지통이 온다는 사실을 알려 낭지가 직접 지통을 마중 나와 서로 만나게 되고, 지통은 바로 낭지에게 스승의 예를 올렸다. 낭지가 장차 계를 주려 할 때 지통이 오는 길에 보현대사에게 正戒를 수지한 사실을 말씀드리니, 탄식하며 "나는 평생 조석으로 부지런히 성인을 만나길 염원하였으나 아직 만나지 못하였는데 지금 너는 이미 계를 받았으니 나는 너에 미치려면 멀었다" 하면서 도리어 지통에게 절을 하고는 앞의 나무를 '普賢樹'라 하였다. 당시 낭지의 나이가 135세였다고 하니, 7세 어린 동자에게 예를 갖추었다는 것은 놀라운 일이 아닐 수 없다.

이상에서 알 수 있듯이 지통은 의상의 문하에 들어오기 전에 이미

---

32) 均如, 『敎分記圓通鈔』(韓佛全 4, p.437a).
33) 『叢髓錄』(韓佛全 6, p.742b).
34) 『叢髓錄』(韓佛全 6, p.558a–b).
35) 『三國遺事』「朗智乘運普賢樹」(韓佛全 6, pp.363a–364a).

화엄의 이치를 접하여 어느 정도 깊은 이해가 있었음을 알 수 있다.

지통의 실천수행과 관련해서는『지귀장원통초』의 '三世一際' 일화가 있는데, 지통은 '과거·현재·미래의 3세가 한 때'라는 이치를 깨달아 의상으로부터 「法界圖印」을 전수받은 것으로 유명하다.[36]

지통은 개인 수행뿐만 아니라 의상이 열었던 법회 등에도 적극 참여하고 있다.『송고승전』에서도 의상의 제자 가운데 강의를 듣고 심오한 이치를 얻은 이로 지통을 제일 먼저 언급하고 있다.[37] 이처럼 그는 국내외에서 인정받은 의상의 핵심 제자의 하나임에 틀림없다.

지통은 法會와 講說에 대한 기록을 남기고 있는데, 매 법회마다 기록을 남겼는지 그리고 얼마나 많은 분량의 법문을 기록하고 있는지 현재로서는 정확히 알 수 없다. 지통이 참여했던 법회 가운데『古記』에 의해서 인용된 一乘十地에 대한 법문, 十佛에 대한 법문 등은『지통기』의 일문으로는 남아 있지 않다.

이와 관련하여 '一乘十地'에 대한 법문이『지통기』의 異本으로 추정되는『화엄경문답』에는 소개되고 있다. 다만『古記』처럼 '一乘十地'를 橫과 竪로 파악하고 있지는 않다. 또한 '十佛'에 대한 법문도『화엄경문답』에 소개되고 있다. 다만『화엄경문답』과 10가지 항목은 같으나 그 구체적인 설명에 있어서는『古記』가 좀 더 상세하여 서로 일치하고 있지는 않다. 그리고『도신장』에서 언급된 지통의 '種子六義'에 대한

---

36) "지통은 태백산 미리암혈에서 華嚴觀을 수행하였다. 돌연 하루는 큰 돼지가 동굴의 입구를 지나 지통에게 이르렀다. 항상 목각존상에게 예를 다하여 그 정성이 간절하였다. 존상이 말하기를 동굴을 지나가는 돼지가 바로 너의 과거의 몸이요 나는 너의 未來의 果報佛이다. 지통이 그 말을 듣고 곧 '3세가 한 때'[三世一際]라는 법문을 깨달았다. 이후 의상에게 이르러 그 사실을 말씀드리니 의상이 그 그릇이 이뤄짐을 알고는 드디어 法界圖印을 전수하였다." 均如,『旨歸章圓通鈔』(韓佛全 4, pp.139c~140a).

37)『宋高僧傳』의 기록을 보면, 의상의 제자들 중 의상의 강의에 참여하여 심오한 이치를 본 자들로 智通을 비롯하여 表訓梵體道身 등 몇 사람을 들고 있다.『宋高僧傳』卷4(大正藏 50, p.729b). "湘講樹開花談叢結果 登堂覩奧者 則智通 表訓 梵體 道身等 數人"

설명 역시 『화엄경문답』에는 언급되어 있지 않다.

그러므로 현재 전해지고 있는 『지통기』의 내용은 일단 소백산 추동에서 열린 90일 법회에 국한된 것이라고 봐야 할 것이다. 나머지 지통과 관련하여 전해오는 법문 기사의 내용은 별도의 기록이 있었던 것이 아니라면 구전에 의하여 후대에 전해져 기록된 것이라고 해야 할 것이다.

『지통기』는 당시 활발했던 의상의 傳敎를 그 성립배경으로 하고 있다. 의상의 10대 제자 중 한 사람인 眞定이 출가 후 3년 만에 홀로 계시던 어머니가 열반한 일이 그 구체적인 계기가 된다.[38] 평소에도 효성이 지극하였던 진정은 어머니의 訃音을 받고서 가부좌를 하고 禪定에 들어가 7일 만에 출정한 후 스승인 의상에게 그 사실을 아뢴다. 의상은 眞定 모친의 천도를 위해 3천 명의 門徒를 이끌고 소백산 錐洞에 들어가 초막을 짓고 약 90일간 華嚴大典을 강의한다. 이를 지통이 강의의 樞要를 뽑아 2권의 책으로 만들어 세상에 유통시킨 것이다.[39]

지통이 추동의 강의를 직접 받아 적었다고 한다면, 『지통기』의 성립 시기는 좀 더 정확해 질 수 있다. 왜냐하면 추동에서 강의를 하는 동안 毘盧寺가 세워졌다고 하기 때문이다. 『毘盧寺事蹟記』에 따르면 683년(神文王 3, 癸未)에 의상대사가 그 제자 진정의 誠孝에 감동하여 이 사찰을 개창하여 '毘盧'라고 하였다[40] 한다. 그러므로 『지통기』의 성립 시기의 上限은 추동에서 『화엄경』 강의가 이루어졌던 683년 경이

---

38) 진정이 출가할 때 태백산을 찾아갔다고 하는데, 부석사가 창건된 것이 676년(문무왕 16)이라고 하며, 『毘盧寺事蹟記』에 의하면 錐洞 강의 당시 세워졌다는 비로사가 683년에 창건되므로, 이에 따르면 진정의 출가 시기는 680년 경이 된다. 전해주, 앞의 책, 1992, p.101. 한편 『叢聽錄』의 『大記』에 따르면 674년(문무왕 14) 皇福寺에서 표훈, 진정 등 10여덕이 의상으로부터 『법계도』를 배웠다는 기록이 있다. 『叢聽錄』(韓佛全 6, p.775b-c). 그러므로 『대기』의 기록은 잘 맞지 않는다.

39) 『三國遺事』, 「眞定師孝善雙美」(韓佛全 6, p.367a-b).

40) 權相老, 『韓國寺刹事典』(上), 梨花文化出版社, 1994, pp.880-882.

된다.[41] 혹 지통이 강의 내용을 이후에 정리하여 유통시켰다 할지라도 그 시기의 下限은 법장의 저술의 영향을 받기 이전이므로 법장의 서간과 함께 그의 문헌이 신라에 본격적으로 전해지기 이전이라고 보아야 한다.

만약 이 문헌이 법장의 저술이 전해진 이후에 편집된 것이라 한다면 아무래도 법장의 영향을 완전히 배제하기는 힘들었을 것이다. 법장의 화엄교학 체계 완성에 끼친 의상의 영향이 없지 않은 것도 사실이지만,[42] 역으로 의상과 그 제자들에게 끼친 법장의 영향도 적지 않기 때문이다. 법장은 자신의 주저인 『探玄記』 등 7부의 전적을 의상에게 보내면서 검토해줄 것을 부탁하고 의상은 이를 검토한 후 제자들에게 나누어 직접 강의하게 하는 등 법장의 저술을 적극적으로 수용하고 있기 때문이다.[43] 그 가운데 『探玄記』는 眞定·相圓·亮元·表訓에게 각각 나누어 강의하게 하고, 『敎分記』(=『오교장』)는 眞定과 智通 등에게 검토하게 한다.[44] 그러므로 이후 법장의 저술은 의상의 제자들 사이에서 매우 중시되었을 것임에 틀림없다.

역시 의상의 강의를 기록한 것으로 전해진 『도신장』의 경우 '法藏師'의 말을 인용하는 등 그 정황에서 볼 때, 법장의 저술이 신라에 전해진 이후 편집 혹은 저술된 것으로 여겨진다.[45]

반면에 『지통기』의 경우 법장의 영향은 없는 것으로 보인다. 만약 『지

---

41) 이는 의상이 귀국한 후 12년쯤 지난 일로 의상의 나이 59세 때이며, 지통의 경우 7세 때 출가하여 낭지를 찾았던 때가 661년이므로 지통의 나이는 29세 경이 된다.

42) 정병삼, 앞의 책, pp.175-177.

43) 義天, 『圓宗文類』(韓佛全 4, p.635c).

44) 均如, 『敎分記圓通鈔』卷1(韓佛全 4, p.245a).

45) 『도신장』에서 사용하는 호칭을 보면 의상에 경우 '相和尙'이라고 하고 '儼師', '法藏師', 다른 직제자들에게도 '常元師', '元師', '通師', '良圓師' 등 '師'란 경칭을 사용하고 있다. 박서연, 「『道身章』의 華嚴思想 硏究」, 東國大學校 博士學位論文, 2003, p.35.

통기』가 후대에 편집되었다면 법장의 문헌이나 사상을 의도적으로 배제했을 가능성은 그리 크지 않을 것이다. 그러므로 石井公成가 지적한 데로 『화엄경문답』의 원본으로 추정되는 『지통기』는 법장의 저술이나 사상의 영향을 받기 이전에 성립된 것으로 보는 것이 타당하다.

『지통기』에서 법장의 영향을 배제한다면, 『지통기』의 성립 下限은 법장의 서간이 전해지기 이전으로 보아야 하며 늦어도 690년대까지는 성립되었다고 해야 할 것이다.[46]

이상 『지통기』는 錐洞에서 90일간 『화엄경』 강의가 열린 683년 이후로부터 법장의 서간이 의상에게 전해졌던 690년대까지의 기간에 기록 및 정리된 것으로 추정된다. 그것은 의상의 직설을 담고 있다는 『도신장』보다 앞선 것이다.[47] 그러므로 『지통기』는 현재까지 『법계도』로부터 가장 가까운 시기에 성립된 의상의 문헌으로 추정할 수 있을 것이다.

3. 『智通記』의 유통과 『華嚴經問答』의 성립

『지통기』는 성립 이후 한국과 중국의 문헌에서 『智通問答』, 『錐穴記』, 『錐穴問答』, 『要義問答』, 『華嚴錐洞記』, 『錐洞記』 등 여러 가지로 서명으로 불리며 유통된다. 그러나 국내의 문헌이나 저술목록 어디에도 『화엄경문답』이란 서명은 보이지 않는다. 그러므로 『화엄경문

---

46) 법장의 서간이 의상에게 전해진 시기에 대해서는 新田喜一郎의 「唐賢首大師眞蹟『寄新羅義湘法師書』考」(『南道佛敎』 26, 東大寺圖書館內 南都佛敎硏究會, 1971)과 吉津宜英의 『華嚴一乘思想の硏究』(東京:大東出版社, 1991)의 견해가 엇갈린다. 新田喜一郎은 『法界無差別論疏』가 역출된 691년 직후(692년)로 보는 반면, 吉津宜英의 경우는 80권 화엄의 역출(699) 이후로 보고 있다.

47) 『지통기』와 동일한 내용을 『도신장』도 가지고 있는 경우도 있지만, 『도신장』의 경우 자구 등의 변화가 많아 『지통기』보다 이전에 성립되었다고 보기는 어렵다.

답』이란 서명은 일본 유통 과정에서 붙여진 이름이라고 봐야 할 것이다. 반대로 일본에서는 『지통기』 등의 서명이 역시 전혀 보이지 않는다. 일본에서는 이것이 『화엄(경)문답』으로 기록되거나 법장의 문답이란 의미의 『香象問答』으로 일관되게 인용되고 있을 뿐이다.

한편 중국에서는 『송고승전』에 『추혈문답』이 한 차례 소개되고 있을 뿐이다. [48] 물론 중국에서 이 문헌을 직접 보았는지는 알 수 없으나 적어도 이 문헌이 지통에 의해 기록된 의상의 문헌이라는 사실은 알고 있었다고 판단된다.

이처럼 서명이 다양한 것은 그 다양한 서명만큼이나 적어도 국내에서는 널리 유통되었음을 짐작케 한다. 그리고 유통 과정에서 여러 異本들이 성립되었을 가능성, 더 나아가 일부 필요에 따라 添削과 潤色 등의 편집이 가해졌을 가능성도 없지 않다.

『지통기』와 관련된 일문의 대다수는 균여의 저술들에 나타나고 있다. 균여는 『智通記』, 『智通問答』, 『錐洞記』의 3가지 서명을 사용하고 있는데, 『추동기』의 경우 간단히 요약된 문구만이 사용되고 있을 뿐이다. 균여의 경우 같은 내용을 인용하면서도 『지통기』와 『지통문답』을 번갈아 쓰기도 하므로 『지통기』와 『지통문답』을 같은 문헌으로 인식하고 있음을 알 수 있다. 다만 한 차례 인용하고 있는 『추동기』의 경우는 그 취급방식에 있어서 차이가 있으므로 별도의 요약본이 유통되었을 가능성을 배제할 수 없다.

『총수록』에서는 『智通記』, 『錐穴記』, 『錐穴問答』이 각각 1회씩 확인되고 있다. 이들 逸文을 서로 별도의 문헌이라고 가정한다면 逸文

---

48) 의천 역시 『송고승전』에 따라 이 서명을 사용한 것이라 생각된다. 『宋高僧傳』 卷4 「唐新羅國義湘傳」(大正藏 50, p.729b-c).

대조를 통해 그 계통 관계를 어느 정도 파악할 수 있다. 逸文을 『화엄경문답』과 대조해 본 결과, 『지통기』나 『지통문답』을 書名으로 한 경우는 현존 『화엄경문답』과 거의 일치하고 있음을 알 수 있다. 『지통기』를 포함한 균여의 저술이나 『총수록』 등이 후대에 어느 정도 윤색이 가해졌다고는 하지만 적어도 현존 『화엄경문답』을 대조해 볼 때 그 윤색의 정도는 그리 크지 않았던 것으로 여겨진다.

다음으로 『추혈문답』이나 『추혈기』를 서명으로 하는 경우는 『지통기』나 『지통문답』의 경우보다 문장 등이 좀 더 다듬어진 모습이며, 『도신장』의 경우는 중요 단어가 바뀌거나 문장구조가 변용되는 등 변화가 심해지고 있다. 그러므로 그 사용된 서명과 현재의 逸文만을 대조해본다면 『지통기』·『지통문답』 → 『추혈기』·『추혈문답』 → 『도신장』의 순으로 그 변화를 더해지고 있음을 알 수 있다.

그 외에 義天(1055-1101)의 『新編諸宗教藏總錄』(1090)에서 처음 보이는 『要義問答』이란 서명도 보인다. 의천이 어떤 이유에서 『요의문답』이라 하였는지, 그 이전부터 있었던 서명인지, 의천에 의해서 처음 명명된 것인지는 알 수 없다. 다만 이는 『송고승전』에서 僧傳의 『錐穴問答』을 말한다고 하고 있어 『추혈문답』과 같은 계통으로 추정된다.[49] 더구나 의천은 이 문헌의 내용을 보고 "문장이 촌스럽고 방언이 섞여 있어서 장래에 군자가 마땅히 윤색을 가해야 할 것"이라고 하여 후인의 윤색이 필요함을 밝히고 있다.[50]

---

49) 의천의 『교장총록』에는 『一乘問答』도 소개하고 있는데, 이를 僧傳에서는 『도신장』이라 하고 있다. 『教藏總錄』卷1(大正藏 55, p.1167b-c) "要義問答二卷 (僧傳云 錐穴問答是) 智通述 一乘問答二卷 (僧傳云 道身章是) 道身述 按大宋僧史義相傳云 或執筆書紳 懷鉛札葉 抄如結集 錄似載言 如是義門 隨弟子為目 如云道身章是也 或以處為名 如云錐穴問答等云云" 여기서 '大宋僧史義相傳'은 『송고승전』의 의상전을 말한다. 『宋高僧傳』卷4, 「唐新羅國義湘傳」(大正藏 50, p.729b-c).

50) 『教藏總錄』卷1(大正藏 55, p.1167b-c). "但以當時集者 未善文體 遂致章句鄙野 雜以方言或是大教濫觴 務

이후『高麗史』에서 볼 수 있듯이 李藏用(1201-1272)이『華嚴錐洞記』를 윤색하였다[51]고 한다. 그리고 一然(1206-1289)의『三國遺事』[52]에 3차례『錐洞記』가 언급되고 있다.[53] 일연은 동시대에 살았던 이장용이 윤색한『화엄추동기』를 접했을 것이고, 그에 따라 자연스럽게『추동기』를 공식적인 서명으로 수용하였을 것이다. 물론 이미 균여의 저술에 한 차례『추동기』가 인용되고 있어 그 서명은 이전부터 통용된 것이겠지만, 이 시기에『추동기』라는 서명이 공식화된 것으로 보인다.

이상에서 볼 수 있듯이『지통기』의 異名이 서로 혼용되고 다양하게 사용되고 있다. 아마도 처음부터 그 題名이 명시되지 않아 전승에 따라 혹은 필요에 따라 서명이 달리 불렸을 가능성이 없지 않다. '지통'이라는 인명이나 '추혈' 혹은 '추동'이라는 지명 등으로 통용되기도 하고, 이 과정에서 서로 별도의 문헌으로 취급되기도 한 것이다. 새롭게 서명이 추가되는 경우도 있는데, 의천의 목록에서 사용된『요의문답』이나 일본에서 유통된『화엄경문답』이 그 예라 할 것이다.

다만 13세기 중반 이후 李藏用이 신라 방언이 포함되어 있던 글을 한문 문장으로 고쳐 썼다고 하는『화엄추동기』혹은『추동기』가 이미 일본에서 유통 된『화엄경문답』에 영향을 주었으리라고는 생각할 수 없다.『화엄경문답』은 아무리 늦어도 10세 초반(914년) 이전에는 일

在隨機耳 將來君子 宜加潤色" 이러한 평가는 앞서 凝然이 문체에 대한 비판을 했던 내용과 유사하다. 凝然『五敎章通路記』卷6(大正藏 72, p.333c) 국내에서는 의천 이후 李藏用 혹은 天其 등 균여의 제자들에 의한 첨삭과 윤색이 어느 정도 가해지고 있지만, 일본에서는 그런 기록은 없다. 다만 현존하는 두 판본(大正新脩大藏經 수록본, 大日本續藏經 수록본) 사이에 약간의 변용이 가해지고 있음은 교감을 통해 확인할 수 있다.

51)『高麗史』卷102, 列傳 15.

52) 김상현,「三國遺事의 編纂과 刊行에 대한 연구 현황」,『佛敎硏究』26, 한국불교연구원, 2007.

53)『三國遺事』卷4,「義相傳敎(大正藏 49, p.1007a);『三國遺事』卷5,「朗智乘雲普賢樹(大正藏 49, p.1015b);『三國遺事』卷5,「眞定師孝善雙美(大正藏 49, p.1017c).

본에 전해졌을 것이며, 현재 전하는『화엄경문답』의 판본도 平安(794-1185) 末期, 즉 늦어도 12세기에는 형성된 것이기 때문이다. 그러므로 현존하는『화엄경문답』이 13세기에 와서야 진행되었을 한국에서의 윤색이나 첨삭 등의 변용에 영향을 받았다고는 볼 수 없다.

한편『지통기』등의 逸文을 대부분 가지고 있는 현존 균여의 저술 등은 10세기 중반의 講說이기는 하지만 13세기 중반 이후 天其 등에 의해서 편집된 것이다. 천기의 발문을 참고하면 균여의 저술을 후대에 방언을 刊削하여『高麗大藏經』에 入藏하고 있다.[54] 하지만 이후 일문 대조에서 밝혀지겠지만 특히『지통기』혹은『지통문답』을 서명으로 한 경우는『화엄경문답』의 문구와 큰 차이는 없어 그 변용의 정도가 그리 크지 않았음을 알 수 있다.

최초 原本과 가까울 것으로 여겨지는『지통기』·『지통문답』과 일정한 변용이 가해진『추혈기』·『추혈문답』등은 서로 다른 계통으로 보인다. 이는 天其 등의 균여 저술 편집과『총수록』의 성립 이전에 이미 그 계통이 나뉘었다고 보이며, 후대의 윤색이나 첨삭 등의 영향 때문이라고 보긴 힘들다. 그러므로 이미 일찍부터 서로 다른 계통의 異本들이 국내에 유통되었을 가능성이 있다.

한편 일본에서 유통된『화엄경문답』은 최초 성립 당시의『지통기』·

---

54) 이선이(태경), 「均如의 圓通論理와 그 實踐」, 동국대학교 박사학위논문, 2009 참조. 특히 무신정권 당시 균여의 제자들이 고려대장경의 대장경 조판 작업에 주도적으로 참여하게 되는데, 의천의『교장총록』에 실리지 못했던 균여의 저술을 天其가 방언을 삭제하고, 고종 때 천기의 제자들이 이를 간행하기에 이른다. 고려대장경 판각사업은 고려 고종 23년(1236)에 시작되어 고종 38년(1251)에 끝나는데, 특히 1248년부터 1251년까지의 3년 동안은 균여의 저술이 조판된 것으로 보인다. 처음에 균여의 저술은 그의 제자들에 의해 기록되었으며, 대략 10세기 후반에서 11세기 중반사이에 開泰寺와 岬寺의 古藏에 들어간 것으로 되어 있다. 이것을 천기가 1226년 봄부터 1234년 사이에 찾아내고, 천기 입적 후 그의 제자들이 1250년에서 1251년 사이에 간행한 것이다. 이처럼 균여의 저술이 발견된 시기와 그것이 판각된 시기 사이에는 상당히 많은 시간적 간격이 있다. 박서연, 「天其와『法界圖記叢髓錄』의 編者」,『천태학연구』6, 천태불교문화연구원, 2005, pp.308-309.

『지통문답』의 원본과 가까운 계통에 속하는 것으로 이후 한국에서 진행된 변용의 영향을 받기 이전에 『지통기』·『지통문답』→『화엄경문답』의 계통을 잇고 있다고 생각된다. 이상의 『지통기』 등의 유통 현황을 표로 보면 〈그림 1〉과 같다.

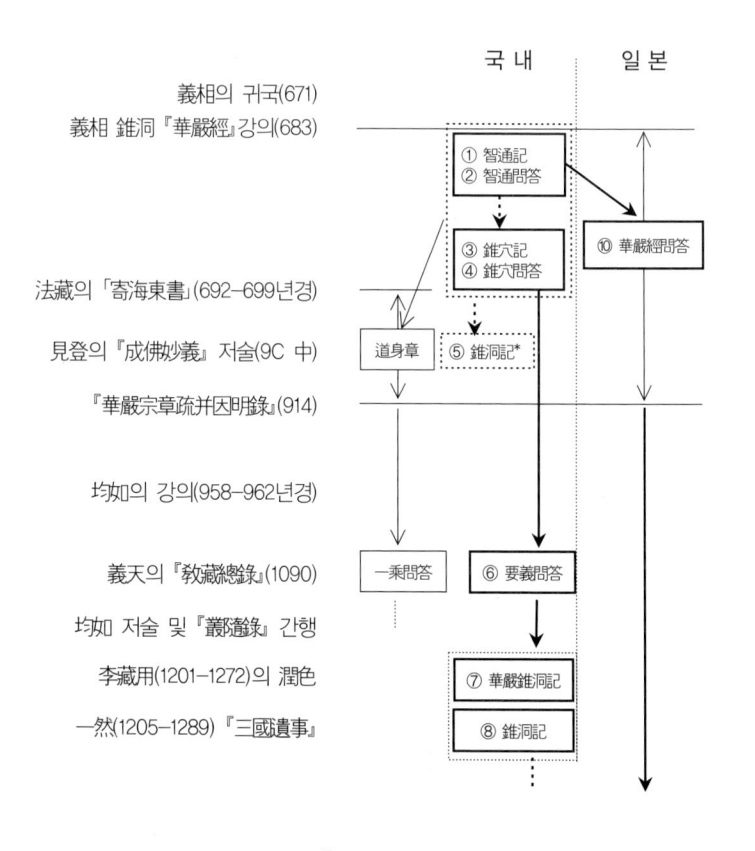

〈그림 1〉『智通記』 유통 현황

이상에서 살펴본 바 현재 전해진『화엄경문답』은 대부분 현재 남아 있는 균여의 저술이나『총수록』등의『지통기』일문과 거의 일치하므로 필사 과정에서의 일부 첨삭이나 오기로 보이는 경우는 인정되지만 거기에 의도적인 편집이 가해졌다고 보긴 어렵다. 그러므로『화엄경문답』의 성립시기의 상한은 역시『지통기』의 원본 성립과 거의 같거나 매우 가까운 시기로 볼 수 있을 것이다. 혹 일부 첨삭이 있었다 하더라도 그 시기는 見登의『성불묘의』저술 이전으로 見登이 활동했다고 여겨지는 9세기 말까지는 이미 성립되었을 것으로 보인다.

* 이 글은 본서를 위해 논자가 본인의 동국대학교 박사학위논문
［『화엄경문답』연구(2010.2)］일부를 발췌한 것임.

찾아보기

옮긴이 김상현

1947년 경남 합천에서 태어났다. 경상대를 졸업하고 동국대학교에서 문학박사
학위를 받았다. 단국대 및 한국교원대 교수, 동국대 사학과 교수, 동국대학교 문
과대학 학장, 국사편위원회 위원, 문화재청 문화재위원을 역임했고, 현재 동국
대 사학과 명예교수이다. 저서로『元曉硏究』,『신라의 사상과 문화』,『신라화
엄사상연구』,『역사로 읽는 원효』등이 있고, 논문은 「삼국유사의 역사방법론적
고찰」,「추동기와 그 이본 화엄경문답」등 130여 편을 발표했다.

교감번역 화엄경문답

초판인쇄 2013년 5월 20일
초판발행 2013년 5월 27일

옮 긴 이 김상현
펴 낸 이 김성배
펴 낸 곳 도서출판 씨아이알

책임편집 이정윤
디 자 인 송성용, 박소현
제작책임 윤석진

등록번호 제2-3285호
등 록 일 2001년 3월 19일
주   소 100-250 서울특별시 중구 예장동 1-151
전화번호 02-2275-8603(대표)   **팩스번호** 02-2275-8604
홈페이지 www.circom.co.kr

ISBN 978-89-97776-70-2 93220
정 가 27,000원

여러분의 원고를 기다립니다.

도서출판 씨아이알은 좋은 책을 만들기 위해 언제나 최선을 다하고 있습니다.
토목·환경·건축·불교·철학 분야의 좋은 원고를 집필하고 계시거나 기획하고 계신 분들, 그리고 소중한 외서를 소개해 주고 싶으신 분들은 언제든 도서출판 씨아이알로 연락 주시기 바랍니다.
도서출판 씨아이알의 문은 날마다 활짝 열려 있습니다.

출판문의처: circom@chol.com,
02)2275-8603(내선 605)

≪도서출판 씨아이알의 도서소개≫

※ 문화체육관광부의 우수학술도서로 선정된 도서입니다.
† 대한민국학술원의 우수학술도서로 선정된 도서입니다.

불교

옥 로댄쎄랍의 보성론요의 여래장품 금강학술총서 ⑰
차상엽 역주 / 472쪽(신국판) / 35,000원
옥 로짜와 로댄쎄랍(rNgog Lo tsāba Blo ldan shes rab, 1059-1109 이후 옥 로댄쎄랍은 티벳불교 후기전파시대(phyi dar)에 여래장사상의 중심 텍스트인『寶性論』을 번역하고, 그에 대한 주석서를 남긴 인물이다. 그는 카쉬미르(Tib, Kha che)에서 삿자나(Sajjana, 11세기 후반 활동)로부터 직접『보성론』의 가르침을 듣고 삿자나와 함께『보성론』을 번역하였으며,『보성론』에 대한 티벳 최초의 주석서인『P寶性論要義(텍첸규래된뒤빠 Theg chen rgyud bla'i don bsdus pa)』를 저술하였다.

불성론 금강학술총서 ⑯
김성철 역주 / 272쪽(신국판) / 27,000원
본 역주는 천친(天親)보살 곧 세친(世親, Vasubandhu, 400-480)의 저작으로 간주되는 진제(眞諦, ParmāPrtha, 499-569) 역『불성론』(대정31, No.1610)의 온전한 번역이다.『불성론』은, 같은 세친의 저작으로서 역시 진제가 번역한『구사석론』및『섭대승석론』등과는 달리, 한역 이외에 산스크리트 원본은 물론 티벳역도 현존하지 않는다.

원측『해심밀경소』「무자성상품」종성론 부분 역주 금강학술총서 ⑮
장규언 역주 / 264쪽(신국판) / 27,000원
이 책은 원측(圓測, 613-696)이 지은『해심밀경소(解深密經疏)』중「무자성상품(無自性相品)」에 수록되어 있는 종성론(種性論) 부분(ZZ21 268a20-274b16)에 대한 교정 및 역주이다. 원측의 눈에 의해 정리된 동아시아 불교 종성론의 대강이라 할 수 있으며 그 점에만 한정하더라도 연구 가치가 충분하다.

대반열반경집해 여래성품 역주 금강학술총서 ⑭
하유진 역주 / 320쪽(신국판) / 30,000원
『열반경』에 대한 남조南朝 시대 열반사涅槃師들의 주석 모음집인『대반열반경집해大般涅槃經集解』(이하『집해』로 약칭)는 남본『열반경』을 바탕으로 한 것으로 알려져 있으며,『집해』안에서는 불성에 대한 논의가 집중적으로 다루어지고 있다. 따라서『열반경』및『집해』는 중국불교 초기의 불성사상을 이해하는 데 매우 중요한 자료가 된다.

동아시아에 있어서 불성·여래장 사상의 수용과 변용 금강학술총서 ⑪
런민(人民)대학 불교와종교학이론연구소·도요(東洋)대학 동양학연구소·금강대학교 불교문화연구소 공편 / 328쪽(신국판) / 30,000원
이 책은 '동아시아에 있어서 불성·여래장 사상의 수용과 변용'이라는 제목에서도 상기할 수 있는 것처럼, 동아시아 불교에서 불성 혹은 여래장 사상은 어떻게 수용되고 또 어떻게 변용되었는지를 주제로 다루고 있다.

석가와 미륵의 경쟁담 금강인문총서 ⑤
김선자, 김헌선, 박종성, 심재관, 이평래, 정진희, 조현설 저 / 288쪽(신국판) / 20,000원
이 책은 2011년 금강대학교 불교문화연구소가 개최했던 학술대회의 각 발표자들이 당시 발표문을 출판에 맞춰 수정한 것으로, 그동안 불교계에서 거의 다루어 오지 않았던 '석가와 미륵의 대립'이라는 특정한 아시아의 종교적 민담이 주제이다. 지역별로 전승되어 온 석가-미륵 경쟁 화소를 소개하고, 새롭게 조명되어야 할 자료들(예컨대 중국 청대의 미륵 신앙의 변형에 관한 부분)을 새로이 발굴하는데 일차적인 역점을 두고 있다.

티벳밀교
출팀 깰상(白館 戒雲), 마사키 아키라(正木 晃) 저 / 차상엽 역 / 320쪽(B6 변형판) / 18,000원
이 책은 티벳밀교에 대한 외국인의 시선과 티벳인의 설명이 교차하고, 전통 승원교육과 현대식 분석연구가 만나며, 현장 필드워크와 문헌연구의 두 접근방법이 조화되어 있다. 그런데 이 중에서도 가장 핵심적인 균형점은 무엇보다도 역사와 수행을 중심으로 티벳밀교를 바라보게 했다는 점이다.

삼교지귀 불교연구총서 ⑨
쿠우카이 저 / 정천구 역 / 268쪽(신국판) / 20,000원
이 책에서 역자가 번역한『삼교지귀(三敎指歸)』와『변현밀이교론(辨顯密二敎論)』은 쿠우카이의 사상의 입문서이면서 일본 불교(또는 밀교)의 연구를 위한 기본적인 문헌이다. 이제는 일본의 불교학 및 불교사상에 대한 본격적인 연구가 이루어져야 할 때인데, 이 책이 그 신호탄이 되어줄 것이다.

上座 슈리라타와 經量部
권오민 저 / 1056쪽(신국판) / 60,000원
『대비바사론』에서 비유자라는 이름으로 불교사상사에 그 모습을 드러낸 이래『구사론』상에 그들의 단편이 인용되고 법

칭 계통의 불교지식론학파로 계승된, 뿐만 아니라 비바사사(毘婆沙師: 설일체유부)·중관파·유가행파와 함께 불교 4대 학파로 열거되기도 한 경량부(Sautrātika)는 오늘날에도 여전히 그 정체가 베일에 가려져 있다. 이 책은 중현의『순정리론』에 언급된 상좌 슈리라타를 중심으로 하여 쿠마라라타, 하리발마, 마명, 라마, 구마라설마와 선질략, 그리고 세친과 그의 선대궤범사, 간다라의 외방(외국)사 등과의 관계를 통해 비유자/경량부의 정체를 밝힌 것이다.

한자로 읽는 반야심경
황윤식, 윤희조, 전형준 저 / 296쪽(신국판) / 18,000원
이 책은 '한문경전'에 두려움이 있는 이들을 위하여 우리나라에서 가장 널리 독송되고 있는 현장법사의 '반야심경'을 연구하여 소개한다. 여덟 문장만 제대로 알면, 누구나 쉽게 이해할 수 있는 '반야심경'에 대해 알아보고, 덤으로 4개국(한국/중국/일본/베트남) 한자의 동시학습을 통해 동아시아 언어를 이해하게 될 것이다.

불교의 언어관 불교연구총서 ⑧
윤희조 저 / 352쪽(신국판) / 20,000원
본서는 자성(自性)과 이제(二諦)를 중심으로 불교의 언어관을 밝히고자 한다. 불교에서 언어철학의 문제를 자성과 이제 개념으로 풀이한 것이다. 이는 언어에 대한 서양철학의 문제제기에 대해서 불교적 대답을 추구한 것이라고 할 수 있다.

화엄경문답을 둘러싼 제문제 금강학술총서 ⑨
금강대학교 불교문화연구소 편 / 224쪽(신국판) / 27,000원
본서는 고대 동아시아 문헌학 학술대회에서 발표된 성과물들을 모은 것이다. 이 학술대회의 발표자와 발표주제를 선정한 후 청탁과정에서 제일 먼저 염두에 두었던 것은 중국 화엄교학 및 의상화엄교학과『화엄경문답』이 가진 사상적 맥락의 검토였다. 이를 통해서『화엄경문답』이 가진 사상사적 위치를 확인하는 것은 물론 의상과 의상의 화엄사상을 계승한 의상계 화엄이 가진 고유의 사유를 드러내고자 하였다.

藏外地論宗文獻集成 금강학술총서 ⑧
靑木隆, 方廣錩, 池田將則, 石井公成, 山口弘江 저 / 632쪽(신국판) / 46,000원
본서는 대장경에 수록되지 않았던 지론종에 관한 문헌을 소개한다. 그 중 대부분은 돈황에서 발견된 사본으로 모두 단간(斷簡)이기 때문에 저자는 물론이고 서명도 확실하지 않다. 하지만 과거 20여 년 동안, 특히 일본에서 연구가 진전되면서 지론종 교학의 특징이 조금씩 밝혀졌다. 이러한 선행연구에 의해, 지론종 문헌의 판단 기준이 확정되었다. 그 구체적인 기준이란 3종교판설과 연집설 등 지론종 고유 교리의 유무이다. 이러한 기준을 통해 본서는 문헌의 내용이나 성질에 따라 크게 5장으로 구성되어 있다.

꾼달리니
아지뜨 무케르지 저 / 박영길 역 / 192쪽(4*6배판) / 20,000원
꾼달리니는 인간뿐만 아니라 우주의 먼지 티끌 속에도 깃들어 있는 우주적 힘이다. 인간이 위대한 존재가 될 수 있는 것은 꾼달리니라는 에너지가 인체에 내재해 있어서가 아니라 그것을 발현시킬 수 있기 때문이다. 하지만 특별한 수행에 의해서 각성되지 않는 한 꾼달리니는 평생 인체 내에 잠들어 있을 뿐이다. 이 책에서는 꾼달리니를 각성시킬 수 있는 전문적인 수행법 중 가장 널리 알려진 하타요가에 대해 설명하고 있다.

중국인의 삶과 불교의 변용
K.S. 케네스 첸 저 / 장은화 역 / 368쪽(4*6배판) / 24,000원
이 책은 불교가 중국으로 전파되어 중국인의 삶 속으로 융화되는 과정을 통시적 입장에서 서양언어로 기술한 최초의 서적 중 하나로서 서구에서는 중국불교연구의 본보기로 간주되고 있다. 유교이념에 젖은 관료주의체제 하에서 중국의 불교도가 벌였던 길고도 맹렬한 투쟁을 보여주고 있으며, 중국의 사찰이 예배와 신앙의 장소로서뿐 아니라 재력을 갖추고 경제활동의 주체로서 그 영역을 넓혀가는 과정을 그리고 있다.

일본영이기
쿄오 카이 저 / 정천구 역 / 384쪽(신국판) / 20,000원
이 책은 대략 822년에 편찬된 것으로 추정되는 일본 최초의 불교설화집이다. 백제의 불교를 받아들이면서 불교국가로 나아갔다는 것을 서두에 밝히고 있어 우리나라에서도 중시해야 할 책이다.

새롭게 다시 쓰는 중국 선의 역사
이부키 아츠시 저 / 최연식 역 / 340쪽(신국판) / 18,000원
이 책은 기존의 개설서나 입문서들과는 큰 차이를 보여준다. 일반인과 초보자들을 대상으로 한 간략한 개설서임에도 불구하고 20세기 이후 축적된 선종사에 대한 연구 성과들을 총망라하여 종합적이면서도 체계적으로 정리하고 있기 때문이다.

티벳문화입문
출팀깰상 구술 / 차상엽 역 / 132쪽(신국판) / 13,000원
이 책은 티벳의 문화에 대한 대중적 소개서이다. 차례를 통해서도 알 수 있듯이, 이 책은 티벳의 지리와 티벳인들의 생활과 문화, 그리고 티벳의 역사와 종교에 대해 매우 쉬운 문장으로 개괄해 주고 있다.

원형석서(하) 불교연구총서 ⑦ †
코칸 시렌 저 / 정천구 역 / 648쪽(신국판) / 32,000원
『원형석서(겐코오샤쿠쇼)』는 일본의 대표적인 불교문학이자 한문학 작품으로서 전체 30권 중 15권을 번역하여『원형석서(하)』로 엮었다. 이 책은 14세기까지 일본의 불교사 및 불교문화사가 일목요연하게 정리되어 있다.

무성석 섭대승론 소지의분 역주 금강학술총서 ⑥
김성철, 박창환, 차상엽, 최은영 역 / 454쪽(신국판) / 35,000원
이 책은 금강대학교 불교문화연구소가 "불교고전어·고전문헌의 연구를 통해 본 문화의 형성과 변용 및 수용과정 연구"라는 아젠다로 한국연구재단에서 지원하는 인문한국(HK) 사업에 선정된 이후 진행된 연구성과의 일부분이다.

지론사상의 형성과 변용 금강학술총서 ⑤
금강대학교 불교문화연구소 편 / 544쪽(신국판) / 45,000원
본서의 제목인 '지론사상의 형성과 변용'은 중국 남북조시대부터 당대 초기에 걸쳐 융성했던 지론종의 사상을 탐구한다는 의미이다. 지론종은 세친의『십지경론(十地經論)』을 연구한 사상집단을 말한다. 지론사상이 어떻게 형성되고, 또 어떻게 변용되었는지를 총 17편의 논문을 통해 살피고자 하였다.

불교윤리학 입문 ※
피터 하비 저 / 허남결 역 / 840쪽(신국판) / 42,000원
책에서 저자인 피터 하비는 이 책을 통해 불교윤리학의 이론적 정립에 필요한 여러 가지 단계들을 차분하게 살펴보고 있

다. 불교윤리학에 관심이 있는 독자들은 먼저 하비의 책에 인용된 경전들을 통해 주제와 관련된 붓다 당시의 에피소드들을 확인한 다음 이에 대한 개인의 윤리적 입장을 정립할 수 있게 되기를 바란다.

불교의 중국 정복 불교연구총서 ⑥ †

에릭 쥐르허 저 / 최연식 역 / 736쪽(신국판) / 38,000원
이 책은 중국의 초기 불교사에 대한 고전적 연구서이다. 불교가 처음 수용된 한漢나라 때부터 시작하여 '중국적인' 불교가 형성된 동진東晉시대까지를 대상으로 해서 외래의 종교인 불교가 어떻게 중국인들의 종교로 자리잡아 가는지를 다양한 시각에서 검토하고 있다. 그 결과 어떠한 새로운 사상과 생활문화가 형성되었는지에 주목하고 있다.

고대 동아시아 불교 문헌의 새로운 발견 금강학술총서 ④

금강대학교 불교문화연구 편 / 332쪽(신국판) / 30,000원
이 책은 돈황 사본 그리고 일본에 산재한 사찰 수장 필사본과 한국, 중국, 일본 등에서 간행된 간본들에 대해 주로 연구한 내용을 담았다. 동아시대 고대 지식인들이 남긴 불교 고문헌 연구가 단순히 새로운 발굴이 아닌 과거와 현재의 거리를 추정할 수 있는 계기가 될 수 있을 것이다.

원형석서(상) 불교연구총서 ⑤ †

코칸 시렌 저 / 정천구 역 / 760쪽(신국판) / 38,000원
『원형석서(겐코오샤쿠쇼)』는 일본의 대표적인 불교문학이자 한문학 작품으로서 전체 30권 중 15권을 번역하여 『원형석서(상)』으로 엮었다. 이 책은 14세기까지 일본의 불교사 및 불교문화사가 일목요연하게 정리되어 있다.

초기불교의 이념과 명상

틸만 페터 저 / 김성철 역 / 230쪽(신국판) / 18,000원
이 책은 붓다의 첫 설법에서부터 붓다의 깨달음과 그 방법, 그리고 그 발전과정에 이르기까지를 상세히 분석하여 묘사하였다. 초기에 붓다는 4정려와 4성제의 인식을 통해 해탈했다고 간주되었지만, 이후 불교 명상에서 주류적 위치를 차지한 식별적 통찰 방법 12연기설에 대해 서술하고 있다.

북종선법문 불교연구총서 ④

양증문 편 / 박건주 역 / 218쪽(신국판) / 18,000원
이 책은 1세기 전 돈황에서 발견한 선종 문헌 중 북종의 법문이 다수 수록되어 있다. 이 책에 실린 여러 법문들은 1천여 년 간 당연시되어 왔던 남돈북점南頓北漸의 곡해를 바로잡고 그 사실을 입증하는 중요한 자료가 될 것이다.

인도불교사상

폴 윌리엄스·앤서니 트라이브 저 / 안성두 역 / 410쪽(신국판) / 20,000원
인도에서 불교가 발전한 방식을 바르게 이해하는 것은 티베트, 중국, 일본 그리고 다른 모든 동아시아 국가의 불교사상을 이해하기 위해 필요하다. 이 책은 붓다 이후로 불교가 어떻게 발전해왔는지를 살펴보고 고전 인도불교사상의 중심적 개념들을 이해하는 데 도움을 줄 것이다.

선종과 송대 사대부의 예술정신 불교연구총서 ③ ※

명법 저 / 328쪽(신국판) / 20,000원
이 책에서는 선종과 중국사회 및 문화의 다층적인 상호작용

속에서 선종이 중국문학과 예술에 끼친 영향을 살펴보고 있다. 이 책에 기록된 선종과 예술의 만남은 세속화된 현대사회를 사는 우리들에게 세속과 종교의 조화로운 결합을 위한 하나의 길을 제시해주고 있다.

하택신회선사 어록 불교연구총서 ②

양증문 편 / 박건주 역 / 354쪽(신국판) / 20,000원
이 책은 최근에 중국의 양증문이 교감 편집한 『신회화상선화록』을 원본으로 삼아 하택신회의 법문을 역주하였다. 이 책에서 소개된 하택신회의 법문들은 하택신회의 선법과 남종의 진실한 면모를 파악하는 데 많은 도움이 될 것이다.

대승불교의 보살

금강선원 간 / 안성두 편 / 296쪽(신국판) / 18,000원
이 책은 보살의 기초개념을 알리기 위해, 각종 내전(內典)에 나타난 보살사상을 발췌, 정리하였다. 기존의 보살사상이 내전에 어떻게 보여왔는지, 어떤 인식으로 비춰졌는가를 보여주는 책이다.

섭대승론 증상혜학분 연구 불교연구총서 ①

김성철 저 / 368쪽(신국판) / 20,000원
이 책은 서구에서 발달한 현대의 문헌학적 불교연구의 전형적 형식으로서 텍스트에 대한 교정과 역주 및 개론적 연구로 구성되어 있다. 이 책은 현대 불교학적 방법론 수용의 현 단계를 살펴보는 데 많은 도움이 될 것이다.

열반 그리고 표현불가능성

Asanga Tilakaratne 저 / 공만식, 장유진 역 / 344쪽(신국판) / 20,000원
이 책은 초기불교경전에 초점을 맞추어 어떤 형태의 표현불가능에도 동의하지 않는 붓다의 실천적·인식론적 시각을 섬세하게 고찰하고 있다. 초월성과 표현불가능으로 대변되는 힌두교-기독교적 종교 및 언어철학과 불교의 그것 사이의 명확한 차이와 초기불교의 논리적이고 합리적인 입장을 제종교철학과의 비교 속에서 파악할 수 있는 지침을 제시해 줄 것이다.

법학 · 철학 · 정치

논리와 현대화술

낸시 카벤더, 하워드 케인 저 / 김태은 역 / 656쪽(신국판) / 28,000원
이 책은 TV, 신문, 잡지, 광고, 소설 등에서 가져온 생생하면서 재미있는 사례를 활용하여 학생들이 올바르게 추리하도록 돕는다. 이 책으로 공부한 학생들은 일상생활에서 비판적으로 사고하는 능력을 향상시킬 수 있을 것이다.

하타요가의 철학과 수행론 금강인문총서 ⑥

박영길 저 / 436쪽(신국판) / 23,000원
본서는 전체 4부로 구성되어 있다. 제1부에서는 하타요가의 기원과 전개, 정의 등을 개괄하였고 제2부에서 4부까지는 각각 아사나, 호흡법, 무드라를 다루었다. 하타요가의 명상은 무드라에 의거한 명상이라는 점에서 별도로 다루지 않고 제4부에서 다루었다. 이 중에서 제2부의 2장은 2010년 『인도연구』 제15권 1호에 수록된 「84좌법설의 원형과 문헌적 근거」를

보완한 것이고 제3부 1장은 2008년『인도철학』제25집에 수록된「하타요가쁘라디삐까」에서 쁘라나야마의 의미와 실천법」을 토대로 당시 원고의 제약으로 다루지 못한 내용과 미비한 내용을 보충하였다.

문화 및 문화현상에 대한 철학적 성찰
사회와 철학 연구회 저 / 400쪽(신국판) / 28,000원
이 책은 사회와 철학 연구회가 일반 대중과의 철학적 소통의 끈을 이어보고자 기획한 '사회와 철학 연구총서'의 제1권에 해당하며 시의성·현실성을 갖춘 문화적 문제를 다루어봄으로써 최근의 '한국 사회철학의 연구 흐름과 성과'를 살펴볼 수 있는 유익한 기회가 될 것이다.

길을 묻는 테크놀로지 - 첨단 기술 시대의 한계를 찾아서
랭던 위너 저 / 손화철 역 / 301쪽(신국판) / 18,000원
위너는 이 책에서 기존의 기술철학의 다양한 논의들을 최대한 대중적인 방식으로 쉽게 이야기를 풀어나갔다. 이 책을 통해 기술과 인간 문화가 연결되는 방식을 파악하고 미래를 위한 청사진을 그려보자.

현대 민주주의와 정치 주체 문제 - 존 듀이의 민주주의론
존 듀이 저 / 홍남기 역 / 220쪽(신국판) / 18,000원
이 책에서 존 듀이는 현대 민주정치를 구성하는 시민들을 공중(公衆, the public)이라고 규정하고 이 공중이 현대 사회의 문제를 해결하는 대안적 주체가 될 수 있다고 보았다. 이 책을 통해 현대 민주주의에 관한 존 듀이의 특별한 통찰을 느껴보자.

법률가의 논리 - 소크라테스처럼 사유하라
루제로 앨디서트 저 / 이양수 역 / 408쪽(신국판) / 25,000원
이 책의 저자는 형식적인 논리학이 아닌 '법률가처럼 생각하기'를 중시하면서 포괄적이면서도 철저하게 법 추론의 각론을 다루고 있다.

사이버 병동 에필리아 24시
이상건, 이일근, 조용원, 정기영, 김기중, 황희, 이주화 저 / 328쪽(신국판) / 18,000원
이 책은 전문지식이 없는 사람이라도 간질을 올바르게 이해하고, 관리하는 데 도움을 줄 수 있는 의학 정보서로 손색이 없다. 동시에 간질 환자를 위한 자기계발서로서 간질 환자의 근본적인 삶의 질 향상을 위한 다양한 전략도 함께 제시해 준다.

건축공학

세계에 널리 알려진 상업센터의 풍수디자인
이브린 립(Evelyn Lip) 저 / 한종구 역 / 160쪽(4*6배판 변형) /
이 책은 왜 풍수의 고려 사항이 사업 세계에서 중요한지, 그리고 상서로운 건물 부지와 회사명의 선정으로부터 홈오피스의 배치계획에 이르기까지 독자를 풍수적으로 향상된 업무 공간을 창조하기 위한 모든 방면으로 인도할 것이다. 저자 이브린 립 박사는 이 주제에 대해 인정받는 권위자로, 복잡한 풍수 분야의 지식을 쉽게 이해하고 풍부하게 경험할 수 있도록 독자를 인도한다.

BIM 상호운용성과 플랫폼
강태욱, 유기찬, 최현상, 홍창희 저 / 320쪽(4*6배판) / 25,000원
BIM은 프로젝트 목적과 이해당사자들의 사용에 맞도록 건설정보를 모델링하고, 이를 적절히 교환하여 신속하고 빠른 의사결정을 하고, 이를 통해 설계변경과 같은 재작업을 줄여 전체적으로 높은 생산성과 품질을 얻고자 하는 기술이다. 이 책은 BIM(Building Information Modeling)을 구성하는 핵심적인 기술인 상호운용성에 대한 이야기를 다루고 있다.

건축환경론
노정선, 함정도 저 / 336쪽(4*6배판) / 22,000원
이 책은 건축물의 일차적 구비조건으로서 실내 환경이 어떻게 야외 환경과 다르게 변화, 조성돼야 하는가를 이론적인 측면에서 이해하기 쉽게 설명하고 있다. 또한 건축물이 갖춰야 할 실내 환경의 원리를 파악하기 위한 건축환경의 원론으로서 건축물 내부의 인체의 생리적 쾌적조건뿐만 아니라, 실내 환경과 관련된 열, 공기, 빛, 소리 등의 물리적 특성을 건축에 적용하는 방법을 그림과 함께 설명한다. 건축환경을 이론적으로 접근하는 대학생들을 위한 좋은 입문서가 되어줄 것이다.

디자인 도면
Francis D.K. Ching, Steven P. Juroszek 저 / 이준석 역 / 416쪽(국배판) / 28,000원
디자인 도면의 범위는 2차원 도면에 디자인을 나타내는 것을 필요로 하는 모든 영역의 디자이너 작업들이 포함될 수 있다. 이 책은 그 가운데 특히 건축 설계과정에 요구되는 복합적인 사고과정과 표현요소들을 중점적으로 다루고 있으며, 이 내용들은 디자인을 처음 접하는 초급자로부터 많은 재능과 이론적 원리를 필요로 하는 숙련자에 이르기까지 폭넓게 활용될 수 있다.

흙건축 ※
황혜주 저 / 256쪽(4*6배판) / 23,000원
이 책은 크게 3부분으로 나누어 건축의 본질과 흙건축의 역사, 흙건축의 특성의 이해를 도모하기 위한 흙의 성질, 흙 이용, 흙 시험 등을 다양한 실험 결과들과 함께 소개하고 흙건축과 관련된 다양한 공법들을 소개한다. 또한 부록으로 흙건축과 관련된 다양한 화보들을 수록하였다.

환경공학

북극해의 환경안보
폴 아서 버크만 저 / 박병권, 권문상 역 / 156쪽(신국판) / 18,000원
이 책은 크게 여섯 개 장으로 구성되어 있다. 첫째 장은 서론으로 이 책의 목적과 내용을 개략적으로 설명하고 있으며, 둘째 장은 북극해의 자연환경과 인문환경을, 셋째 장은 지구 시스템의 변화과정과 지구촌 사회와의 관계 그리고 국제공역과의 관계를, 넷째 장은 정치적, 경제적 그리고 문화적 안정을 유지하는 데 필요한 상호 간의 문제들을, 다섯째 장은 북극해 보전관리에 관해 국제적, 국제기구 간 그리고 환경안보를 통합 관리하는 것에 관한 문제들을, 그리고 마지막 장에서 북극해를 지구차원에서 보전·관리함에 있어서 어떻게 각국과 국제적 균형을 유지할 것인가에 관한 문제들을 다루고 있다.

기후변화에 대비한 도시의 물 관리
제리 유델슨 저 / 한무영 역 / 396쪽(신국판) / 22,000원
이 책은 물에 대한 여러 화젯거리를 설명하고 있으며, 도시물 위기와 물 부족에 대한 관리방법을 보여주고 있다. 또한 이 책에서는 물, 에너지, 도시 개발과 기후 변화 사이에 필수적인 연결고리를 검토하여, 건물에서 물을 자급자족할 수 있도록 하는 최고의 실행방법들을 제안하고 있다.

신재생에너지
박형동, 현창욱, 서장원, 박지환 저 / 264쪽(4*6배판)
/ 26,000원
이 책은 누구나 쉽게 신재생에너지 전반에 대해 종합적이고 균형 잡힌 시각에서 살펴볼 수 있도록 구성하였으며, 신재생에너지에 대한 의존도가 커질수록 전통적인 지하광물자원에 대한 수요가 증가할 수밖에 없는 사실도 포함시켰다.

최신 지반환경공학 ※
신은철·박정준 저 / 400쪽(4*6배) / 20,000원
이 책은 지반환경의 개념, 역사, 분류, 오염방지 및 정화기술, 폐기물매립지의 안정화 및 안정성평가, 사례 등을 총망라한 지반환경의 공학적 총서라고 할 수 있다.

농업공학

농업기계설계 II ※
장동일 외 공저 / 372쪽(4*6배판) / 22,000원
본 교재는 농업기계 전공자들이 관련된 기계 및 시설을 설계할 때 직접적으로 도움이 될 수 있는 실용적인 교재가 되어야 한다는 철학을 가지고, 설계 사례를 중심으로 집필하였다.

농업환경학
양재의·정종배·김장억·이규승 저 / 370쪽(4*6배판)
/ 23,000원
이 책은 농업환경을 둘러싼 생태계, 토양, 물, 기상, 농약, 미생물, 농업환경관리의 7개의 영역으로 나누어, 각각의 농업환경과 그 문제와 대안을 담고 있다.

수확후공정공학 ※
금동혁 외 저 / 850쪽(4*6배판) / 35,000원
식생활의 다변화, 고급화됨에 따라 고품질의 안전한 농산물을 소비자에게 연중 공급하려면 생산 단계뿐만 아니라 수확 후의 관리 과정도 매우 중요하다. 이 책은 농산물을 수확한 후에 거치는 광범위한 관리 과정에 대해 기술한 책이다.

한국의 원예(영문판)
책임편집 이정명, 최근원(경희대학교 교수), Jules Janick
(퍼듀대학교 교수) 외 / 392쪽(컬러판, 양장본) / 50,000원
이 책은 대한민국 원예학 분야의 전문가가 대한민국의 원예와 작물에 대한 종합적인 정보를 제공하기 위해 저술한 원예학술서이다.

바이오시스템기계공학
박준걸 외 공저 / 504쪽(4*6배판) / 23,000원
이 책은 현재 보급되고 있거나 개발되고 있는 농업기계들에 대한 소개와 현 기술 현황에 대해 기술하고 있다.

기타

호모 아쿠아티쿠스
일레인 모간(Eaine Morgan) 저 / 김웅서, 정현 역 / 224쪽
(신국판) / 18,000원
인류의 생존을 위해 해양의 중요성이 날로 커지고 있다. 인간은 바다로부터 식량자원, 광물자원, 에너지자원, 공간자원, 수자원, 의약품을 얻고 있다. 또한 바다는 지구의 기후를 조절하고, 환경을 깨끗이 하며, 물류의 운송로 역할을 하고, 여가활동의 장이 된다. 그래서 많은 미래학자들이 인류의 미래가 바다에 달려 있다고 이야기하는 것이다. 바다는 인류의 미래를 위해서만 중요한 것이 아니다. 과거를 돌이켜 인류의 진화과정에 서도 큰 역할을 하였음이 틀림없다. 이 책이 인류의 진화에 대한 이해의 폭을 넓히고, 바다가 인류에게 얼마나 중요한 곳인지를 다시 새기는 데 도움이 되어줄 것이다.

이누이트의 일상생활
파메라 스턴(Palmela R. Stern) 저 / 박병권, 이방용, 윤영준 역
/ 308쪽(신국판) / 22,000원
북극지역은 앞으로 우리나라가 자원개발, 교역증대, 문화적 교류 등 다방면에 진출해야 하는 신천지라고 할 수 있다. 그러기 위해서는 북극지역에 살고 있는 이누이트족의 생활을 이해하는 것이 중요한 일 중의 하나이다. 이 책은 열두 개의 장으로 구성되어 있다. 내용은 가정생활, 언어, 경제생활, 자치생활, 결혼생활, 정치생활, 종교생활, 스포츠와 레크리에이션, 대중문화, 예술, 건강과 의료제도, 국제정치와 이누이트에 관한 내용 순으로 서술되어 있다. 비교적 읽기에 편하게 그리고 솔직하게 기술되어 있어서 이해하기 용이하다.

소비자가 생산시대를 여는 복지형 마일리지
김병준 저 / 168쪽(B6변형판) / 10,000원
저자는 경제 전략의 개념을 사회 운영시스템에 도입하려 한다. 이를 통해 사회 복지를 개선하고, 국가적 경제 선순환 구조를 달성한다는 그림을 그린다. 여기서 사용되는 개념이 '마일리지'다. 제1장을 통해 현대사회 구성원들이 물질적 안정에 집중하는 배경을 설명하고, 제2장에서 마일리지의 기원과 발전을 서술한다. 제3장에서 현재 마일리지의 사용 과정을 소개하고 제4장에서는 복지형 마일리지의 가능성을 모색한다. 제5장에서 현재 마일리지의 한계를 설명하고 제6장을 통해 생산 복지형 마일리지 시대의 구상을 마무리한다.

해저광물자원
우스이 아키라 저 / 안희도, 유해수 역 / 296쪽(신국판) /
22,000원
지구에만 존재하는 바다가 만들어내는 특이한 암석·퇴적물 중에는 우리 생활에 없어서는 안 될 희소 금속(rare metal), 즉 희귀 금속물질을 함유한 것들이 있다. 그것이 바로 이 책이 다루는 핵심 주제인 '해저광물자원'이다. 이 책에서는 저자가 20여 년 간 수차례 조사항해에 참가한 경험을 바탕으로, 현 시점의 지식을 정리하고 그 현황을 파악하여, 미래의 전망을 그려보고 있다.